上海文化发展基金会资助项目

结伴而行

海上人物剪影

毛时安 著

上海书店出版社
SHANGHAI BOOKSTORE PUBLISHING HOUSE

与文学家贾植芳先生（前中）、夫人任敏（前右）

与京剧表演艺术家梅兰芳先生的儿子梅葆玖

为电影表演艺术家孙道临80华诞庆生
（中为孙道临、左张瑞芳、右秦怡）

与篮球运动员姚明

与作家王安忆

与连环画家贺友直（中）

与歌星莫文蔚

与相声表演艺术家姜昆

与电影表演艺术家王晓棠

与女高音歌唱家宋祖英

与篆刻家韩天衡及其夫人

与青年舞蹈家朱洁静

与电影导演张艺谋（中）、舞蹈艺术家张继钢（右）

与油画家陈丹青

与小说家麦家

与话剧表演艺术家濮存昕

与玉雕大师吴德昇

与女中音歌唱家关牧村

与编辑家郑宗培（左）作家王蒙（中）

与电影表演艺术家秦怡

与京剧表演艺术家尚长荣

与沪剧表演艺术家茅善玉

与越剧表演艺术家王文娟

与话剧表演艺术家雷恪生

与漫画家小丁（丁聪，中）、作家叶辛（左）

与男中音歌唱家刘秉义

与表演艺术家焦晃

与电影表演艺术家李默然

与京剧表演艺术家孙毓敏（左）刘长瑜（右）

与国画家陈佩秋

与画家吴冠中

与作家铁凝（左二）、陆星儿（左三）、王小鹰（左四）

与文艺评论家仲呈祥

与话剧表演艺术家奚美娟

与美国学者杰姆逊

目录

序 同声相应 同气相求 …………………………… 陈思和 1

自序 结伴而行 …………………………………………… 9

一生都把心掏给读者:写在巴老的百岁华诞 …………… 1

好人的心跳:怀念好友赵长天 …………………………… 11

活出生命的意义 …………………………………………… 27

忧患年代的精神坚守:为徐中玉教授百岁华诞而作 …… 40

琐忆:为钱谷融先生百岁华诞而写点点滴滴 …………… 56

非人磨墨墨磨人:柯灵印象 ……………………………… 65

两束光,教堂的和客厅的:程乃珊和她的《远去的声音》 … 77

芦苇与化石:忆罗洛 ……………………………………… 87

老将的"刚"与"柔":林放印象 …………………………… 97

读学人：读《苏渊雷全集》有感	102
吴亮和九十年代写作	110
魏威其人其事	114
坚如磐石的挚爱：蒋星煜和他的戏曲研究	118
人生的长笛：记罗其华	125
他是一块烧尽的煤：为老友沈善增写一些话	128
时代疾风中的白桦：悼白桦	137
一介平民 一代宗师：怀念贺友直	142
人书俱老入化境	156
老沈，走好	194
冷月清辉：赵冷月书法管窥	201
俞晓夫：游走在历史、现实和思考之间	207
岁月的淬火：我看韩天衡的篆刻书法绘画	233
停止了转动，永远：记徐昌酩	240
守望与开拓：记一代名净尚长荣	243
燕子飞过蓝天：记周小燕	250
具有诗人气质的艺术家：小记胡伟民	264
静水深流单仰萍	267

为信仰而创作：剧作家罗怀臻 ……………………………………………… 284

向天再借五百年：厉震林的艺术场域和思想 ……………………………… 297

永远在燃烧，永远在歌唱：怀念阎肃 ……………………………………… 305

同学昌龙 ………………………………………………………………………… 313

你还认识我吗？ ………………………………………………………………… 319

一个女孩的故事和想法 ………………………………………………………… 322

"完美"的红色旋风背后 ………………………………………………………… 326

思如涌泉：看戏人看剧作家陈涌泉 …………………………………………… 329

天涯有个断肠人 ………………………………………………………………… 338

后记 ……………………………………………………………………………… 343

序 / 同声相应　同气相求

陈思和

时安兄：

前天晚上你把三十来篇散文稿传到我的邮箱。我当晚来不及拜读，第二天白天有事，到了晚上才打开电脑逐一读来，原来也只是想浏览一遍，但读着读着，竟不想睡觉了，一口气读了下去。虽然老眼昏花，却也津津有味，虽然血压很高，却仍然浮想联翩，连带着对三四十年来的种种回忆，你，还有你所写的海上人物。除了沪上画家我不太熟悉，你所写的大多数人物，也都是我熟悉的师长朋友，于是，作者的你，所写的对象人物，还有读者的我，构成一个浓得化不开的感情圈，我沉醉在其中。

你说你要把这些文章编成一个散文集，要我为之作序。我没有二话就答应下来，随即把手边的事情都往后推一推，准备先完成你交给我的任务。——也不是你的任务特别重要，而是我的感情特别需要，人渐渐老去，时时会感受孤独感突然袭来，莫名所以。你和我的个性不同，你比较热情外向，而我总是落落寡合，但有些地方，我们的情绪似能相通。譬如你写纪念赵长天的文章，写到你有次请长天、福先他们吃饭，嫌环境不好，觉得没有吃好，希望再补请一次，但是长天却走了，再也没有机会了。读到这里的时候，我也自然想到，2002年，上海作家协会安排我与长天、福先，还有于建明，一起去埃及访问，留下了很多美好的回忆。回来后一直说，大家聚一聚，聚一聚，但总是在这段时间谁身体欠佳，或者那段时间谁又特别忙，总是说，有机会，过段时间再聚，一晃很多年过去，谁也想不到，身体最好的长天竟突然撒手了。这当然不是一顿饭的纠结，而是在我们这段年龄里生命无常的感受特别强烈。还有，你写中学同学昌龙，写到同学中三个人最要好，后来一个被水淹死了，后来又一个患了绝症……这种情景，我在写我的中学回忆《1966—1970：暗淡岁月》里也有同样的情景，少年时期的好朋友，几十年过去，这个没有了，那个也没有了，不说也罢，说起来总有一种空落落的感情。自前年以来，我周围的许多尊敬的朋友和长辈纷纷谢世，数片落叶而知秋近，孤独的时候，心里总是凉飕飕的。今读你的散文，又勾起我久久缠绕于心间挥之不去的寂寞之感。

当然这只是我个人的感受。你与我的心性不同，你要比我乐观向上，你的文字里充斥着热情。你那些记叙海上人物的文章，写作时间贯穿了三四十年，从游戏笔墨到生死与共,经历了漫长的光阴积淀,但一贯地饱含着热情洋溢的精神状态。你在描写你与徐中玉先生、罗洛先生还有赵长天等一起共事的时候,都提到那段曾经被不愉快的世事所困扰的时期,你既坦率地为时代阴影留下见证,也用你特有的奋进态度,写出了知识分子在困境里的坚韧与挣扎。你还有一个长处是知足常乐,以平民出身感到自豪,珍惜人生的努力,所以你的文章里始终透着一种来自民间的朴素哲学:你很少众睡独醒,愤世嫉俗,也很少怀才不遇,怨天尤人,(而这两点,恰恰是当下很多知识分子痼疾)。你喜欢在现实环境中实实在在地做事,对于现实中取得一点成绩,都会由衷地高兴自得。你在上海社科院文学所编过刊物,后来又到上海作协、上海文化局、艺术创作中心担任一些领导工作,抓过创作,写过评论,渐渐在工作岗位上成就了一个文艺评论家的功德。人的一生就是这样,有因有果,每一步路都是用自己的脚走出来的,这样的人生就过得踏实。我读你写中学同学的那篇文章尤其喜欢,文字里就渗透了这种可贵的平民人生观。

也许正是这种平民背景,你特别重情义,就像《水浒》里的那些绿林好汉。凡有所求,必有所应。不为名不为利,默默地帮许多朋友解困济贫。听闻老邻居有困难,你一回上海就冒雨送去现金,事后又每月接济,从不间断。生病的中学同学,你不时去电话嘘寒问暖。恩师徐中玉先生，你毕业后三十四年年年登门拜年。徐先生八十、九十、一百岁大寿，你都写了洋洋长文祝贺、介绍，举办徐先生的专题讲座，去年徐先生住院，你隔三差五去医院探望已经失忆的老师。现在还有多少知识分子有知恩图报之心呢？

我喜欢读你近年写的一组文章，写程乃珊、写赵长天、写贺友直、写罗怀臻，无论写人谈文，都充满真挚情感。一般来说，记人叙事的散文出感情还是容易的，难得的是要面对文字作品发议论，表达出有情有义的态度。你评罗怀臻剧作的文章，达到了这样的境界。作为一个评论家，有时候难免会碍于人情世故，写些遵命而勉强的文字，这时候评论家的文字是没有生命力度和热度的；相反，当评论家一旦面对与自己生命信息相通、撞击出生命火花的文学作品，他自己的生命热情被激发出来，他的生命信息就会转化为一个个文字，一句句语言，强烈地体现出来。这样的文艺评论才是上乘的评论。《为信仰而创作》，是你为《罗怀臻剧作集》写的序文。你与他，曾经一个是上海市艺术创作中心主任，一个是著名剧作家，但更重要的，如你所说，这是"两个挚爱艺术的男人之间"推心置腹的对话。你对《西楚霸王》《金龙与蜉蝣》《班昭》等一系列作品的评论，虎虎生气，笔底似有神。你从上海文化大背景来高度评价他：说他"是一个异类、异质的文化符号，是一个带着苏北文化背景的外来人，是一个突然的闯入者。也因为这个不可捉摸无法预测的异质的文化符号,在后来岁月中像跳动的火焰般地活跃介入,上海的剧坛和文化景观有了别样的生机和活力。"这个评价非常到位。是的,上海的文化不是从先验的模式里发展而来,它本来就是大杂烩,是江南文化现代转型过程中变风而成。海外西方文化、南洋华侨文化、江浙社会文化、苏北底层文化四大主流,再加上五湖四海的流民文化杂交,终于形成汪洋恣肆的现代海派文化。确实,他的戏曲创作,代表了当下海派文化艺术中最为强悍最有震撼力的硬文化元素。(文化艺术要分软硬之别,如评弹艺术,是软文化之最。)他的戏曲剧本虽然雅俗共赏,但硬文化元素则是他在当下靡靡流行文化中脱颖而出、一览众山小的根本原因,然而民间大地的文化元素又是他艺术创作的重要支撑。你老兄法眼清净,一言道破剧作家艺术风格的命根所在。你指出《金龙与蜉蝣》里,"城市观众看不到自己熟悉的物欲横流的场景,看不到生命萎顿、灵魂苍白的人物。蜉蝣、子㧐、玉凤、玉荞,他(她)们渺小卑微,然则他们的生命代代相传。天老地荒,扑面而来的是强悍的草莽气息,是人物顽强抗争命运的野草般旺盛的生命力。"你指出《梅龙镇》里,剧作家"对传统题材'游龙戏凤'的最大改变,就是强化民间底层生活自在自足的祥和欢乐,用以置换帝王玩弄村姑的腐朽性,从根本上颠覆母题原来的趣味指向。"所有这些评论语言,都满溢了民间文化的强大生命力量，说到了这位剧作家艺术风格的根本所在，也应和了你自己激情澎湃的评论主体性。

时安兄啊，读着你这篇《为信仰而创作》，我想得很多很多，这个题目固然是从剧作家文本那里来的，但又何尝不是说破了我们的"信仰"呢？四十年前我们意气风发走上文坛，围绕在《上海文学》杂志社的周围，从事文学批评；三十年前我们在《上海文论》上开辟"重写文学史"专栏，后来遇到一些风波，我和晓明，还有你，三人跑到南京一起编完最后一期特辑，从南京回来的火车上我们大谈文学与当下局势，旁若无人，不说我们是"书生意气挥斥方遒"，倒也真有一点"粪土当年万户侯"的气概。我提到"粪土"也是有原因的，记得你当时说了一句让我们大笑不止的话，你说："我正准备端着大粪，朝这帮人浇呢！"——也许你已经忘了吧？但是，要说到"信仰"，我们对文学、对学术、对拨乱反正的虔诚追求,何尝不是"信仰"的操守和坚持呢？上世纪90年代以后，你在作家协会、文化局等单位兢兢业业地工作，我仍然在大学里自由自在地教书，我们都是在各自岗位上默默履行自己的责任和实践，虽然交往不频繁，但肃肃赫赫，交通成和，彼此都有呼应。这种同声相应、同气相求几十年，支撑我们走下去的，也无非是那个让知识分子面对风云而从容淡定的"信仰"。

时安兄，我很久没有写这样的文字了，老友面前难免伤感一番。现在你的《结伴而行——海上人物剪影》出版在即，我略写几句，聊以助兴。如觉得不算冒昧，权作序言。希望新书早日问世。

在此，祈保重身体，文思旺健。

思和于血压奔腾中昏昏书写
2019年2月27日鱼焦了斋

自序 / 结伴而行

我是时代的幸运儿。我的幸运并不在于我有多少物质财富,而在于那些在人生道路上和我相遇,结伴而行的人们。

一个人行路是很孤独的。有时我觉得自己就是一个夜色中匆匆忙忙的赶路人。我很小的时候,就无数次体验过一个孩子在没有人影的月光下,看着自己长长的影子,听着自己的砰砰心跳,穿过田野、树林、村庄、河流、小桥,旷野的风呼呼地擦过脸庞,几乎小跑步回家的路程。相伴我的是漫天的星斗。那时候,生产力低下,物质生活贫困,自然空气就极透明。星星的光,会一会儿长一会儿短地在丝绒样的夜幕上闪烁。上世纪 80 年代我在海南岛琼中温泉宾馆的草坪上见过,90 年代我在宁波雪窦山顶的寺院见过,最近是在北大荒广袤的黑土地上见过。

和我相遇、邂逅的人们,是那么多,那么多!多的就像满天的星星。是的,他们多的像星星一样,闪烁在属于我的夜空里。他们每个人都是意蕴无穷解读不完的一个故事一个传奇,都是一片迷人的风景。他们没有来由突然闯进了我的视野我的生活。有的像一片云悠悠地飘过,有的像电光猛烈在眼前一闪,有的像绿皮火车相对而坐的旅客,在昏暗的灯光下彼此掏心,相见恨晚,却永远消失在了一个偏僻的小站的空气里,有的久久驻足在你的生活中安营扎寨,成了你的亲人……有谁会记得陆家嘴黄浦江拐角的浦东公园,有一棵婆娑的大树。前些日子朋友约我到凯宾斯基宾馆小坐,目光透过落地玻璃窗,穿过高楼的间隙,可以看见不远处无声无息向东奔流的大江,我又想起了那棵大树和大树下年轻朋友们的谈笑、歌声。每次去千湖之国的湖北,都会想起当年因国画家周韶华盛情,和美学老人王朝闻一路去荆州的情景。他那雪山一样银白的茂密头发,智慧而带着儿童般纯真、狡黠的目光,还有吃路边野食的兴致勃勃和妙语连珠地对美味的解读。这是一个趣味盎然,把生活热爱到了极致的人。难怪,他能把凤姐(是《红楼梦》中的,不是网上的)写成一本不下决心读不完,厚得不敢读,而读了放不下的大书。我们一起在荆楚大地漂泊了好几天,感受两千多年前楚国都城繁华后留下的荒凉,似乎耳边还回响着三闾大夫的悲鸣。有趣的是,我们住在今天看起来简陋的荆州招待所,我住他们隔壁。王老夫妇俩的呼噜打得真是空谷虎啸一般,有时像轮唱此起彼伏,有时像重唱山摇地动。第二天一早,王老关切地问我,没影响你休息吧?

二十来岁,《白毛女》在沪东工人文化宫演出,我天天去看排练。指挥家樊承武是我认识的第一个艺术家。坐在他身后,听音乐在他两手上上下下的挥动中起起落落。我有幸认识的第一批"大人物"都是音乐家,指挥家李德伦、黄贻钧、姚笛,作曲家邓尔敬、王云阶、屠咸若、贺绿汀……上世纪80年代《文汇电影时报》风生水起时,见识了张艺谋、陈凯歌、田壮壮、吴子牛、黄建新……参加过他们的几乎所有新拍电影的研讨会,都是老总梅朵、罗君组织主持的。那时的他们青涩而充满了探索的渴望、锐气。在作协工作,我有幸遇到了巴金、柯灵、夏衍、王元化、陈伯吹、白桦、蒋孔阳、贾植芳和许多上海的老中青作家、评论家,为他们举办过各种规模的纪念活动研讨会。接待过许多儿时心仪的老作家:张光年、马烽、玛拉沁夫、王蒙、邓友梅、从维熙、鲁彦周、公刘、刘再复、李泽厚、刘湛秋、刘心武、刘宾雁……写美术评论,我有幸认识了气势磅礴的山水画画家周韶华、北大荒版画的创始人晁楣、郝伯义,上海的程十发、朱屺瞻、沈柔坚、贺友直、杨可扬、方增先、陈佩秋、肖锋、何振志等前辈画家,还有如冯远、忻东旺、田黎明、徐芒耀、俞晓夫等许多才华横溢的同代画家。在文艺界工作多年,我更是和无数大艺术家有了比较密切的交往,第一代《红色娘子军》的主演白淑湘、杰出的蒙古舞舞蹈家贾作光、中芭《天鹅湖》20世纪50年代的主演赵汝衡，从李默然、尚长荣到濮存昕三代中国剧协主席，而声名赫赫的大导演大编剧大作曲家陈薪伊、顾冠仁、赵化南、赵耀民、罗怀臻都是我们的签约艺术家，自己曾鞍前马后为他们的创作服务过。

阅人无数，我深知，天有多高，地有多厚。我接触的大都是学有专长，术有专攻的文化人。他们每个人都是我的一本教科书。像巴（金）老、徐（中玉）先生、钱（谷融）先生、贺（友直）先生，不但给了我知识和思想，而且成了我人生人格的坐标。广泛的接触，我学到了很多很多。学然后知不足。人活着，不能妄自尊大。自以为如何了不得。我知道自己的来路和底细，知道自己到底有几斤几两。我只是一个努力而幸运的人而已。阅人无数，我知道，只要是人，哪怕伟人，都会有他的阿喀琉斯脚踵，又难免有人性的弱点。生命是平等的。我敬仰他们，但我不会顶礼膜拜。人活着，不要妄自菲薄。即使大地上一棵卑微的小草，也有它的尊严，也可以用无数绿色的集合去打扮春天的美丽。

真的是三生有幸。在一个大时代的滚滚洪流中，曾有那么多优秀的人、平凡的人和我结伴而行。我中小学的同学，还有一起进厂的师兄弟姐妹们。他们的生活，在一些"高贵者"眼里并不尽如人意。但每次和大家相见，那份亲热，那份他们对生活的乐观豁达感染了我。有一年我住院，开电梯的阿姨，发着烧，顶着38度的酷暑，一大早从宝山赶到医院上班。我心疼地问她，要紧吗？她带着平和笑意，说，还可以啊。我把一篮水果送给了她，她再三推脱。小区大堂的阿姨们，吃饭的时候，大家相互照看。空闲的时候，她们在小区的草坪边像亲姐妹一样说说笑笑。她们说，我们打工不容易，难过是一天，开心也是一天。干嘛要不开心，干嘛要互相算计呢？以致她们回到家乡以后，我的小外孙还会不时问起，小陈阿姨呢，小陆阿姨呢。我写过我成长的工人新村的邮递员、我的同学，还有在贫穷苦难中奋发的上海女孩。熟悉我的人，都以为我是天生的乐天派，也许大体是。其实我内心也有纠结、彷徨、迷茫的时刻，甚至痛苦到痛不欲生的片刻。是一路相伴的那些人们，以他们整体的精神振作提升了我。他们让我懂得，人应该如何面对苦难，面对动荡和变化。就在和大家一路同行的路上，我形成了自己的世界观价值观，聚起了自己战胜一切困难的勇气和力量。

罗马尼亚诗人斯特内斯库动情地《追忆》，她美丽的犹如思想的影子。其实每一个人都是"美丽的犹如思想的影子"。与这些思想的影子相处的日子会过去。但那些影子，时过境迁，不但没有消失，反而顽强地盘踞、活跃在我的记忆里。他们流淌成了我卑微的文字。

茨威格写过一本传记——《人类群星闪耀时》。他说，之所以这样称呼那些时刻，是因为他们宛如星辰一般永远散射着光辉,普照着暂时的黑夜。我常常觉得,那些在我生活中出现的人们,就是童年在我头顶流泻而过的浩浩荡荡的银河,他们和我结伴而行,一路引导我不敢懈怠的前行。这是自我的精神洗礼。不怕慢,只怕站。

虽然今年的元旦是阴天,但是灰色的云层能永远挡住阳光和星辰吗?一切就像海明威说的那样,太阳照常升起。

2019年元旦走笔

一生都把心掏给读者
写在巴老的百岁华诞

上海作协主席团探望巴老，祝贺他生日（前排左起为徐俊西、徐中玉、巴金、罗洛，后排左起为叶辛、赵长天、毛时安、宗福先、温国光）

今天是我国文学巨匠尊敬的巴金老人的百岁华诞。当年从封闭的四川盆地沿着滚滚长江负笈东下的那个小个子少年，一定不会想到他的生命会和一个世纪同行，一定不会想到自己满头银发的百岁生日，在地球的各个角落会有那么多爱戴他的人们，用敬爱的目光远远地注视着他，默默地献上一瓣心香，为他的生命和健康祝福。古语说，仁者寿。百岁的人瑞巴老是我们时代的大仁者。

作为中国20世纪的伟大作家，巴老给我们写下了近三十卷的煌煌巨著。他的文学作品是一个大时代的历史回声，是一个知识分子良知的心声，是中国新文运动中弥足珍贵的文学足音。同时，他以他实际的创作生涯，给我们的文学家、艺术家，给所有以文字为业、以文化为业的人，提供了一笔巨大的精神财富。这就是他现实主义创作思想中最核心的理念，是他晚年无数次大声疾呼的，"我为读者写作，我把心交给读者！"

1989年11月巴金先生八十五岁生日，我筹备他的创作生活的展览和研讨。在寓所和巴金合影。

在西方现代接受美学中有所谓"作家—作品—读者"构成的"三R关系"。巴老从来不是作家自我中心论者,不顾社会、时代、读者的文学要求,完全以自己的个人趣味写作,孤芳自赏的个人主义者,也不是把文学作品当作与世无涉的封闭系统,单纯追求技巧的作品中心论者。二者虽然重心各异,但都漠视了读者的存在。巴金的伟大在于他的一生都在"为读者写作"。而把心交给读者,是他一生、尤其是晚年写作的创作起点和最后归宿,是解索他创作全部动机的钥匙,是他创作生活最传神最真实最本质的写照。

在八十年左右的漫长创作生涯中,读者在他心目中始终占据着至高无上的位置,就像太阳高悬在太空,照耀着地球星辰。他在给一位信教的友人的信中深情地写道,"我不肯伏倒在'主'的面前,向他求救,我甚至不相信他的存在!……我有我的'主',那就是人民,那就是人类"。多少年来,他一直认为是读者养活了自己,他诚惶诚恐地表示,"没有读者就没有我"。他把写作的全部信念,扎根在了读者和人民的沃土之中,从中汲取了写作的动力和生命的活力。他说,他不中途搁笔,是因为他"一直得到读者热情的鼓励"。他永远忘不了读者来信中那些"像火、像灯"一样明亮炽热的句子。怎么能想象,像巴老这样伟大的作家,面对普通读者的敬畏。这和我们有些作家写了几部作品就沾沾自喜大吹大擂,小虎屁股摸不得,听不进半点读者批评的作派，真是天壤之别啊！

在巴老的创作中，读者从来不是被动、消极接受作家教育、愚弄的群氓。他们不仅是养活作家的衣食父母，而且是作品优劣高下的最好鉴定者。他反复地告诫自己，"读者是真正的评委"，"是最好的评判员"。在作家和读者的关系中，他并不要读者跟着自己走。他一再地声明，自己不是一个艺术家、文学家，只是一个普通人，也愿意做一个普通人。自己没有才华，没有文采，和读者一样是人，是一个把写作当作"生活的一部分的人"，是一个用文学打动人心的人。

向巴老致敬致贺

为读者写作，就要求作家真正地"把心掏出来"，然后再"把心交给读者"。在"三R"关系中，连接作家和读者的中介是作品。作家要把掏出来的心留在作品中，然后用留在作品中的那颗滚烫的心去温暖读者的心。这就需要作家艺术家讲真话、动真情。要有真率的态度、真诚的情感、真实的表达。要感动别人，先要感动自己；要别人相信，先不要欺骗自己。自己不相信、自己不感动的东西，有什么权利要求读者去相信去感动。可惜在我们的艺术作品中，以假话去欺骗读者观众，以矫情滥情来蒙蔽读者观众的，实在为数不少。对于作家艺术家来说，把心交给读者，决不是一时一地、一书一戏的权宜之计，更不是文化商人对劣质文化产品的伪善包装，也不是他们掠夺市场资源抢占市场份额的文化策略。它必须是全心全意真心实意的，其间容不得一点的半心半意和虚情假意。"掏出心来，把心交给读者"，应该成为每一个有良知的作家艺术家以生命相许、贯穿一生的庄严许诺。读过巴金小说的读者一定会感觉到，巴金在他小说的人物身上，在鸣凤、梅、瑞珏这些美丽善良的女性身上，倾注了多么饱满而沉重的感情。在觉新和觉慧的身上又寄予了怎样热切的憧憬和希望，在《寒夜》中他是怎样忧心如焚地"替那些小人物"伸冤的。艺术作品的价值永远和作家艺术家心灵心智情感投入的程度和份量成正比。不论是早年文学的激情，还是晚年文学的沉重，巴金的投入都是真诚的。他说过:"我写作不是我有才华,而是我有感情,对我的祖国和同胞我有无限的爱,我用作品来表达我的感情"。他还说过,"我若能把自己仅有的一点点美好的东西献出来,献给别人,我就会得幸福"。所以,巴金作品从来不回避崇高,相反,有着一种刻骨铭心的崇高感,沉重而不沉沦。

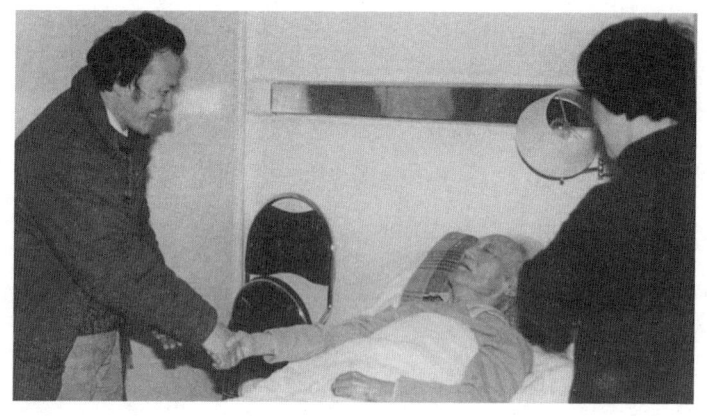

在华东医院探望巴老

晚年巴金最难过最寝食不安的事情,一是自己有时也对读者讲了假话,深感自己对不起读者。他责问自己,"我反复说只想用真话把我的心交给读者。可是我究竟说了多少真话?"巴金有像鲁迅那样严于解剖自己的精神,像托尔斯泰那样自我忏悔的力度,实在不知道那些天天谎话、假话、空话、套话连篇而毫不脸红的人读了有何感想?二是,在创作上他口口声声"深入生活",却一度犯了一个拼命写自己不熟悉的东西的错误。三是，担忧读者的远离，尤其是青年读者的远离。他说，三四十年代的青年把他当作他们的朋友，50年代到80年代的青年不再理解他了。作为一个老人他感到寂寞、孤独。"因为我老了，我的书也老了，无论怎样修饰加工，也不能给它们增加多少生命。"他从生命的深处流露出对读者的眷恋，他对读者说，"我爱你们"。他对年轻人说，"我永远不离开我的年轻读者"。

其实，一个像英雄丹柯那样挖出自己的心去照亮别人的作家，一个像托尔斯泰那样坚持着人道主义良知的作家，读者无论年龄大小，怎么会忘记他、远离他呢？巴老是个很简单很拙于言表的人。他一生都在追索着生命存在的意义和价值，一生都怀着孩童般的赤子之心，执着地坚持着自己的文学观念和文学理想，坚持着文学应该承担的社会责任感道义感。像丹柯一样，高擎着国民精神的火炬。

1994年7月29日，他在一篇回忆文章中突然想到了友人"小胖"在自己园子里留下的"四十年开一朵花的沙漠植物"，就此好像听见她年轻的声音反复地在耳边回响："只有开出花来，生命才有意义！"此后，他一直期盼憧憬着自己的生命"也开一次花"，让自己的生命开花结果。在百岁华诞的时候，我们终于看到巴老生命开花的奇迹："用行动来证明我所写的和我说的到底是真是假，说明我自己究竟是一个怎样的人"。

如果十三亿中国人，如果我们的作家、艺术家人人都怀着"生命开花"的美好愿望，我们社会一定会更多一些真善美更少一些假丑恶，我们民族复兴的步伐一定会迈得更有力更健康更踏实，我们的文学一定会更多地提升净化国民的灵魂，真正成为照耀人们前进的熊熊燃烧的国民精神火炬。

跨过21世纪的门坎，回首巴老写作生活的一百年，真是风烟滚滚，风云变幻。正是我们民族历史中变迁最为频繁最为深刻也最为广泛的时代。再伟大的戏剧也无法容纳我们民族这一百年情感的丰富和浩大。在这一百年中，巴老亲眼目击亲身参与了一段在人类历史上极为罕见艰难曲折壮阔壮丽的精神历程。他用自己的全部身心体验了这个民族一百年的苦难和沧桑，屈辱和抗争，痛苦和挣扎，困惑和喜悦。但从来没有失望过。相反，他总是对自己深情挚爱的这片土地和在这片土地上生活繁衍的人民，充满着理想和希望的热情。诚如他在《激流三部曲》总序中说的："我有我的爱，有我的恨，有我的快乐，也有我的痛苦。但是，我并没有失去我的信仰"。在《巴金全集》第六卷跋中，他补充说，"一直到最后，我并没有失去我对生活的信仰，对人民的信仰"。正是在和自己的祖国人民，同命运共患难的精神历程中，他升华成为中国新文学运动为数不多的顶天立地的文化巨人。

在中国新文学运动近百年的历史中，出现过两位堪称"巨人"的文学家。他们是鲁迅和巴金。前五十年，鲁迅以他的深邃和无畏，不遗余力地向着旧营垒发动着一次次的冲峰，向着黑暗发出一支支的投枪和匕首，批判着一次次变幻嘴脸的反动势力。他以隋唐英雄自比，甘愿用自己羸弱的身躯，扛起黑暗的闸门，放青年们到光明的地方去。在这前五十年中，巴老始终是鲁迅先生的追随者，直到那面"民族魂"的大旗覆盖到先生身上。他以"家·春·秋"组成的"激流三部曲"等作品，表达了自己在鲁迅开辟的"五·四"精神感召下，对戕害人性的封建礼教发出的愤怒呐喊，深情地传达了自己对科学、民主、未来的向往。后五十年的巨人是巴老。作为鲁迅精神的继承者，他以晚年披肝沥胆呕心沥血完成的大书《随想录》，深情地追忆着身边的人物和流逝的往事，从中深刻地总结、反省了我们民族后五十年历史的经验和教训。这是一个思想老人、文学老人，生命夕阳下的精神沉思和内心独白。这份沉思和独白融铸着他丰富的人生和贯穿其一生的单纯的理想。它同时闪烁着现实主义思考和理想主义追求的光彩。为新世纪中华民族的伟大复兴，提供了一份极其宝贵而难得的思想资源。前五十年创造的感动过千百万人的不朽的艺术形象，后五十年具有民族思想史意义的《随想录》，以及渗透其间的强烈的爱国主义激情和人道主义精神，使巴老成为真正意义上的文化巨人。使他的全部文学,超越了国界、民族、肤色、语种,成为全人类共同的精神财富。巴金生活在上海,是上海的骄傲。巴金生活在中国,是中国的光荣。

2003 年 11 月 24 日凌晨

好人的心跳
怀念好友赵长天

和作家赵长天（左二）、日本电影演员中野良子（左三）、诗人白桦（左四）

长天已经去世很长一段日子里，我一直精神恍惚迷离。每天晚上坐在餐桌边上望着天花板上明晃晃的电灯发呆。要做的事情很多。书在手里却一个字都读不进去，白纸摊在手边也是一个字写不下去。早已不是那个在深秋月光下吹着孤独的口琴，唱着忧伤的《鸽子》，排遣内心郁闷的二十岁的小青年了。也早已过了当年三十多岁在作家协会初遇长天时意气风发的年龄了。在经历了一个大时代那么多的风风雨雨，我也算是意志非常顽强，心裹着一层厚厚铠甲，自以为能刀枪不入的钢铁战士了。太太看见我每天一副颓唐的样子，说，赵长天的死，对你打击真的老大。老实说，我父亲去世的时候我也没有这样恍惚过。

长天去世在去年3月31号。星期天。那天天很好，天空一片湛蓝，蓝的又深又高又透。我像往常一样去打乒乓。完了，到浦东去给小外孙买食品。那些日子，长天病情一直不太稳定，时好时坏。29号抽了胸部的积水，接着白血球上升到21万。30号本想约宗福先去探望长天，踌躇再三还是没去。当晚7点55分，我给长天的儿子赵延发短信：爸爸现在怎么样？答复：暂无危险。总有点不放心。路上短信赵延，立即接到他发给我的"已过世"的短消息。车刚进延安路隧道，眼前一片黑暗，头顶是黄浦江浩浩荡荡的流水。坐在车里，我禁不住嚎啕大哭起来，吓得司机不知如何是好。虽然对长天的走，已有了心理准备，但突然的远去，依然无法接受冷的像冰一样残酷的事实。赶紧掉头驱车赶到瑞金医院，王安忆、臧建民、孙甘露、宗福先、褚水敖、顾绍文、沈善增已经到了。我恭恭敬敬向长天鞠了三个躬。然后，看着曾经朝夕相处，几十年在一起的朋友，被车推出，消失在楼道的尽头……

窗外，正是烂漫的春天，花开得多么的繁茂。长天在一个鲜花簇拥的日子里，去向了另一个世界。

一年前，就在差不多的时候，4月30日。那天我去医院体检。那天天也很好。一进门就听有人叫,叫得很响,是长天。我问他,怎么样。他淡淡一笑,蛮好。记忆中,他的笑总是淡淡的,说话也大都是轻轻慢慢的。一圈体检下来,到地下室做 X 光透视,我又碰到他,依然排在我前面。我又问他,可以吗?他浅浅一笑,蛮好。又补充了一句,还可以。

我们是多么的相信自己,相信科学啊。

前一阵子要出版我的一本书,要照片。结果选出几乎所有合影的照片里都有长天瘦长的身影。我们一起接待日本作家、中国香港作家、苏联作家、中国台湾作家,我们一起在巴老身体健康的时候簇拥着巴老,在巴老住院时探

散步沉思中的作家赵长天

望在巴老床前,我们一起在龙华寺的大墙前,在南京,在杭州,我们一起在研讨、在吃饭、在游览,我们一起在……

作为副手,我和长天一起整整工作了八年。那是我们生命中最成熟最有光华的岁月。1989年3月作协换届。长天是协会的副主席兼秘书长,我是副秘书长。那时还有一个副秘书长宗福先,作协204那间大办公室放着六张写字台,有主席徐中玉先生,副主席徐俊西、罗洛、赵长天、宗福先和我,后来又从贵州调来了叶辛。福先那时在谢晋恒通公司兼职,徐俊西是市委宣传部的副部长,主要在部里,他当时处境十分困难。主席徐先生是我大学老师,快八十岁了,刚当选满腔热情想干一番事业,可惜没逢上好时辰,后来就不来了。老罗年纪大,通常中午回家,叶辛那时还没调来,经常就是长天和我两个人。我们有时候说很多很多话,但大多数时候静静地相处。在那些日子,我是亲眼看到了一个真实的实实在在的长天。

长天《赫德传》开头有一句话,"和赫德的相遇很偶然"。其实我们每个人和长天相遇,如果回忆的话也都是很偶然的,某一个下午,某一个早晨,某一个黄昏。我们最早认识应该在上世纪的80年代初。那是一个百废俱兴的时代。万物萌动,青春勃发。人人都抱着一份对未来的浪漫主义冲动。十年"文革"被禁锢的身心有一种重见天日的解放感兴奋感,是文学"火红的年代"。《上海文学》《收获》发表的每一篇小说都会成为全社会关注的热点。被压抑了十年的文学热情，像火山一样被引爆得熔岩四射，迸发着无限的光和热。直到今天，我们这代人一说起那段日子，眼睛都会发亮，恋恋不舍于那段和自己青春尾巴相连的岁月。当然今天我们明白，文学那样重要，也多少不太正常。上海作协和《上海文学》编辑部，时常开会、办青年作者的学习班。我们应该相识在那样的场合。作协那栋历经沧桑仍然风度优雅的小楼和门前的那块绿草地，是交朋友、发生故事的好地方。那时的长天还是工人作者。消瘦高挑的身材，长得眉清目秀。说话不多，声音很结实。用今天的话来说"很有磁性"。站在那里，文质彬彬，一派貌若潘安玉树临风的书生模样。1985年评首届上海文学作品奖，他的小说《市委书记的家事》和我的评论《独特的生活画卷》都得了奖。好像是5月，王安忆、王小鹰、沈善增、杨文虎、陆萍、查志华等一众获奖者浩浩荡荡一起去千岛湖旅游。游船上诗人许德明给大家速写肖像，一路上，大家嘻嘻哈哈，热闹得不行。长天显示了他独特的沉稳，慢条斯理，并不突出自己。就在这一年，他调进了作协。我们就有了很多见面交谈的机会。作为一个朋友，他让人踏实，能让人长期而久久地信赖，有很多必然的品质和东西在里面，他的为人，他的厚道，他的仁慈，他的沉静内敛，他对朋友润物细无声的浸淫。长天身上确实有很多东西久久地影响、感染着我们。我是一个粗糙的人，没有长天对我的影响，我今天不一定是这样的人。

我到作家协会刚开始工作的时候，风风火火，莽撞粗糙，什么事都是干起来再说。有一次主席团会开好以后，长天对我说，毛时安你不能这样做，这样做对你非常不利。为什么呢？主席团一开好会提了几件事我会不管三七二十一，就马上去做，做得非常卖力。因为我认为主席团开会的时候，如果这件事大家都没发言，就算通过了，通过了就该去做。长天像聊家常地跟我说，你不要认为大家不发言就是同意，大家不发言也许是保留态度。如果你做对了大家没有意见，如果你做错谁都会批评指责你。他说得很慢，声音也不响，

与上海作家赵长天（左一）、赵丽宏（左二）、王安忆（右二）、王周生（右一）

一点没有批评的意思。

他对事对人,一直是这样很文静的书生气息。长天让我的一生变得细腻、沉稳了许多。

作为领导,长天是一个非常有大局观的人。1989年11月份为巴老八十五岁搞纪念展览和研讨,这是上届作协定下来的事没来得及做。当时也有一些同志提出反对意见,认为作家协会这个时候搞巴金的纪念活动不是很妥当。我觉得,一定要搞,这不是巴老个人的事。这样的活动不仅有利于提升上海文学的形象,而且有利于国外对我们中国现状的正确了解,让外界看到中国文化和中国依然在坚持开放。我们不能因为发生了一些事情,就畏首畏尾,就放弃很多工作。长天那时正处在一个困难的时候,我和他交流想法,他不顾个人的委屈和困难,在主席团会议上明确表明了自己主张办的想法。在长天的领导支持下,我直接给主席团写了一封不长的信,明确陈述了我的想法,争取了主席团的同意。前不久,整理旧物,当年的那封短信浮出水面,真让人百感交集,恍如隔世。在长天细心耐心的具体指导下,我陆陆续续完成了巴老八十五岁纪念活动的各项文件和筹备工作。长天去世后,我这两天一直在翻看以前作协的工作笔记。90年代初正是上海文学事业遭遇特殊困难的时候。当时作家们的情绪比较低落。我分管创联室、研究室。创联室提出,作家的情绪很大,他们工作很困难,希望领导能直接出面。结果每一次作家的活动长天都亲自出面，一个个地做作家的工作。组织作家学习、体验生活、编辑大上海小说丛书。为了能让作家安心写作，长天到处找关系找地方，想为作家们建一个舒适的创作中心。徐先生也不顾个人荣辱，带着我们到马鞍山、湖州，上海郊县的洪庙、花桥……长天长期在文学界工作，徐先生和我都是作协的新人马，前前后后都是长天忙，从来没听到他有一句怨言和牢骚。

不久，市场经济大潮在我们这些只会动笔杆子的书生毫无准备的情况下席卷而来。耳朵里不断传来下海做生意、倒卖钢材的消息。国家一时又拿不出钱来支持文学。文化界流行的是以商养文，破墙开店，不少熟悉的演员、作家朋友下海开公司。有位蛮有名气的话剧演员开了一个养狗场卖各种名犬。长天是作协当家人，天天为着钱发愁。但作协也不是他说了算，上面有主席团，还有宣传部，还有一大批德高望重的老作家。每一件创收的事，都是他里里外外的张罗协调。我不懂经济，而且从小不喜欢和钱打交道。所有这些事都是他扛着，我是爱莫能助。先是在作协门口开了个北海渔村的饭店，又和外面合作搞了一个景都公司。那公司一度做得风生水起，《萌芽》搬出文艺会堂，很长一段时间就在那办公。为了钱，长天和各色人物打交道，有当时万国证券的老总管金生，还有紫江公司的董事长。我们还异想天开地想出租、甚至出售那栋诗意盎然的主楼去做会馆。和一些香港老板反复谈判。我还为此在香港和老板见了面。为了不上当，长天一次次请有关部门了解他们的背景。当时估价600万。幸亏竹篮打水一场空，没成功。肯定是不会成功的。有一阵子房地产热，长天带着我和后来到作协的叶辛，发动各种社会关系和资源，包括我们各自妻子的关系，到处找地，想为作协买地产搭顺风车，盖一个创作之家。我们就像一群没头的苍蝇，费尽心机，到处乱撞，到处碰壁。那时，长天和我心情都有点压抑，但是我们必须斗志昂扬地去工作。我们两家都住在曲阳新村。两个人一部车上下班，风里来雨里去。有时默默无语，有时相对一笑。204办公室经常只有我们两个人。静静地看着时光流逝。春天，作协院子里的花都开了，很静很静。我们有时会推开朝南的那扇古典味十足很修长很气派的铸铁玻璃门，让院子里的气息涌进来。真的很静很静。东边墙头原来有个壁炉，壁炉的搁板上有个外宾送的座钟。钟的指针头上有一只小小的飞机。静得可以清晰地听到秒针走动"滴答、滴答"的声音。那只极其漂亮的见证了我们曾经岁月的座钟，后来不知给谁偷走了，我们的日子也渐渐出了头。我们从认识到现在已经将近三十年，从满头青丝意气风发的青年，到齿发摇落精力不济的老年。我和他有缘。由此，我和他成了以心换心完全可以信赖无话不谈的朋友。

还记得邓小平去世的那天早晨,我们望着车窗外一切如常上班的人群,心里都有一种欣慰,这样的伟人去世了,世界还是那么平静,世界真的是进步了。把对伟人的真切的怀念记在心里。我们在车上静静述说着小平为国家做的贡献。

长天的心很大,就像他的名字,能装很多东西,能承受各种委屈。他是一个好人,也是一个真正优秀的共产党员。那些日子我们经历的困难真是难以想象。在时代的巨大考验和人生的各种困难面前,长天是一个具有超强的毅力、信念的人,并且用毅力和信念支撑自己精神世界的人。

后来的日子就是我们的今天了。90年代中期,世界变了。中国终于像一头睡醒的雄狮,仰天长啸了。在车上、在办公室,我们的谈话无所不包。大到世界风云、伊拉克战争,小到一个小说的一句描写,报纸里的一段花边新闻。一起讨论文学,什么是好小说,小说家的中年危机。讨论我们生活的国家和世界,那么陌生、新鲜,好还是坏。相似的阅历背景,使我们很容易沟通,很容易理解。有时也会有点分歧,大家也不坚持,一定要谁说服谁。虽然是寻常百姓,却也预见了很多事情。我们为社会进步兴奋,也为社会问题担忧,也自说自话自以为是地开一个药方。

男人在一起,大约就是这样。

1997年我奉调离开作家协会,去文化系统工作。我们有事没事就打电话,到了无话不说的程度。我们的妻子也成了好朋友。长天特别喜欢交响音乐,他真懂。我不懂,妻更不懂。有了国外著名的交响乐团来上海演出,我第一个就会想到长天。我至今记得,他听拉赫玛尼诺夫时全身心地投入和激动。他像沉寂的星空,宁静地专注地聆听着来自遥远的声音,完全沉浸在俄罗斯苍茫的大地上。使我想到年轻时看到的一幅列宁全神贯注听音乐的照片。

我和长天一起工作的八年,特别是前几年,可以说是相濡以沫:一起互相勉励着走过了一段风雨泥泞、不足为外人道的日子。远远不像后来的日子那么的松散、自由、无拘无束。想到了,打个电话,或者会上见个面,站在角落里说几句话。人和人相处,相濡以沫,作为历经磨难的友谊,历来为人们所称道。庄子说,泉涸,鱼相与处于陆,相呴于湿,相濡以沫,不如相忘于江湖。后来,我们的相处的快乐,就有了相忘江湖的味道和自在。人和人相处,究竟是像两条鱼挤在车辙里彼此用唾沫救助对方被大家感动好,还是在江河湖海里彼此不需太多牵挂各自游动好呢?

在很多人看来,我和长天不是一类人。事实也是。我是看起来乐观其实悲观,我的悲观,是对现代人类整体的悲观。看起来活跃现代,骨子里很保守很有惰性,迷恋于传统。长天却是外表沉静、内心很有激情,外表保守、内心很有活力很有冲动。他对市场经济比我有兴趣。他曾经很快活地告诉我,还在中学的儿子赵延拿着家里的旧杂志去卖。很多年前,我去长江计算机厂认识了那里的老总潘先生。两人买了286电脑。带动了作协一起,陆陆续续办了各种汉字处理软件的学习班。结果,长天从286、386一路过去,很快就熟练地掌控了电脑写作的窍门。我却一直冥顽不化地抵制,要用手写抗拒时代的进步潮流。长天对于新事物新思想接受的敏感和能力,远远走在我的前面。赵延好不容易有了一份人人羡慕的金饭碗海关工作,却为了文学写作,在长天支持下,毅然辞职。在我是没有这样的勇气的。在很多时候,长天拉动着我,赶上了时代的步伐。

1995年,我离开作协前,长天告诉我,他要去《萌芽》。这份曾经引领无数年轻人走上文学道路,为中国文学培养了无数作家,曾经那么如日中天的青年文学杂志,当时印数跌到了几千份。我自己年轻时就正本手抄过萌芽诗选。我知道,长天对文学的发自内心的热爱,也知道他会面临的巨大困难。也是有志者事竟成,天无绝人之路。长天竟以"新概念作文大赛",带领《萌芽》一举走出困境,从中走出韩寒、郭敬明等一批青年偶像。长天以一己之力,发起了对当下死背硬记的文学和语文教育体系勇猛和有点悲壮的冲击。他想让学生从小孩到教育,一条龙接受不同凡俗的文学熏陶,让文学天才有自由生长的空间。他创办了儿童读物《略知一二》,开办了萌芽学校。长天忘了,不少参加对抗应试教育的新概念作文大赛,背后的动机也只是免试上大学。殊途同归,曲径通幽。他办刊办学,凡叫我,我必到。私下里我和长天聊过,他也无奈。而且,他试图冲击、改变的不仅是中国当下的教育体制,而且是目前世界通行的教育机制。他的路,后来越走越艰难。有点像西西弗斯。改变世界乃是一件多么难的事啊。我缺少他的勇气和坚韧不拔的毅力。这些年也有很多好朋友让我办刊物,我都温婉地谢辞了。我怕自己力所不逮,有负重托。

他去世后,我再打开手机,从2012年6月12日到2013年3月29日12点4分,他生病期间我们发了三百条短信。在短信中,他都显示出了一种难得的从容、坚韧和乐观。3月11日,输血才一天多,他血小板降到五千,我很急,他在说了病情后,特地加了一句:"不过白细胞也跌到三万七了。"后来那些日子,他一直咳嗽,睡不好。3月19日,他短信里说:"我研究出来怎么咳容易把痰咳出来,怎么在咳嗽间歇睡,昨晚较前晚睡得好。"有一次我去看他,问起他的饭食,他说,"昨天就吃了一根面条。"我说,一定要吃,吃一点是一点,零零星星坚持吃一点下去。他说,"我现在要把吃饭的胃口留出来吃药。"3月17日我给他买了一大包各式各样的进口小食品。我让阿姨都给他尝点。我知道他是个节约的人,特意关照他,不好吃就吐掉,别勉强,怕浪费。觉得还能吃的告诉我。没想到,他发来了短信:"吃了瑞士小咸饼,蛮好。"3月25日我去北京前,又买了送去。后来丽宏告诉我,长天基本就靠这些咸饼干支撑着,让我心里难受了很久很久。他去世前段日子里,我的日记里写满了他的病情。

在死神的面前,他从来没有妥协过。每次去看他,他的脸上表情始终是平静谦和的,挂着一种淡淡的不显山不露水的微笑,一如他的日常为人。有次去看他,他正好上洗手间出来,我扶他坐到床边,替他脱了鞋,把他的脚搬到床上。他躺下后,朝我笑了笑,像个孩子,笑得很单纯。倒是我每次看他,一出病房就忍不住地泪水往下流。那些日子我一直很纠结。想看他,怕影响他养病休息;不看他,我又非常放不下他的病情,也怕他一个人没人说话,太孤单,太寂寞。打电话也是这样,怕他说话吃力,累着他。病重期间,有时候他也给我打电话。一次电话中他告诉我,我的大学同学、《解放日报》的王富荣病危。还有一次打电话说,吴芝麟住在医院里。长天是个特别心挂着别人的人,即使在重病中他依然一直关心别人的事情。他给我发的所有的短信基本上是,"是"、"好"、"好"、"是"。正是在这些最简单的语词里,我感受到了一个好人的心跳。

为了纪念亡友,我一直在编长天的文集,里面有三篇怀念巴老的文章。长天的文章总是很短,言简意赅。在《巴老走了》一文中,他写道:生活不会停止,历史继续着无情的书写。每个人都要问自己一个问题：巴老走了，我怎么活着？长天的追悼会上萦绕着斯美塔那作曲的《伏尔塔瓦河》的旋律。他的灵魂随着伏尔塔瓦河的粼粼波光去向了很远的远方。我想，他的所有的朋友都会想，长天走了，我们如何像他那样方方正正地活着，有意义地活着……

时间，是生命驻足的地方。死亡，是生命出走的时间。

一个人活在世上，朋友可以有很多，但说得上话、无话不说，可以信赖，能推心置腹，这样的朋友是不会很多的。有很多日子，我常常会突然拎起电话想找他说说话，然后轻轻放下，电话那端的他，不在了。很多事情回过头想，真是很不堪。作为朋友，如果好的话，想到的事就要尽快去做。三年前，我和他一起在无锡疗养，当时他妻子我妻子都在身边。我们约好两家人一起出去旅游。两年前过年，我们请他们夫妇还有宗福先夫妇一起吃饭，那顿饭吃得不好，环境有点杂。我妻子觉得有点对不起他们，一直想重新再请他们吃顿饭。结果，因为忙，就一直拖着。

时至今日，一切都无法弥补了，成为心头永远的痛。

如今，山和水都在，人没了。走着走着，人就老了，就没了。

如果有天堂，我会在天堂补上这顿欠着的晚餐。

所以，我说，朋友之间，如果想表达感情的时候，在活着的时候，我们就该尽快努力地去做。

因为我们都不年轻,谁也不知道死神敲门的那一刻。
根据 2014 年 4 月 18 日追思会记录修改。

        2014 年 12 月 30 日再修改
        2015 年 1 月 14 日改定

活出生命的意义

和导师徐中玉先生

华东师大中文系有几位年高德劭很受人敬重的老教授。他们是许杰、施蛰存、徐中玉和钱谷融。我 1978 年进大学的时候,除满头霜雪的许先生只给研究生上课外,其他三位老先生都偶尔给本科生开课。大家知道,这样的机会难得,今后不会很多。但凡他们上课,总是早早地到教室占座位,把偌大个文史楼大教室挤得水泄不通。施先生学贯中西才华横溢,即使年逾古稀依然才思敏捷,又是鲁迅先生文章里挂过号的人物,他讲课一如九曲黄河,大开大阖古今中外跑野马一般牵出连珠妙语。钱先生，我们早就在图书馆悄悄读过他五六十年代名震文坛的长篇文学论文《论文学是"人学"》，对他的《〈雷雨〉人物谈》更是佩服得五体投地。他讲课从容不迫潇洒自若，对周朴园、侍萍、繁漪，每个人物的每个动作每句台词，都能抽丝剥茧细腻地讲出许多意想不到的道道来，艺术感觉惊人地好。徐先生是系主任，讲的是古代文论。他的课质朴平实，没有任何外在附加的华丽和趣味。大量的引证材料分析阐释，像一堵方砖砌起的城墙，严严实实密不透风，压得人喘不过气来。对于刚进大学不久、喜欢新奇趣味的低年级中文系学生来说，听徐先生的课无疑是枯燥乏味最吃力不过的事，和听数学课一样生涩。因为我喜欢古代文论，一直硬着头皮听下去，听久了，犹如在品尝武夷山的乌龙茶，不香很苦但另有一股绵长的回味。和功夫茶一样，先生讲的是功夫课，重的是学问的苦修积累。长天君曾不止一次对我说起先生的为人，以为已经到一份很高的境界。我想，先生的这份境界主要不是靠天才顿悟得来，而是积 80 年人生的每一天苦苦修行的结果。

先生是个线条刚硬的人。国字脸剑眉硬梢梢的短发，脸上的每一根线条都像刀刻上去的。行如风站如松，身板硬朗挺直，站在天地之间，与其说是文人不如说更像军人。说话处事干脆利落从不吞吞吐吐。他的字也是这样，力透纸背转角处棱角分明顿挫有力。他的文章慷慨质朴，字里行间总是承载着过重的忧患意识，悲天悯人，奔走呼号。即使古代文论的论文，也可以听到时代激越的回声。他永远不是那种能回避民瘼疾苦、"躲进小楼成一统"的象牙塔里的文人、纯粹书斋里的学者。先生最反对《水浒传》里教师爷中看不中用的锦拳绣脚，他写的是动真情讲真话的文字。即使在讲真话有风险的时候，他也还是要讲真话。

他一生多次因言获罪。上海解放前夕，他在和姚雪垠主编的刊物上发表《彻底破产的教育》，险遭不测。1957年，他帮党整风，主张大学里"专家治校"、"学术至上"，顷刻间由自我感觉的新中国主人、领导的诤友，变为"右派"打入另册。但他似乎从来没有吸取教训。1974年，他以刚被解放的"反动学术权威"的身份，居然公开在会议上对"评法批儒"表示"不理解"。谁都知道，在"四人帮"高压淫威的时代，这种"不理解"意味着什么。这些年，凡是先生觉得于国于民于党有利的话，从干部中的严重腐败不正之风到商品大潮挟裹下文化的失落、教育的困境、道德的沦丧，该讲的他都讲了，不仅私人场合讲而且在公众场合大声疾呼。有好几次谈到大款一掷千金摆豪门宴，先生情不自禁地吟起了杜诗"朱门酒肉臭、路有冻死骨"的名句，掩不住一股忧心如焚的书生意气。真是国事家事天下事，事事在心。以至有时候做学生的我都暗暗为先生捏一把汗。

倘若有什么能概括先生形象特征的词汇的话，在我看来，最准确的莫过于"风骨"二字。

先生不苟言笑，话很少。说话的时候大都很严肃。在当学生很久的时间里，我一直有一种敬畏感。读大学时，我们真正的私人谈话只有一次。那天，我走过系主任办公室，先生走出门来叫住我："把你的那篇论文改一改，压缩一下，不要超过八千字。放在《文艺理论研究》上发表。"我站在门口惴惴不安地听先生讲完，告辞走了。前后不会超过两分钟。然而就是这两分钟的谈话，决定了《文艺理论研究》将首次全文发表一个学生单独署名的论文，也决定了我以后的人生道路。先生是那种外刚内柔外冷内热的人。对于晚辈学生，他从来只把爱深藏在心里而不放在嘴上。

我读大学的时候，年级里学业竞争有时厉害到了白热化的程度。有一年校庆，系里让一位同学作学术报告。报告会的前一天晚上，任课老师在办公室门缝里拣到一张纸条，说那个同学的论文是抄袭的。并且白纸黑字列举了所抄篇目。任课老师不敢怠慢，报告了徐先生。徐先生找到有关材料，认真对比，发现并没有抄袭之嫌。当场关照那位老师，明日学术报告照做，你坐镇现场，千万不要告诉那位同学，影响了他的情绪。不久徐先生又推荐那篇论文发表。那位学生全然蒙在鼓里。毕业前夕，那老师将此事一五一十告诉了学生。学生激动得哽咽不已。他与徐先生非亲非故，先生为他担了风险和肩胛，却从来未言只字。多少年后，他遇到先生，先生依然是守口如瓶的缄默。那同学告诉我，他将一辈子将这件事埋在心里，努力用踏踏实实的工作来回报先生的厚爱。我的一些有才华却也有争论的师兄弟，正是因为先生的一再坚持和力荐，才得以找到最合适发挥才能的工作岗位。

这些年，我和先生在师生关系上又添了一层工作关系。1989年，上海作协换届，先生担任主席，和我同处作协一个办公室。先生高大的形象日见平易，在敬畏之外又多了一份亲切。我看到了先生严谨学者的另一面：随和而热爱生活。一次我随先生去外地出席一个学术会议。给先生安排三个人合住一室。我觉得有点不妥。正想向会议主办单位提出，谁知先生豁达地笑笑："能这样住蛮好。现在开这样的文学研讨会不容易。"有次吃饭，先生兴致勃勃地突然当众提议让我为大家唱一首歌，而且亲自用手来推我，让我大吃一惊。我不知道，这是不是先生的"老夫聊发少年狂"？

也许年岁大了，先生变得很念旧。他常常怀着一种不见诸文字的温柔，怀念着自己的母亲姐姐，怀念着自己的恩师，怀念着为国捐躯的乡梓、同学，怀念着青岛大学门口摆水果摊的老人。《劳动报》有人去北京，行前先生托他带一盘磁带去。他在磁带里录了自己问候思念老友陈荒煤、张光年、姚雪垠等人的讲话。那天我碰到先生,先生正把一台小录音机凑到耳边:"我也很想念你啊……"来自远方苍老温暖的问候弥漫着整个房间。这是从北京录回的老友们的声音。先生已然沉浸在一种忘我怡然的境界中。事后他对我说:"这比写信好,方便还可以听到声音,很亲切的,空下来听听……"一脸自得的神情,显然很为自己的发明而满意。

徐中玉先生

先生无疑属于中国传统知识分子,但他很少耽于清谈溺于空疏,他是一个少见的行动型知识分子。行动充实饱满着他的生命。他的学术生涯不仅是著述,而且是用一连串小跑步一样步履匆匆的文学、学术组织活动,填满他的学术履历。粉碎"四人帮"后平反复出,先生以已近古稀之年，出任华东师大中文系主任。他广罗人才奖掖后进，开创了惜才爱才用才养才，提倡学术自由竞争、开明办学的学风，把个中文系办得红红火火，这已是有目共睹的不争事实。有感于文理分家的弊端，先生亲自主编《大学语文》，传播光大祖国的语言文学。这册书出版累计已达一千万册，受惠者遍及全国，何止千万！学术上有些变化是很难一言概之的。90年代一度冷寂的国学已成显学。在学界似乎非国学不成学人。其实早在1980年，先生已从建设有中国特点的马克思主义文艺理论的宏观基点出发，认识到国学在这一宏观框架中举足轻重的地位，举办了全国古代文论师资培训班。王元化、程千帆、程应镠、舒芜、吴组缃、王文生、朱东润、吴奔星……从四面八方来到师训班授课。一时间鸿儒云集名流荟萃，将祖国文化的精粹端陈在学员面前，真当得起"盛况空前"四个字。在这个基础上，又成立了中国古代文学理论学会，出版了《古代文学理论研究》丛刊。如今，这些当年的学员大都天南海北，成了我国高校国学研究的骨干，《古代文学理论研究》也成了海内外研治中国古代文论学者案头必备的典籍了。今天这门学科蔚然大观，先生筚路蓝缕的开拓功不可没。

　　1957年"反右"的时候，我还是个系着红领巾的孩子。什么也不懂，懵里懵懂，隐隐感到校园内外正风起云涌，并且按教导在自己心里替"右派分子"画了一张青面獠牙的脸谱。二十多年后，当我终于脱尽稚气，重读那部灾难深重的历史，才知道"右派分子"其实大都倒是有点才华有点学问敢讲点真话的人。我怎么能相信先生这样的人猖狂反党反社会主义呢？三十年后，先生还记得当年许杰先生被打成"右派"申诉无门时"沮丧、受辱而又无可奈何几乎绝望的表情"。这是一种让人心死的大绝望大悲剧。

本来像先生这样70年生活在校园，加上所治的是与现实很少沾边的文艺理论中的古代文论，他的一生应该像一张白纸那样单纯，没有什么跌宕忧患的人生故事。不幸的是，他赶上了一个颠沛流离的动荡时代。从少年时的国耻到"文革"的疯狂，在这样的年代，即使校园也不能幸免，成了汪洋中的一条船，在惊涛骇浪中颤栗不已。生在这个时代，先生的学术选择只能是与忧患意识相连的经世致用。这是他个人的选择也是他时代的选择。或者可以说是，患难中的别无选择。

荷马说过："在患难中，一个人会老得很快。"但是，令人惊讶的是，这句话对八十岁的先生似乎并不适用。几乎所有来访作协的友人都怀疑徐先生年龄的真实性。先生确实精力健旺过人。一次去马鞍山，一路上火车汽车会见考察参观宴请会谈，连喘气的片刻都没有，我们都累得人仰马翻，先生却毫无倦色。一到上海风尘未洗，又步履匆匆赶去参加他必须出席的学术活动。而且他从来没有午睡的习惯，而且他年轻时就靠每天一片安眠药入睡，而且他并没有什么养生秘诀，唯一的体育活动也无非是每天清晨到华东师大附近长风公园银锄湖边散步。80岁历经风雨坎坷身体不老精神不老，行动思维敏捷，接受新事物新思想的能力，都像年轻人。担任系主任的那阵子，百废待兴，很少闲暇，他年近70，竟能在公务繁忙之间的"五一"节，一人独坐书房从早到晚，写完一万多字的苏轼文学思想的论文。在我的印象中，先生这十几年中相貌几乎没有什么变化。时间之于他，似乎是一个凝固的存在。

我想，这样旺盛的生命力决不仅植根于肉体，更来自心灵，来自他人生方式的随和流畅，来自他人生态度的既执着又通达。从反右到"文革"，二十余年，他不自戕自沉，而另寻"自全"之径。在七百种典籍中撮录卡片四五万张，达一千多万字。还私心窃喜，得了"无用之用"。也许，这"无用之用"正是先生一生为人的奥义之所在。

中国文人历来有出世与入世两种。生民涂炭水深火热，出世于心不忍，固不易。但以出世求心境平和则易。而徐先生恰恰是一个极为入世之人。他信服"文须有益于天下"（顾炎武），"文必中当世之过"（苏轼）。一直以这样的信念介入人世和文学。他的文学观念很清楚，反对故弄玄虚脱离现实生活的文风，反对过于轻慢的"玩文学"的创作态度，反对过于华丽而不务实的藻饰，而且他总不隐瞒自己的文学观念,即使在为年轻人著作写序文时也揭橥自己的观念。面对当今不断变化不断丰富的文学,先生的文学观念难免会得罪一些人。但他不管自己出入怎样的风浪,都能如履平地地保持心的平和。从文化渊源上看,先生的行为更接近孔子,但他内心的自由无羁又很靠近老庄。这样,他就像一潭深湖,狂风能掀起表层的滔天巨浪,却在深处保持着静观的智慧。

学而优则仕。中国的知识分子有相当多的人长期生活在"地位志向性"的阴影下,倾向于通过谋取一官半职的地位来实现自己的抱负。先生强烈追求的是"目标志向性",从年轻时起就以"国家兴亡,匹夫有责"的人生目标为最高理想。除此而外,心不旁骛,别无他求。对生活没有任何额外的索求,一切都在可有可无之间,烟能抽,酒能喝,但大都限于社交场合,平日很少抽很少喝,而且从不讲究品牌。也没有什么特殊的非享受不可的文艺娱乐,更不去争名分。先生筹备组织过许多全国性的学术团体,如中国文艺理论学会、中国古代文学理论学会,一旦筹备结束,他就主动请更加年长的学者专家担任团体的主要领导,自己则仍然去做那些不起眼的日常事务性工作。上海作协在他倡导下,每年都要为80岁以上老同志举办文学纪念活动。去年先生文学教育生涯60年,华东师大中文系和作协要为他开个会。他听到以后心里一直很不安。当晚十一时他打电话给我,表示了他无奈之下妥协的条件。一连发出几个"断断不能":会议地方断断不能放在热闹的市区,只能放在远离市中心他任教的华东师大;会议断断不能用作协的经费,"我是现任主席,万万不能开这个先例,否则我这个老头子要被人骂死了。作协是个穷单位,不能让作协出一分钱。"会议时间断断不能超过两小时,会议断断不能惊动有关领导,"否则,就你们自己开去。"放下电话,他严厉的口气依然在听筒里嗡嗡作响。没有任何商量余地,作为后辈,只能尊重老人自己的意愿。后来我们在华东师大为他开了一个朴素而热烈的纪念会。

1994年的大年初六,按中国人"做九不做十"的习俗,系里的老师和我们这些弟子凑了份子为79岁的先生做生日。一口气吹灭蛋糕上的八支蜡烛后,先生在大家簇拥下站起来致词。他说,他当年到华东师大工作,看到许杰先生的满头银发,一直在想有一天自己老了会怎么样。其实当时许先生才50出头一点。一天天过起来很慢,但回头看看,过得真快。自己还没感觉到已经80岁了。他说,他牙齿都好,眼睛也没有老花,耳朵不聋,手脚也还灵活。大家鼓起掌来。他说,他一辈子只是一个普通的教师,他最高兴的是学生都成了国家的人材。他只有一个愿望,做一个问心无愧的人。他想这样做,他努力这样做,但也没有完全做到。大家都比他年轻,他希望大家监督他,和他一起做这样的人。说到这儿，先生有点动情，大家的眼睛也有点湿润了。兴许喝了些酒，灯光下先生脸色微微泛红。

归家的路上，一位师兄对我说，你是不是觉得先生这个人好得很内涵。他用了"内涵"两个字。我默然。橙黄温暖的路灯光下，高架桥巨大的影子长龙般投在空无人影的马路上。夜很静。我想起，这些年先生时常在追悔自己当年对俞平伯、胡风、胡适的批判，一直追悔在那些荒唐的年代，自己为什么连和恩师老舍先生、叶石荪先生通信的勇气都没有……

人生在世总会有痛苦。在这世上最理性的是知识分子。他们通过学理思考，凝聚整理自己对世界的基本看法基本模式。但是最浪漫的也是知识分子，因为一旦这种模式在他们治学和人生中确立，就意味着毕生将为这理想的模式去献身。所以，对于人类来说，知识分子这个职业本身就常常如西西弗斯一样，具有知其不可为而为之的悲剧意味。"文王拘而演《周易》；仲尼厄而作《春秋》；屈原放逐，乃赋《离骚》；左丘失明，厥有《国语》；孙子膑脚，兵法修列；不韦迁蜀，世传《吕览》；韩非囚秦，《说难》《孤愤》；《诗》三百篇，大抵圣贤发愤之所为作也"。司马迁的这番话，真是划破弥天大夜的一道闪电，照亮着我们身前身后的茫茫道路。知识分子其实只是灵魂始终在炼狱中煎熬的人。要活下去，就要在痛苦中找出意义。只有那些懂得"为什么"

而活的人，才能经受得起痛苦。先生是一个活出意义，并且终生执守自己一方生命意义的人。

1995年1月25日

为徐中玉先生八十华诞而作

忧患年代的精神坚守
为徐中玉教授百岁华诞而作

和导师徐中玉先生

今年(癸巳)正月初二,是徐中玉教授的百岁华诞。

记得 1984 年,年届七旬的徐中玉先生曾经吐露过这样的心声:"中国绝大多数知识分子果然是物美、价廉、耐磨,穷也穷不走,打也打不走。挨着无奈,忍辱负重,挨过就算。诚然懦弱、无能,但确挚爱这块土地,这里有我们丰富的文化宝藏。"

在徐先生百岁华诞之际,我们理所当然地应该把他和老一辈学人的治学、为人,视为我们这座城市、这个国家、这个时代、这个民族，奋然前行实现中华民族伟大复兴理想的一笔"丰富的文化宝藏"。

以我学识的浅陋和治学的疏懒，本无能力对徐先生的学术思想、治学方法加以评论。但在先生的百岁华诞之际，出于我作为学生"高山仰止，景行行止，虽不能至，心向往之"的敬仰、感激之情，仍不免管窥蠡测，谈三十多年来追随先生学习的一些粗浅心得，求教于同好、方家。

徐先生学术主攻领域是中国古代文论。在"五四"引进西方文艺理论，并以西方文论为日后中国文艺理论框架体系后，中国传统的古代文论却遭到无情的冷落，成了绝响和新学。先生早在上世纪30年代大学三年级就受叶石荪教授影响，开始中国文论的搜集、整理和研究。叶先生游学欧美，主讲文艺心理学，却反复强调，古代文论是一个宝库。那些著名文艺家们的甘苦之言尤其可贵。从研究生论文《宋代诗论研究》始，徐先生近80年的学术生涯聚焦于中国古代文论的研究。

徐先生的古代文论研究对中国几千年积淀下来的古代文论的意义和价值有高度充分的肯定。他说，"中国古代文艺理论是一个极为丰富的宝库，它对全人类文化有着重要贡献，这是海内外学者都承认的事实。"在他看来，中国古代文论形成了与西方文论判然有别的民族审美思维的许多特点。一是强调审美的主体性，自得之见，自出手眼、自抒怀抱，言必已出，有个人的独特感受和风采。二是强调观照的整体性。既有微观、细节，更重整体、大局。如刘熙载论庄子，今观其文，无端而来，无端而去，殆得"飞"之机者。苏东坡以"寒"论孟郊，以"瘦"论贾岛。飞、寒、瘦，观照的都是诗人的整体印象而不是局部的细节。三是强调论说的意会性。点到即止，重在意会，凡事以少少许胜多多许，举一反三，重在妙悟。四是强调描述的简要性。通道必简，无须烦辞，解诗说文，皆以少少许胜多多许。为此，徐先生大声疾呼："多少年来，很多人只知希腊、罗马、欧美、俄苏、日本等外国文论家的观点和名氏，仿佛我们自己那些封建古董中并无理论，更没有非常精彩，甚至比外国人谈的更精彩、更体现国情和民族特色的理论。在文艺理论领域里，我们已经基本脱离了本国文论历史的实际几十年，基本不是在走自己的道路。"他批评那种欧化而抛弃中国古代文论的学者，"连做一个中国人应有的民族自尊心、自信心、自豪心都没有。"激愤之情，溢于言表。中国在实现历代仁人志士梦寐以求的民族复兴的伟大中国梦的时候，我们需要文化的自信和从容。徐先生的这种呼唤不应该成为文化上的空谷足音，而应该引起我们的切实反思：在当代中国面临着重要历史选择和历史转型的时刻，我们应该如何对待自己五千年的文明，对待我们伟大的祖先创造的灿若星河的文化遗产？粗暴地对待我们伟大的文化传统和站在历史长河源头的那些伟大的思想家,除了表明我们数典忘祖的浅薄、愚昧,还能说明什么呢?

我曾当面听章培恒先生讲过1974年批林批孔,四人帮淫威高压下,徐先生出席《解放日报》座谈会。他在会上,公然表示对批孔的"不理解",并且为孔子和儒家学说进行辩护。1987年他在香港大学发表《孔孟学说中的普遍性因素与中国文学的发展》的报告。在报告中他指出,孔孟"仁人志士"的精神品质在中国文学史上形成了一个优秀的传统。2001年八十七岁的先生更以四万字长文《今天我们还能从〈论语〉择取到哪些教益》,从人类文明发展史的角度,全面完整阐释孔子和原始儒家学说的来龙去脉,其对中国、中国文学、中国文论的积极而深刻的影响。他尖锐地指出,"过去绝大多数之'批孔',无知、粗暴、蛮不讲理到极点,居然众口一辞,横行一时,实在是我们历史上的一大怪现象,中国知识者灵魂曾被扭曲到极点的铁证"。同时,徐先生还极为适度地指出了儒学"人治"、"自律"的历史局限。确实,我们什么时候看到过有欧美学者在时代遇到挑战和危机的时候,拿着苏格拉底、亚里士多德、柏拉图这些先哲来说事的呢?但时至今日,粗暴否定被联合国教科文组织认定为世界十大历史名人的孔子,灵魂被扭曲到极点的"中国知识者",依然大有人在。这样的作为正应了杜甫批评的"轻薄为文哂未休"。这种对祖国传统文化的尊重和敬畏,还表现在先生自己对老一辈学人理解和尊重上。参加过"五四"新文学运动的许杰先生去世后，徐先生多次深情回忆许先生的为学为人。他盛赞许先生说"许杰一生进步，一生坎坷，一生清贫，一生忠厚，是我的楷模。"他评价长他十岁的施蛰存先生说，"像施先生这样做什么事都能成为大家的大才子，以前就很少，现在来看，一个都没有了。"确实是发自肺腑的知己知音之言。施先生活着时，徐先生但凡到市中心开会活动，只要有空就会去探望施先生，然后一五一十地把看望时的情景告诉我们。

徐先生文学思想的核心是中国传统优秀知识分子两千多年来一以贯之的家国情怀、担当意识，尤其是儒家积极入世的人生哲学。先生在研究顾炎武时指出，"'天下兴亡，匹夫有责'，是自觉思想责任，不是为了功名富贵，也不是自以为能扭转乾坤。试看他人在江湖，如何仍关心天下之兴亡，总觉责任在肩，这里一种多么高尚的品质。价值观会随时代变化而变化，但应出于公心，既洁身自好，又能与人民同忧乐，这种精神、器识，有良知者，不能或泯。作诗、治学，如欲有所成就者，无此素养，缘木求鱼而已。"他在自叙《忧患深深八十年——我与中国二十世纪》一文中，把自己的一生与祖国的忧患紧紧相连，经历过"各种挫折、各种遭遇,忧患意识都始终在心头激荡不已。居安必须思危，忧患才能兴邦，不能居危尚且粉饰。"所幸的是，二十年前先生强烈的忧患意识,如今已成为党、国家、人民前进的共识。徐先生认为,"文学家、艺术家应该有自己对国家进步、人民幸福的强烈担当,作家、艺术家的'伟大'永远不可能同广大人民的幸福、人类社会的不断进步——这种崇高的思想、事业相脱离。大家都承认,我们的屈原、司马迁、李白、杜甫……曹雪芹、鲁迅……都是大文学家,同样大家也都承认,或不能不承认,他们都有正当的使命感。"

在很多人眼里,徐先生所治古代文论,原本是青灯黄卷、大体与世隔绝的"书斋里的学问"。但先生从来不只是一个"两耳不闻窗外事,一心只读圣贤书",枯坐在书斋里的学者。相反,他的古代文论研究总是关切着自己所处的时代,总是面对着文学现状的需求。在他对故纸堆几十年如一日孜孜汲汲地整理、发掘中,我们总是可以听到时代涛声的有力激荡,总是有着强烈的现实针对性。20世纪70年代,先生先后发表了《不能够这样评论杜甫和苏轼》,《〈水浒〉不是官书》等论文,以明确无误的文学史实直接批驳"四人帮"及御用文人出于政治阴谋的需要,歪曲、颠倒文学史的谬论,肃清了古典文学领域的"文革"流毒,廓清了蒙在杜甫、苏轼,这些伟大文学家、《水浒》这些不朽文学经典上的污泥浊水,从而使古代文论、古典文学研究成为当时中国思想解放运动的重要组成部分。针对文学苍白、绮靡的无病呻吟和空洞无物,徐先生在纪念顾炎武逝世三百周年之际,发表了

《文须有益于天下》。其中特别有启发地论及"能文不为文人"。作为一代诗文家的顾炎武,在自己的著作反复表达了对一些所谓的"文人"的鄙薄。他主张人们"能文",却不主张人们去做"文人",尤其是那些自以为是"文人"的"不识经术,不通古今"的无识之徒和一味追名逐利、只为一己一家盘算的小人。徐先生在文中期待当今作家能像顾炎武那样,在国家形势困难时,拨乱反正;社会风气不良时,移风易俗;百姓生活苦得很,设法解救。写出"有益于天下"的文章来。针对长期以来我们的文学过度粉饰现实,徐先生法眼另具地总结苏东坡创出的现实主义精神"言必中当世之过":诗文"皆有为而作,精悍确苦,言必中当世之过,凿凿乎如五谷必可以疗饥,断断乎如药石必可以伐病"。先生论述说,"言必中当世之过"实质就是今天所说的作家应该干预生活、干预政治,对现实生活的重大错误和缺点不能熟视无睹,对种种不合理、不公平的现象不能不加批评、揭露。"言必中当世之过",不但要言"过",还要"中"过,还要找出切实可行、纠正错误的办法。揭露本身不应是终极目的,更重要的是把国家社会的毛病想法切实治好,使得人民大众真正幸福、高尚起来。徐先生一生真心敬佩的是那些"忧国伤时,为民请命,要求改除时弊,促进社会进步"的文学家,是"发愤著书"、"穷而后工"、"不平则鸣"的创作精神。

在保持与时代思考血肉联系的同时,徐先生尤其重视对古代文论中零星散见的大量生动、感性的创作经验的研究,并且从中提炼出有启发、指导意义的创作规律。在《文章且须放荡》一文中,先生借助南朝简文帝萧纲给儿子信中"立身须谨慎,文章且须放荡"的名言,广征博引,层层分析,积极鼓励青年作家冲破束缚、解放思想,大胆想象,鼓励他们打碎禁锢思想的精神枷锁,呼吁为他们提供自由创作的空间。在《古代文论的'出入说'》一文中,先生梳理从南宋到晚清"出入说"一路演变的脉络,从多方面揭示作家对生活的"入"与"出"辩证关系的理解,把握好感性形态和理性思考的协调。《入门须正,立志须高》一文抓住严羽《沧浪诗话》的这一经典之言,以《水浒》九纹龙史进从王教头习武、武艺大长的生动例子,提出创作一开始就要路径正确、志存高远。先生还对《儒林外史》的语言艺术、陆机《文赋》的艺术形式论、严羽《沧浪诗话》的"妙悟说"、"神韵说",做了许多启迪艺术创作的研究和论述。或许是有感于苏东坡和自己同样的命运坎坷却坦荡豁达,或许是出于对苏东坡为人、为学、为文的高度推崇,先生对苏轼情有独钟,用功最勤,专门写了《论苏东坡的创作经验》一书。先生像东坡当年夜游赤壁一般全身心地神游在他美妙的文字世界之中,把最精彩的文字风景归纳为"言必中当世之过"、"随物赋形"、"文理自然,姿态横生"、

"妙算毫厘得天契"、"胸有成竹"、"技道两进"、"自是一家"、"品目高下，付之众口"、"如何作文"、"八面受敌"读书法十个方面，一一展示在读者面前。可以说，在先生之前，有东坡诗、词、文长篇大论，有东坡侧重各异的文学传记，但从未有过对苏东坡创作经验在规律层面上如此全面而有规模的学术研究。

由此徐先生的治学形成了自己强烈而鲜明的个人特色，那就是：一、求真、务实、致用的研究目的。其学术研究的目的和起点是问题意识：发现问题、提出问题、解决问题。他的很多文学论文标题中就有"问题"、"几个问题"、"七个问题"、"一些问题"的字样。然后对问题紧追不舍，探究真相，寻求真理。二、尚质、清峻的研究文风。徐先生文章不求花哨、玄虚，一是一、二是二，清楚、明白、质朴、晓畅。他既不高谈、空谈一套一套晦涩、唬人的理论，也不服膺浮光掠影五光十色的各种主义。先生强调研究的生命在于实践。字里行间承载着浓重的忧患意识，悲天悯人，奔走呼号。三、实证与贯通的方法论。徐先生做实实在在的学问。他所有的结论都是按照年轻时在学院就养成的严格的学术规范，建立在实证材料的坚实基座上，几乎每一篇论文都有大量的材料引证。在这点上，先生是不折不扣的学院派，而不像当今的一些所谓"才子"型学者，学风不严，言出无据就信口开河。读徐先生文章的过程经常就是消化实证引文,在实证引文的阅读遨游中开拓视野走向结论的过程。那些长期被冷落的材料,经过徐先生的慧眼识珠、点铁成金,常常就抖落了历史的尘埃,奇异地焕发出了当代的生命活力。据先生自己粗略回忆与统计,从大学三年级开始,一生经他手而过的著录、笔记有几千种之多,手写卡片资料不下两三千万字。先生晚年带我们所做的工作就是搜罗、抄录、整理、出版,上自先秦下到近代,横跨诗、文、词、曲、小说、戏曲、绘画、音乐、雕塑、书法等诸多领域,涵盖本原、情志、神思、文质、意境、典型、辩证、风骨、比兴、法度、教化、才性、文气、通变、知音十五大主题的《中国古代文艺理论专题资料丛刊》。既惠学后人,也为文艺理论的中国话语大厦的奠基提供一份基础性的材料。其次是贯通。理论和现实的贯通。针对人们经常引用的歌德的"理论是灰色的",徐先生提出,"理论有灰色的也有青色的"。理论的生动的青色的活力就在于它扎根在现实需要的厚实沃土之中;古代和当下的贯通。借助先人的伟大智慧和创造,打破、融化现实创作的层层坚冰,为当下的文艺发展、文艺创作乃至文艺政策的制订,拓宽思路,提供丰厚的具有中国特色、中国传统的文化资源;最后是中国和外国的贯通,徐先生虽治古代文论,但他从来不是抱残守缺、固步自封的冬烘学究和国粹派。他主张理论上的开放和吸收。除了我们先哲的经典言说之外,他在论述中常常会引用歌德、狄德罗、果戈理、屠格涅夫，包括康阿瑟·密勒这样的当代剧作家的观点，互为参照、引证。就是研究社会科学的各门学科之间也有"密切的联系"，可以加以贯通。

最后，我想谈谈徐中玉教授的办学思想。徐中玉先生无疑属于中国传统知识分子，但他很少耽于清谈，耽于空疏。他是中国知识界少见的行动型而且行动高效的知识分子。行动充实饱满着他生命的质量。他以韩愈、柳宗元、欧阳修、苏轼、王安石为例，指出古来有许多大学问家是实践经验非常丰富，各种事务都做过，而且卓有成绩，并非白首穷经、足不出户、老死故乡的人。先生认为，行政事务也是一门大学问，今天谓之"管理学"，搞好搞坏，不仅关系到这门学问本身，还会严重牵涉到别的种种工作，包括各门学问是否得以顺利展开研究。校长不会管理，这个学校便难办好。系主任不会管理，这个系便极难办好。

徐先生1957年因为力主"教授治校"、"学术至上"，因言获罪。在历史的转瞬之间，从领导的诤友变为"右派"，打入另册。粉碎"四人帮"后，他平反复出，不改当年初衷，以古稀之年担任华东师大中文系主任。先生办学提倡学术民主，自由创造，以学生为本，以科研为本，惜才爱才用才善才。前辈、同辈、晚辈，包括反右、"文革"时伤害批评过自己的教师，他都一视同仁，放手使用。老中青各得其所、各尽其才，在三尺讲坛上激扬文字，叱咤风云，传道解惑释疑，宣讲各自的学术观点。在文学教学上，先生更是大胆创新，敢为天下先。上任不久，即在全国高校中最早试验学分制、免修制、选修制，特别是通过自愿考试选拔本科生，给予特殊的研究生式的定向培养。为学生拓宽学术视野、减负深造，创造有利条件。不拘一格鼓励学生在自由竞争中脱颖而出，大胆成才，甚至有文学才华的学生可以发表、出版的小说、诗歌、散文等文学作品替代作业和考试成绩。我自己就是先生办学思想的受益者，先是免修了文学概论课，大二又成为先生定向培养的古代文论弟子，三十多年深受先生的亲炙、教诲。

　　先生办学有敏锐的学术洞察力。今天视为热门的国学，早在1980年春，先生即已意识到一个大时代的到来，认识到国学在建设有中国特色马克思主义文艺理论宏观框架中的价值，针对当时这方面人才奇缺的状况，先生倡导、举办了中国文学批评史师训班，延请了郭绍虞、程应镠、钱仲联、施蛰存、程千帆、朱东润、舒芜、王文生、吴组缃、许杰、钱谷融……二十余位名重一时的名家大师，从四面八方来到丽娃河畔的文史楼，为全国各地近四十名学员授课。一时间鸿儒云集、名流荟萃，把各自在古代文论研究中最有心得的精粹，集中传授给学员，真正当得起"盛况空前"。这些学生日后都成了全国各高校的教学科研骨干。

担任耶鲁校长二十年之久的雷文谈到耶鲁作为世界一流大学长盛不衰的经验,认为就是集中在以多学科的通识教育,跨学科的广度,培养学生的创造性和独立思考的能力,强化通识教育的"无用性"。徐先生办学教学强调的正是这种知识的"无用之用"。他最早敏锐地意识到,文学教育作为通识教育,对传承中国文化传统,活跃提升学生的思维想象能力,有着无可替代的作用,先生亲自主编《大学语文》,并且不断充实、调整、更新。近三十年来,《大学语文》出版总数二千多万册,惠及了中国新时期以来的几代莘莘学子。

先生办学思想中几乎绝无仅有的一个理念是重视学会、刊物对大学教学的推动。先生任中文系主任期间,先是和周扬、荒煤等人组建了新时期国内最早的文艺理论学术团体——中国文艺理论学会,并且创办了学术地位仅次于《文学评论》的中文核心期刊《文艺理论研究》。在中国文学批评师训班的基础上与郭绍虞先生一起推动组建了中国古代文学理论学会,推出了《中国文学理论研究》(丛刊)。在《大学语文》的出版推广中联手匡亚明先生,成立了全国大学语文研究会。此外,还成立了全国高等教育自学指导专业委员会,还请德高望重博学多才的施蛰存先生主办了《词学》(丛刊)。其中《古代文学理论研究》和《词学》是全国乃至全球唯一的古代文论和词学研究的学术刊物,已经成为海内外研究这两门学者案头必备的刊物。一个系能拥有如此众多的国家一级学会和学术刊物，在全国高校中确实是"独此一家"、"独一无二"。这一举措，诚如后来的系主任陈大康坦陈的那样，"既扩大了中文系在全国同行中的影响，又提高了中文系的学术地位"。在我看来，学会和刊物的存在，还极大地激发了中文系师生争相在刊物上发表研究成果的学术研究的动力，有力推动了民主、自由的学术风气，极大地提高了学校的教学和研究水平。时至今日，许多高校意识到了学术机构、学术刊物的重要性，可惜为时已晚。

正是因为徐先生民主、开明的办学思想，华东师范大学中文系出现了在全国文学界产生重大影响的华东师大作家群和华东师大青年批评家两大群体。在上世纪80年代的一次文学研究成果的全国考评中，中文系甚至取得了全国第一的骄人成绩。现在有不少学者怀念教育家蔡元培。其实在徐先生办学理念中我们可以看到蔡元培先生"自由思想、兼容并包"的教育大家风范。先生是当代学人中不多见的兼具行政、组织、活动、能用人才，有敏锐学术眼光和开阔学术视野的教育家。当下，我国高校雄心勃勃，一心想成为哈佛、耶鲁、剑桥、牛津这样的世界一流大学，建造了许多世界一流气度恢宏的教学大楼。但在我看来，其中有德行、有学养、有才华、有识见的优秀教师固然紧缺，但更为紧缺的乃是有科学、民主教育思想，有国家情怀担当意识，又极具教育行政组织才能，不为时风所动，坚持正确而有特色教育理念的教育家。倘若假以时日，或有一个更大的实施平台，徐先生原本是可以作为一个大教育家为国家的教育事业作出更大贡献的。可惜的是，徐先生1989年按规定退休了。

天地有大美而不言。徐先生生活、学习、工作的一百年中，是我们国家、民族在忧患中不断奋斗、牺牲、艰难探索、奋然前行的一百年。先生八十岁自序就谓之"忧患深深八十年"。但徐先生从未没有对国家和民族的未来失望过，从未计较过个人的进退得失。即使在打成右派的二十多年中，他依然读书七百余种，手录资料一千多万字。先生不苟言笑，从不巧言令色。他始终以他自强不息、风骨凛然的人格力量打动着每一个在他身边学习、工作的人。他对腐败恶习嫉恶如仇，面对高压刚正不阿，但内心身处始终怀着对事业、对亲人、对同事和学生的一股看不见的柔情，是古人所谓"望之俨然，即之也温"，为人坚定而从容。都说先生年轻，但和先生一起共事过的作家赵长天却认为，先生没有任何老年人容易产生的偏执，他的行为如高山流水般的畅达，不能简单地用一句年轻来概括。长天说，这是一种成熟而不失激情，厚重却依然青春的境界，难以达到的境界。现在处处在讲正能量，什么是正能量，像徐先生这样有中国传统知识分子风骨的学者、批评家，就是我们党、我们国家、我们民族的正能量。

今年正月我去给先生拜年。先生仍然像三十年前一样，不管我如何阻拦，分手时一直送我到楼梯口。我站在楼梯上，坚持让先生进房。仰望着先生进房时略显苍老的背影，有热流在我心中涌动。先生的百年就是一个以自己的生命，守望着他的、也是我们共同精神家园的忠贞学人。在一个充满忧患动荡起伏的时代里，坚守就是一种力量。由此，我想到童年时读过的一篇儿童文学作品，说的是一群孩子玩打仗的游戏，其中一个孩子做哨兵，后来所有游戏的孩子都一哄而散地回家了，只有那个孩子独自一人，孤独地守在夕阳西下的寒风里。恍惚中，徐先生消瘦的背影和那个孩子单薄的背影，慢慢重叠在了一起……

2013年3月6日

琐忆
为钱谷融先生百岁华诞而写点点滴滴

和文艺批评家钱谷融先生

1978年我进华东师范大学中文系求学,其时钱先生六十不到,时常会在中文系现代文学教研室的走廊里、师大的林荫道上、波光摇曳的丽娃河畔,看到钱先生比年轻人还潇洒挺拔的身影。有时穿着西装,有风会掀起他米黄风衣下摆的一角。那是一个思想大解放的时代,大家求知如渴,每有新书出版争相购买阅读。钱先生的《〈雷雨〉人物谈》就在那时出版。我买了,一口气读了几遍,对先生佩服得五体投地。他怎么能把周朴园、繁漪分析到如此让人叹为观止的精细深透,几乎每一句台词都逃不过他锐利的目光,都可以微言大义,而且入情入理。后来先生的著作不断出版,先生也每次都题签"时安棣",我知道,先生其实对安娜·卡列尼娜、对祥林嫂都有过这样入木三分鞭辟入里的分析。同学们也都知道钱先生在曹禺和《雷雨》研究中的无与伦比的造诣。上现代文学课大家都盼着钱先生来讲《雷雨》。终于盼来了。那是大课,在校园深处的地理教学楼的阶梯教室。偌大的教室里满满当当坐了人,除了我们还有教师。钱先生侃侃而谈,不像在上课,几乎就像拉家常一样,趣味盎然,随意亲切又引人入胜。两节课,清风拂面,完全没有任何感觉,好像也就刚开了个头就结束了。心里痒痒的,很不过瘾,最好这堂课越长越好。这让我们一下子理解了举重若轻,信手拈来,妙趣天然的含义,着实领略了一番大家风范。1981年我在《上海文学》第6期专门写了一篇《谈〈雷雨〉人物谈》的短论,谈了自己的浅薄看法,甚至一度对曹禺剧作痴迷不已。大学里,我还听过钱先生《艺术的魅力》的讲座。那时中国文坛一面在思想解放,一面还没有走出文艺工具论的束缚,钱先生的提法着实令我们这些莘莘学子豁然开朗,也埋下了我后来在《上海文论》策划、编辑"重谢文学史"的思想种子。这次讲座后,钱先生发表了《艺术的魅力》的论文,人民文学出版社还为此出版了《艺术的魅力》的小册子。我和同学一起组织的文学社团"草木社",钱先生也一直很关心。钱先生很随和很亲切很超然。但对世事总有一份特别审慎的清醒。在这点上,他和许杰、施蛰存、徐中玉先生完全一样,在文学界充满一片盲目过度的乐观情绪时，提醒我们注意可能出现的暗礁险流。后来发生的一些事情，也印证了钱先生和老师们的预见。

印象中，中文系的老师大都穿着很随意，或者很中式的。钱先生则是穿着比较讲究比较洋派的，有时还会戴一顶红色、米色或蓝色的贝雷帽，很有范儿，但骨子里又很中国化，特别随和，慈眉善目，眉毛很长，像个老寿星。我在徐（中玉）先生面前一直非常拘谨，毕恭毕敬，直到很晚很晚的时候才松弛下来。在钱先生面前我就特别放松，童言无忌，敢随便说笑，甚至没大没小地拿先生打趣，先生看着我也不放过我地逗我。先生是营造轻松环境的大师，他也喜欢热闹，喜欢年轻人。

我1982年大学毕业，次年开始，每年春节约了同学袁进、陈如江给徐先生、钱先生还有齐森华老师拜年，几十年风雨无阻。有次去，临行，先生的弟子殷国明说，你们这样几十年的拜年可以写到新《世说新语》去了。每次去，敲门后，暗暗长长的走廊里就会听见先生的脚步声，接着先生打开门就会乐呵呵招呼："你们三剑客又来了！"我们跟着先生进屋，先是恭恭敬敬地鞠躬，给先生递上贺卡，先生就会自己拿出一碟一碟果品来招待我们。然后，我们和先生坐在朝南的书房里。书房并不大，书天书地。书架都很老旧了，多少年下来，书已经把书架搁板都压弯了。师生无拘无束海阔天空地聊天。多么难得！虽然屋外寒流滚滚，但透过玻璃窗的阳光依然很暖心。一年一次，在如坐春风的聊天里，我们和老师迎来了新年。我特别珍惜给先生拜年的美好时光，无拘无束，师生无碍，不知不觉中每年补上了一堂人生和学问的课。

通常最后的余兴节目，先生会和我们下象棋。先生和我们把凳子椅子搬到逼仄的阳台上，摊开棋盘，摆开棋子。早先年是袁进、陈如江先后和先生对弈，车轮大战。阳台外，可以看见长了几十年的老树在风中摇曳着，还有对面人影闪烁的老公房。我就倚着门，看先生下棋，说几句笑话逗先生开心。先生下棋很专注，很投入，表情很丰富。下了一步好棋，眼睛里会闪过一丝得意和狡黠的目光。赢了，会像个孩子毫无顾忌的笑，满脸得意洋洋的神情。有时他会怀疑陈如江让他，我们都信誓旦旦发誓，先生真的棋好，但先生的脑子还真的反应特别敏捷，一百岁了仍然反应奇快。偶尔输了，会很懊恼，偶尔也会悔棋。不过他也有君子风，吃"车"会提醒对手，让对手也有提防和悔棋的机会。这些年先生年纪大了，怕他累着，渐渐就让陈如江一人和先生下了。战场也从走廊口的书房搬到了走廊底的卧室去了。没想到，就这么把棋下着下着，先生就一百岁了。真的是高山仰止，太了不起了。

先生非常热爱生活，没有一点学问的古板，是学问中人难得的有"玩"性的人。有次我打电话找他有事，电话铃响了好长一会。我刚开口，先生就对我说，我在看电视。我吓得赶紧挂了电话。我第一次陪先生出去，是1985年首届上海文学奖，先生是评委，我是获奖者。作协组织大家去千岛湖天目山。一路上，先生徜徉在湖光山色之中，在富春江严子陵钓台上，江风猎猎，先生环顾四望，很有点欧阳修之于醉翁亭的味道。他一气登上西天目山峰顶，毫无倦色。在那里留下了一张我们师生的黑白合影。后来，我多次有机会陪先生远足，先生每回都是那么兴致勃勃。好菜好酒好玩好书好戏好人，生活中美好的事情他都喜欢。很让我们这些了无生趣的人羞愧汗颜。

《世说新语》有"人无长物"一则。先生也像王恭不那么在乎身外之物。一次我请好友，一位当代闻名的篆刻大家，给先生刻了一枚印章。先生甚是喜欢。前两年去拜年，我好奇地问起这枚章来，先生支支吾吾，惶顾左右。第二年我又问他，他还是笑而不答。我很好奇，今年又问他了。先生才把底细抖了出来。那方印章他一直放在床边柜的抽屉里。家里装修时把旧床边柜扔了。城门失火，殃及池鱼，连带把那方章一起送给了收破烂的阿姨。先生说的时候，就仿佛卖了一摞旧报纸。

我是一个出身学院、勤奋写作，却不学无术的人。早些年先生每次看见我，都会很惋惜地对我说，你这么聪明，如果你专心学术，做学问一定会很好的。其实我是既不聪明，更不专心。我曾有一次机会做先生的亲炙弟子。三十年前，系里让我考钱先生的博士生。我把铺盖卷搬到社科院办公室温科应考，主要是英语。结果，被子也丢了，专业考得不错，英语22分，终与先生的博士擦肩而过，失去了先生耳提面命的受教机会。人生，有些事可以弥补，有些事却是你失去，就意味着永远失去了。不然，我一生就有可能受教徐先生、钱先生两位大学问家了。大概后来钱先生也已经明知我竖子不可教也，朽木不可雕也，不太在这方面对我有所期待了。有时，夜深人静，回头想想自己这几十年人生，也确实有愧先生殷殷期许。不才弟子真是对不起先生了！但再回头想想，人也不能好处占全，求学也一样。我一生已有幸得到徐先生亲授，再从学钱先生，一人问学两位名师大家，岂非过贪！

关于钱先生的文学思想，海内外已有无数高论。钱先生自己说，以前我的一些学术观点和主张，实际上是常识性的。问题是，有时常识非常不"常识"，这时要把常识说出来，就需要非凡的胆识和智慧。如果一言以蔽之，钱先生的文学理论，我觉得，就如先生论文自选集的书名，艺术、人、真诚。他一生对于文学的研究、评论就包含在这三个主题词里了。文学要有艺术性、艺术价值、艺术美感。文学要面对人、人性，而且是活生生的有血有肉有灵魂的人，而不是抽象概念的人。最后是情感，艺术创造中情感的真诚，情感的投入。作为写作者，我最为仰慕钱先生的文字。钱先生的文字非常干净明白，很少佶屈聱牙的术语。就像柳宗元的《小石潭记》写的那样，"水尤清冽"，"日光下澈，影布石上"，把道理讲得清澈明确而肌理清晰，同时，又洋溢着灵性光彩，犹如风吹湖水泛起的阵阵微波涟漪，不动声色而文采斐然。直到今天，钱先生的书仍然是我常备案头的必读书。钱先生的弟子，以许子东、王晓明为首，李劼、吴俊、殷国明……包括女弟子们，也一个个下笔千言倚马可待灵光四射才高八斗，一波又一波，成为新时期文学评论中最令人瞩目的一个方阵。

还有特别令我感动的是钱先生和徐先生两位老教授从年轻到百岁，将近一生的共事，却一直文人相亲相近，从未有过矛盾。钱先生说到徐先生，总是说徐先生的能干勤奋，甚至时常在会上不惜以自己的懒惰闲散做陪衬，中文系里的工作他总是主动帮助系主任徐先生。徐先生在我面前，每每说到钱先生，总是一口一个"老钱老钱"，非常亲热亲切。有时钱先生偶有不适，徐先生就会面有忧色地对我说，钱先生最近身体如何如何。两人都出身在江南贫苦家庭，徐在江阴，钱在武进，算得上毗邻的乡亲，口音也相近。徐先生曾亲口告诉我，他和钱先生两人虽未同学，却先后就读省立无锡中学、中央大学。徐先生毕业，钱先生进校。50年代初,他们一起在华东师大中文系任教。65年的风云变幻，潮涨潮落，他们不仅相安无事，而且互敬互重，情深意长，携手共同开创了七八十年代师大中文系的一段辉煌美好的时光。2014年12月评上海文学艺术奖，他们毫无争议地双双荣获终身成就奖，写下了当代文坛的一段佳话。我作为评委，深深为自己有这样的老师感到光荣和自豪，我还有幸受组委会之托为获奖者撰写了评语和解说词。在评语中，我写道：他是现代文学研究领域影响深远的一代大家。理论、评论、赏析，皆有独特建树。他热烈而谦和，坚定而从容，散淡而坚韧，一生就在课堂和书斋两方天地耕耘。在课堂，他是一代名师，与北大王瑶先生南北遥望，桃李芬芳，弟子皆为当今学界翘楚。在书斋，于上世纪50年代沉闷的文化氛围中，一篇《论"文学是人学"》横空出世，以睿智犀利的理论剖析锲入文学最本质的核心，引起理论界的巨大震动，开启了新时期文学思潮涌动的先河……

人，其实都是慢慢活出来的。

有时，我也会想，钱先生其实也一定有过充满青春热情的年轻时代，不然他何以会响应校系领导的"郑重"号召写《论"文学是人学"》这样其实内在汹涌澎湃的文章呢！但他骨子里有颗陶渊明的心，活着活着，钱先生就活出了一部闲适潇洒的当代《世说新语》了。

今年3月，春暖花开的时节，钱先生在弟子杨扬陪同下，参加一位朋友的聚会。席间，百岁的钱先生亲自为我和学友赵丽宏题写了"深思"和"书香"两件条幅,勉励我们这些也已花甲古稀的学生继续前行。确实,这个时代需要书香,也需要深思。毕竟,我们真的在面对一个前所未有的新的时代。高山仰止,景行行止。虽不能至,心向往之。值此钱先生百岁之际,我在深夜灯光下,谨以此浅薄的文字和回忆,恭祝健康长寿。

2017 年 7 月 29 日

附记世事难料。生死有定数。此文原为老师钱谷融先生2017年10月28日百岁华诞庆贺活动所写。不期先生9月28日,99岁生日当天午后在接受了弟子们的祝福后,关照大家,把窗帘拉起来,我要休息了。然后,在睡眠中溘然离世……本文仍保留当时原貌,以期纪念。

和徐中玉先生(中)、钱谷融先生(右一)

非人磨墨墨磨人
柯灵印象

和文学家柯灵先生（左一）及其夫人陈国容女士（右一）

上海有条名气并不算太大的复兴路，它很长，走向和其它的马路不太一样，像一条摆尾的长龙，从东南向西北蜿蜒而行。在东南，它浑身上下都散发着十六铺的鱼腥味和老城区嘈杂世俗的市民气息，像小书摊上的连环画。到了西北的复兴西路，完全变成了一本立在橡木书架上的深蓝封面的精装书。一栋栋奶黄色的西班牙式的公寓，一扇扇厚重黑灰的木门，掩映在合抱粗的梧桐绿叶中。静气、文气，有点超凡脱俗。因为工作，这些年我常常从那里路过。即使今天到处车水马龙商店林立，这条路依然故我的安静。柯灵先生就住在路边147号的楼上。冥冥中，我一直觉得，这条路和曾经在这里工作写作生活了五十多年的柯灵先生，气质上吻合得浑然一体——丰富而又纯净，才高八斗而又含蓄内敛不露风华。

我年轻时和这里、和居住在这里的柯灵先生八竿子挨不着边。我在工人新村长大，那时读的大都是后来成为"红色的经典"的大部头长篇小说。直到十七八岁上高中时，才第一次听到柯灵先生的大名。是在1964、1965年报端开始对电影《不夜城》革命大批判的时候。前后被批的还有电影《早春二月》《北国之春》《舞台姐妹》《林家铺子》《红日》《逆风千里》。高天滚滚寒流急，不久，暴风骤雨席地而起，摧枯拉朽。偶尔可在一些造反小报上觅得先生和《不夜城》被批的蛛丝马迹。没看过电影，但"不夜城"三个字对上海这座流光溢彩的城市的写照，给我这个文学爱好者留下了深刻的印象。

直到七八十年代之交，万象更新，看到了师陀、罗荪、张乐平、王西彦一批老人在巴金寓所劫后重逢的照片。每个人都咧着嘴，脸上荡漾着已被压抑了十年的开怀的笑意。埋在单人大沙发里的柯灵先生也像孩子一样毫无顾忌地笑着。不久，就在《文汇月刊》和各种文学报刊上陆陆续续读到了柯灵先生字字珠玑且振聋发聩的散文新作。一个老人，在那个时代的和煦的春风里焕发出了一种新的更为蓬勃的文学生命。

我是他忠实的读者。

1989年我到上海作协担任负责创作业务的副秘书长，才有机会直接接触自己敬仰已久的柯灵先生。他说话语速不快、声调不高，温润谦和，举手投足之间有一股"清风徐来，水波不兴"淡淡静静的书卷气。1991年，为筹备柯灵先生文艺创作生涯六十年研讨会，我第一次到他府邸拜访。复兴西路147号二楼的书房光线暗，未闻其声，先见到幽暗中先生的满头白发。先生的白发那是真正的白，居然没有一丝的黑和灰，不但白，而且茂密，而且梳得一丝不苟。虽然穿着一身灰色的便服，米色的毛线背心，但年届八旬的先生收拾得干干净净。眼眸里闪着一种曾经沧海后的老人才有的睿智通脱仁慈的光，给人一种特别的感动。我向他汇报了我们的工作。耳朵有点背，他戴着耳机只是随和地点着头，并不怎么插话。同去的小陆站在凳子上咔嚓咔嚓地忙着拍照。先生一眼看见，招招手，讲，侬勿要忙，快点坐忒一歇。我没想到，一个在大时代洪流里颠簸了一生，不屈不挠与各种黑暗战斗了一生的文化斗士，一个站在汉语文学峰巅的文学巨匠，居然有着如此细细春雨般的温文尔雅静穆谦和。后来在作协工作久了，我才发现，几乎所有的文化老人的胸怀里都跳动着一颗高贵人道的心。

柯灵，原名高季琳，1909年出生在水乡绍兴，去掉名字中间一个"季"字，按绍兴口音，他取了一个笔名"柯灵"。为躲避当时的书报检查和政治迫害，他一生用过几十个笔名，最后以"柯灵"名世。柯灵的一生和我们的民族、国家一样地多灾多难。他小名元元，一满月，就由父亲把他送给了守寡的养母金氏。他和养母的感情胜似亲生。1995年先生在接受上海文学艺术奖杰出贡献奖时深情地说起自己的养母，"她不是我的生母，却把全部的爱给了我，艰难地把我抚养成人。她是文盲，但给了我受用不尽的精神力量。"

先生文化程度是高小，是真正自学成才的一代文学大家。他十五岁就开始以羸弱的身体走上了自食其力谋生之路。冥冥中兴许是一种宿命，在人生的开端上，他就迷恋着文字，沉湎于写作。1990年5月，为筹备研讨会，我们几个干事者来到先生的故乡。当乌篷船轻轻拨开绍兴水乡宁静的河面，我想起了那个消瘦的背着小包袱同样坐在乌篷船上的年轻的先生。那一刻，曾经缭绕在他童年心灵的高亢入云绍兴大板给了他什么样的心情？

作为一代文化大家，柯灵先生的文艺生涯其实是"两大块一条线"。柯灵先生的一大块是电影世界。他30年代先后辗转天一、明星、联华三大电影公司，接触了中国电影史上许多大师级的艺术家,尤其是夏衍、阿英、郑伯奇和党的"电影小组"对他艺术思想的最初引领。柯灵主编《明星》,他受到"五四"新文化运动影响,在党的"电影小组"指引下,他一方面积极宣传进步的电影思想,推动在光明与黑暗漩涡中徘徊挣扎的中国电影向着健康的方向前行。今天有许多学者对民国电影赞不绝口。但是他们往往忘了,30年代及其后中国现实主义电影的辉煌,《马路天使》《十字街头》《一江春水向东流》《乌鸦与麻雀》这些电影经典之作的不朽魅力,是党领导中国左翼文艺在曲折中艰难中前进的结晶。一方面,柯灵先生身体力行,直接投入创作,创作了《孔夫子》《飘》《夜店》《末路王孙》《乱世风暴》《腐蚀》《为了和平》《秋瑾》等不少电影、话剧剧本,在这些作品里灌注着浓烈的时代精神生活气息,流淌着作者对于苦难中的人民炽烈的人道主义激情,还有对人性的真切理解。谈到电影人们会自然而然把羡艳赞美的目光投向明星,而柯灵先生却是以自己近乎毕生的几十年生命在幕后为着中国电影默默地燃烧着自己。特别是那部在激烈政治风暴中给他带来几乎灭顶之灾的《不夜城》。柯灵长期担任上海电影剧本创作所所长。那是李维汉通过先生的革命引路人夏衍布置给他的创作任务。柯灵没有把它简单写成公私合营的颂歌,而是第一次在银幕上正面呈现了中国民族资产阶级复杂心路历程,成为银幕上最充满上海气质、精神的历史画卷。

柯灵先生的另一大块是新闻天地。从二十岁单枪匹马到上海《时事周刊》试水新闻开始，他先后办过《明星月刊》《文汇报》和它的副刊《世纪风》《浅草》《草原》《万象》等二十几种报刊杂志及其副刊。一切烟消云散，但这些报刊注定将柯灵深深的足迹留在了中国的现代新闻史。特别是他参与创办的《文汇报》，几十年来，成为上海和中国知识界共同的精神家园。它们在柯灵先生的主持下，在中国共产党领导下，向往光明，追求进步，不畏强暴，向往民主、自由，以文字唤醒人民的觉醒，抵抗一切黑暗恶势力的打压，推动时代进步的洪流。1940年，他名列被汪伪政权通缉的八十三名"首恶分子"。1947年他参与创办的《文汇报》被淞沪警备司令部勒令停刊。柯灵也被迫亡命天涯，直到新中国曙光初露。在那个时代，柯灵和他主持的报刊是在黑暗中燃起人民心头、驱散寒夜的火把。柯灵称自己是个"温情主义者"。暖心的友情，使他身边那些作者，永远不会缺少堪称"伟大"的作家。马叙伦、柳亚子、叶圣陶、许广平、郭沫若、茅盾、巴金、丰子恺、夏衍、郑振铎、李健吾、傅雷……这些掷地有声的名字在他的版面上群星辉耀。难能可贵的是，他对新人扶持，他先后慧眼识珠，发现、影响了黄秋耘、黄裳、何为、董鼎山、徐开垒、梅朵、郑拾风、沈寂等一大批后来名重文坛的才俊。经他手办的报刊无一不是风生水起佳作迭出。柯灵先生是一个艺术视野开阔、审美感觉敏慧的编辑家。他追随进步，但从不排斥艺术，在黑云压城的孤岛时期，他办《万象》，发现、扶持与革命并无任何精神纽带的张爱玲。40年代抗战胜利，钱钟书《围城》尚未完稿，他先在《文汇报·世纪风》透露信息。手稿杀青后，他立刻在自己创办的《文艺复兴》上连载，最后他又请晨光出版公司为之刊行单行本。几十年后，我也有幸得以与黄、徐、梅、郑诸位先贤结识。在他们身上看到了柯灵先生的精神魂魄。50年代，作为《文汇报》分管文艺的副总编，经他力主、操办，刊出了京剧大师梅兰芳的回忆录《舞台生活四十年》。它也是引领我走进京剧艺术殿堂的"圣经"。尤其是80年代梅朵先生创办主编《文汇月刊》，完全秉承了柯灵先生的办刊思想和精神，为推动时代和文化的进步，不遗余力。

　　写作，则是贯穿柯灵先生一生，连接他两个空间的一条主线。他是当代中国当之无愧的最为杰出的散文家。他的散文既有着"五四"以降科学民主人道的精神感召，又有着中国古典文化温柔敦厚彬彬有礼的襟怀教养。水火不容的两种文化在柯灵散文中可以那么和谐地相安无事浑成一体。艺术上，他的散文把汉字精炼、内敛的特色，提升到了一个全新的至今无人企及的境界。他是一个深得汉字机心、深懂汉字机趣的"煮字人"。许多我们习以为常的成语，到了柯灵先生笔下，立刻焕发出神奇的光彩。譬如历来贬义的"长袖善舞"，被他用来形容夏衍先生的群众工作能力，特别是柯灵先生晚年那些怀人的散文实在是到了一种炉火纯青的境界。他写巴金、夏衍、钱钟书、傅雷、张爱玲，那种集一生之交往、感情的心心相印的理解，那种人物在大时代风波里出没的坎坷乃至悲惨的命运，发之于清如溪流的语言叙述，真正写出了掩藏在人性深处的东西，还有他对历史、时代，对自己和国家走过的道路的庄严冷峻的反思。每一篇都足以成为今天知识人写作的范文。90年代发表在巴老主编的《收获》上，他写妻子陈国容"文革"惨痛遭遇的《回看血泪相和流》，是和巴金《怀念萧珊》一样，蘸着血泪一行行写出的不朽文字。陈国容出身名门，年轻时就是地下党教委的宣传委员。解放后一直担任一所重点女中的校长兼支部书记。她和柯灵苦恋十一年才"有情人终成眷属"。没想到就是这样一个纯净温和的知识女性，在丈夫被关押在"文革"的牢狱时，她毫不动摇地走进精神的炼狱，比孟姜女寻夫更为艰难痛苦地寻找着丈夫的踪迹，绝望中几度自杀。她的坚贞不渝让我们想起俄罗斯冰天雪地里追随着丈夫的那些十二月党人妻子不屈的身影。作协的人都尊敬地叫她"陈老师"。我看见陈老师时，她已经是一个满头银发步履蹒跚的老人了，完全失去她年轻时姣好的容颜，说话句子有点断续，两手微微颤抖。不管何时何地，总是和先生互相搀扶着,或者在边上默默地看着先生。柯灵在文章里以一种淡如止水的白描语言,真切而平静地记录了妻子的苦难经历,但谁都会在字里行间感受到先生热烈的心跳。

柯灵晚年创作的散文有一种"于无声处听惊雷",在静默中撕裂读者内心的震撼。我想,这就是所谓的"力透纸背"吧。

给他筹办研讨会的那些日子里,他会时常召见我,不时交给我一张小纸条,纸条上端端正正地写着几个人名,有上海的、外地的,还有中国香港、中国台湾的。他们大都是他结交几十年、给他过帮助支持的友人。临了,他还总会关照我一声,不要忘记试了。看到我小心翼翼收拾好,他才会放心。他总是记得别人的好,特别看重友情。那次研讨会后,他几乎每次出版新书都会题好"时安同志存正"几个字,然后,认认真真地签上自己的名字和日期。1993年《柯灵六十年文选》出版,他和陈校长一起郑重签好名赠我,成为我藏书中的瑰宝。柯灵先生不是那种风风火火张扬的人,字如其人,他的字通常都写得小小的,毕恭毕正,娟秀而有力。

柯灵先生在《促膝闲话钟书君》一文有对老友钱钟书先生"清湛如水,不动如山"的评价。在我看来,这也是柯灵先生最传神的自我写照。在中国近百年风雨兼程艰难前行的进程中，他有一种坚如磐石的信念，才得以一介书生的消瘦身躯扛起了如此沉重的文化责任。我常常怀想，孤岛时期，他这样一个文弱的磨墨人两次被关进日本人的监狱，如何咬牙经受了老虎凳这样的酷刑，就是他在拷打时用微弱声音说出的"我是中国人，我爱中国"的信念，让他经受了各种炼狱般的苦难，走到了阳光下。他那代人诚如评论家李子云写得那样，从参加左翼文艺运动以来，一直锲而不舍地追随中国共产党，不论什么时候都没有动摇过，这是一种山的坚定。他们不在乎个人的得失进退，但他们有他们在乎的东西，人的尊严、价值，还有名节。记得就在那次研讨会前夜，作协秘书长赵长天突然给我打电话，让我无论如何要找到老徐（徐俊西），请陈至立同志务必、一定出席会议，长天还特别强调是柯灵先生几次关照的。市委副书记陈至立原定是出席的，她是一个非常尊敬文化老人的领导。我连夜打电话，找到宣传部副部长徐俊西，如实汇报了情况。半夜接老徐电话，事情落实了，大家才放下心来。第二天陈至立到会，发表了热情洋溢的讲话。柯灵先生《六十年文选》里收了他、夫人陈校长和陈至立的合影。陈至立搀着先生，先生快乐地微笑着，但是，他们的信仰，不是盲从，对党几十年经历的曲折也有着自己清醒的思考和总结，特别是对极左文艺路线的尖锐而理性的批判。

就在那次会上柯灵先生发表了题为《白首学徒的谢

意》——言简义丰的答谢词。晚年柯灵,怀着对上海这座他毕生为之奋斗的城市的缅怀和敬意,开始了长篇小说《上海一百年》。他杜绝了一切应酬。每天清晨城市苏醒时分,人们都可以看见清静的复兴西路上,满头银发的老人,披着一身霞光,穿过夹道的梧桐绿荫,"像小学生一样,天天背着书包上学去",步行到离家不远的创作室,闭门写作。1994年小说第一章《十里洋场》在《收获》发表。好评如潮。这年他已是八十五岁了。长天和我私下里议论,都担心先生那埋藏他一生心中的鸿篇巨制实在是一个很难完成的任务。长天是小说家,他深知小说创作甘苦,以先生那种严谨的笔法,还有他"语不惊人死不休"的对语言自身极端讲究的苛刻,以有生之年是写不完这种史诗性的长篇小说的。果然,他不断地写、不断地改,又写了两章,最终自己不满意,撕了。这也是柯灵先生、这位文学大师,留给他热爱、留恋的世界最后的文字"绝唱"了。

不时经过复兴西路,一切如旧。拉毛的乳黄色墙壁,黑色的铸铁栏杆,室外的楼梯,紧闭的沉重的木质大门。因为喜欢,我收藏了好几幅柯灵先生的照片。其中最喜欢的一张,居高临下的画面中下方,柯灵先生一袭黑色大衣,系着一条红黑格子围巾,双手抱膝,满头浓密的银发衬托着走出"文革"长夜不久的沉思。身后是人行道拐角秋冬之交从梧桐树落下的片片黄叶……这些年,我身边的老人渐渐地远去了。如今，我也渐渐走进了老人的行列。他们留下了一片巨大的空白地带，我们这一代人能像他们一样好好做出点事吗？

非人磨墨墨磨人。留在文字里的沧桑岁月，唯有磨墨人冷暖自知。

2016年2月6日
于珠海竹林酒店
时值柯灵旧居即将对外开放之际

柯灵在复兴西路　　　　柯灵在书房

两束光,教堂的和客厅的
程乃珊和她的《远去的声音》

神说:"要有光,"就有了光。

——引自《圣经:创世纪》

我是无神论者,但我相信程乃珊去了天堂。从她女儿在告别会上的讲话,从她走时的安详,从她临行前留下的这些和日常生活中说话一般平静而带着热情的文字中,我愿意相信。

有两束光,照亮着她四十年写作的文字世界。一束是教堂穹顶照下来的阳光,一束是来自公寓宽敞客厅的灯光。

她的好朋友郭庭珂回忆说,上世纪 80 年代,上海基督教国际礼拜堂开办了慕道班,对基督教义有向往和兴趣的青年人开放。在那儿,程乃珊和她一起上课、洗礼,成了虔诚的基督徒,也就在这前后,她开始了伴随她一生的漫长的文学写作之旅。那是一个"小说的时代"。在上海在中国,年轻的小说家,像雨后森林里的蘑菇,一簇一簇,满地都是。在大量沉浸在十年浩劫的控诉和历史沉重反思的小说中,程乃珊的小说创作别具一格,带着一份宗教气息,宁静、纯净。"那天晚上天空漆黑,连一颗星星也没有。我从不曾想过在这么黑的夜晚,会像《圣经》上说的,上帝会以柔和的目光凝视着人间,许许多多安琪儿会为我们歌唱……她的歌声柔和甜润,她不是在歌唱,而是在呼唤,向着一个美好的世界呼唤,那里没有忧伤,没有眼泪,那里的太阳永远放射着柔和的光芒。那柔和、神圣的歌声令我想流泪,我第一次相信,在那高高的上空真的有一个上帝……"(引自《欢乐女神的故事》)。她有的小说题目就直接取自赞美诗《在我心有空处为你……》:"绛红色的夕阳犹如祥光缭绕,带着对明天的憧憬和希望之情冉冉腾起,它应许了爱情、希望,还有美思。前面不远就是礼拜堂的尖顶,夕阳在她的尖端织上一顶灿烂至尊的冠冕,晚礼拜开始了,阵阵赞美诗从里面飘出来:……快来吧,在我心有空处为你……"

这些文字来自我从书柜里掉出来的,1982年由江苏人民出版社出版,画家黄英浩设计封面、插图,印数43200本,定价0.25元,1984年3月10日程乃珊题赠我的小说集《天鹅之死》。这是她出版的第一本小说集,她把场景放在了香港,以方便表达她的宗教情怀。几篇作品的主要人物大都是基督徒。虽然她的目光还摆脱不了那个时代看香港看世界的狭隘,甚至因为时代尚未完全冲破对宗教的禁忌,不得不有所遮掩躲藏,但字里行间散发的那种无法掩饰的宗教意味，在当时确实是前所未有的大胆。当然不是说，程乃珊的小说都是基督教教理的形象显现，恰恰相反，她实际的小说创作题材要广阔得多。但不管写什么，她的笔下始终散发着一种那个时代别的作家所没有的特殊的宗教气息，也让读者感受到一个新的汹涌澎湃自由得多的时代的到来。她1979年发表的小说处女作《妈妈教唱的歌》讲述的是女工程师乐珺用献身祖国和事业的热情逐渐消融失去母亲的小薇隔膜、怀疑的故事，结尾却在乐珺给小薇唱起妈妈教唱的那首加拿大民歌之前，小薇脱口而出，无奈地说了一句英语，God knows it, but waits（上帝明白一切，但得等待）。和当时情绪激烈的主流小说不同，程乃珊的小说情绪透明、纯净，有一种超脱世俗苦恼的乐观。人物虽在尘世却像来自天国，内心纤尘不染。写的是俗世，却是刚从教堂里出来，身心被教堂天庭的一束阳光照得明净、恬淡。大约在1983年冬，《上海文学》理论组负责的周介人已经慧眼独具地发现了程乃珊的这一与众不同的创作特色。他找到我，希望我为程乃珊写一篇作家评论，以期引起读者和文学界对这位年轻女作家的更大关注热情。同时，限于当时的时代局限，我们又必须回避小说的宗教情绪和特色，以免在那个乍暖还寒的时节给作者带来不必要的麻烦。

1984年2月，《上海文学》全文刊发了我写的评论《独特的生活画卷——程乃珊小说漫议》。在评论中，我刻意回避指明教堂的那束光，却又用一种欲言又止的言说，诸如纯净、优雅、娴静、圣洁等可以用来形容圣母玛利亚的暗示性的字眼，让读者隐约中感觉到作者文字帷幕后到那束教堂天庭投下的那束微光。正是这种宗教情怀，使她笔下的那些来自西区出身名门的女教师，怀着几近牧师般的一种平等、悲悯、理解、宽容的态度，敞开胸怀，去接纳，去热爱《穷街》的那些孩子，去和那些孩子以及他们的父母交流。可以说，教堂的那束阳光，透明，赋予她独特的理念和价值。同时，在评论中，我刻意强化了客厅里的那束光。客厅里的灯光温馨、高雅、怀旧，使她总是有着一份看人间的温情。她笔下的男女主人，大都来自上海西区的高档公寓。在规避了一种评论风险的时候，我也冒着当时的另一种风险，就是挑明其小说的人物家族的谱系特色，"既非官宦人家，亦非书香门第，而是具有上海特点的民族资本家家庭。"程乃珊竭尽当时时代所提供的最大可能，展现了上海民族资产阶级两、三代人"文革"前后的曲折遭际。他们面对一个急剧变化的时代的内心无奈、苦恼，努力适应环境。他们经历了社会向前的历史进程的大浪淘沙，不甘沉沦，不断地自立、自强，以自己的劳动和奋斗而不是祖上积累的资本，赢得另一个时代人们的尊重。中国的民族资产阶级历史不长。程乃珊写他们像种子那样飘落在十里洋场。在一块原不属于他们的土地上生根、发芽，长成大树。但属于他们的好日子实在是很短很短。他们始终在历史的夹缝、各种政治力量的撞击和连绵不断的炮火中，尴尬而艰难地存活着。对于这段历史叙述，程乃珊随着时代的渐次开放，从枝叶，到树干，最后到种子，从现实走向历史的深处，是倒着写的。先是当下《蓝屋》里的二、三代，顾鸿飞、顾传辉们的"走出"和"重返"。最后才是第一代祝景臣孤身创业大上海，终于成为一代《金融家》的风云际会。她以自己丰厚的家族历史积淀，对这些生活的理解，加深了我们对中国民族资产阶级人性的感性认知，让人们看到了他们的惨淡、苦心、无奈，看到了他们在历史的长河里像小舟般孤独颠簸的落寞背影，那身后的影子拖得很长很长。

可以说，程乃珊是继茅盾的《子夜》、周而复《上海的早晨》以后，在改革开放年代到来之际，第一个直接用文学表现长期被边缘化的这一人群并给予正面评价的作家。与此同时，她在小说中开启了对过往上海上层社会人们富庶的生活场景、细节、心理丰富的文学描写，少女时代开始的对大明星格里高利·派克的终身心仪，对凯司令掼奶油香味的向往。也许，以今天的物质标准来看，那样的富庶已然有点落伍，但那种作者极为醉心的气质仪表风度，却是当下依然严重缺失的。在我看来，程乃珊对于这些东西的喜好留恋，是骨子里的血脉里的，与生俱来的，没有任何为了追逐时尚而贴上去的成分。

因为时代限制造成的写作难度,再加上那时发表作家专论是对作家的高规格肯定,那篇评论在《上海文学》刊出后,引起了很大的反响。这是我写的第一篇作家评论,也是程乃珊小说第一篇专论,为她昂首阔步登上文坛,铺了一级台阶。没想到的一个后果,就是多少年后我依然被人目之为"当时上海评论界一致公认的研究程乃珊的专家"。当然,我从来不是专家,更不是研究程乃珊的专家。

在那个物质稀缺却高扬着理想主义旗帜的80年代初,因为文学,我们不期而遇。她郑重其事地约我去上海咖啡馆见面,彼此都有点出乎意料之感。我想象中的程乃珊是一个端着架子的大家闺秀,说话轻声轻气的淑女模样。没想到,她大大咧咧,热情开朗,语速快得像出膛的子弹,全然没有一点矜持拘泥,而评论家在她心目中则是严肃得一派正襟危坐不苟言笑的干瘪老先生,吃惊的是我比她还小着两岁,焕发着那个时代文学青年都有过的连自己都未意识到的热情洋溢的光泽。那时上海咖啡馆还有外面包着白砂糖放在水里就化的小方块咖啡。程乃珊点的是现磨的咖啡。我们海阔天空地聊着文学。彼此"三岔口"抹黑开打式的戒备,随着咖啡冒出来的香浓的热气,飘然而去。"上咖"坐落在南京西路铜仁路拐角。窗外,有20路电车,"叮叮当当"地从春天碧绿的梧桐树间驶过。梦里不知身是客。

恍然间,时光倒流到了上海的20世纪30年代。

说来有点羞惭。我是读中国语言文学专业的,而且也算是很用功的学生,但第一次听到张爱玲的名字,却是在程家的客厅。程乃珊会写小说,俨然是他们那一族的代言人,加上她特别热爱、享受生活,热情好客,喜欢热闹。有她在,很难没有她开怀而充满感染力的笑声。因为这些,她家的客厅就理所当然地成了聚会的沙龙。一大群青春男女,愚园路48弄36号那栋灰白色小楼的三楼客厅,弄得一幅当代"韩熙载夜宴图"似的。一楼还没有落实政策归还,三楼客厅里亮着吊灯,有高谈阔论的、窃窃私语的、唱歌的、跳舞的、看书的……客厅的一角放着一家老钢琴,被灯光柔柔地照着。一个脸庞圆圆的女孩坐在那儿,十指芊芊在上面小鹿那样欢快地跳动着,黑白钢琴键盘上飘起了《少女的祈祷》那有点忧伤有点甜味的旋律。她们津津乐道地说着住在不远处的属于旧上海的张爱玲。因为我实在是不属于那个圈子的陌生的外来人,就静静地落寞地看着、听着,知道在我生活的世界之外,还有一方别种情调的天地。这时常让我想起巴纳耶娃和乔治·桑宾朋满座的沙龙。十年浩劫还不很远,生活却已经如此顽强地开始恢复本色。

程乃珊的小说创作到1990年出版的长篇小说《金融家》,戛然而止。后来她孤身只影来到香港。她住在离岛,在三联书店打工,每天都要坐船穿越维多利亚港。很多朋友都见过说起过她自食其力奔波的辛苦。

　　以此为分水岭，程乃珊开始了她后来非虚构的文学写作。2000年程乃珊回到阔别了十年的上海。如果说，早年的文学写作还仅仅是因为文学带给了她巨大的个人愉悦的话，那么，这次重投文学写作的怀抱，则出于一种强烈的使命和自觉的文化意识。时代的巨变固然令人兴奋，但文化的断裂同样让人心疼。特别是像上海这样一座有着特殊近现代文化传统的现代城市。正是这种强烈的自觉，使她成为新世纪以来，发掘、传播老上海文化和生活习俗的最重要也最有影响的作家。她对人说，趁着人家现在要看，需要这类文章，我就赶快去做。否则一些七老八十的人走了以后，这些故事也被带走了。她以一种近乎燃烧的热情，精卫填海的决绝，短短十年中写下了一本本关于上海女人、上海男人、上海探戈、上海Lald、上海Fashion、上海萨克斯、上海罗曼史的书。她翻箱倒柜地在上海历史旧箱子的角角落落里，发掘着具有文脉意味的各种器物、习俗、细节，怀着一份当下难得的温情讲述着它们的前世今生。她为身边那些曾经显赫过的老人，为曾经远离市民的老洋房、高级公寓，讲述已经失落在历史烟尘中显得有点久远、模糊的故事，为他（它）们建起一座座文字纪念碑。知妻莫如夫，诚如她夫君老严，严尔纯先生说的那样，"她太热爱上海了，太热爱静安区了。她出生在静安区，老宅在静安区,嫁到静安区,最后归宿仍在静安区。"她是多么害怕那些曾经提振过上海这座远东大都市精气神的、融化在日常生活里的文脉,被突然发迹后的惊慌失措粗暴地打断。在许多人心目中,她是一个当之无愧的最出色的上海"讲述者"。程乃珊的讲述,也一如老严所说,没有做作,没有虚构,没有凭想象。确实,她讲述老上海的语调,明白晓畅朴素,没有过多的修饰语和形容词,就像听她在讲话。但在文字的背后,可以清楚地感觉到她热烈的心跳,她对这座城市的一往情深。用平易的、妇孺皆知的文字传达内心的深情,是程乃珊的本事。

也有人说她"俗"。看沈家姆妈为了三个女儿的婚嫁,里里外外仔仔细细盘算《女儿经》,真有点脱不了一个"俗"字,但她不在乎。因为她出生名门,看到且拥有过许多人没有过的"雅"。她的俗,其实是以她远远超越一般市民生活的雅为底蕴的,是那个阶级经历了大的历史颠簸后"曾经沧海难为水"的"俗"。

《远去的声音》是程乃珊生命最后十六个月里,留给这座城市和它的市民的最后的文字。她是真的喜欢写作。即使生命要远去,她也还在写。她说过,一天不写几个字,这一天就白活了。可以说,这是她蘸着自己生命汁液,用血肉写下的文字。曾经是小说原型的大家族,他的祖父母、她的父母、她的哥哥,那些出入过她的人生事业的人们,还有她夫君家那栋邬达克设计的沪上大名鼎鼎的绿房子，坐落在南京西路蓝棠皮鞋店边上，曾经是她家祖产的花园别墅……他（它）们落尽繁华，褪尽虚构文学语言的包装，以历史和生活中的本来面貌，有血有肉地，像圆雕那样立体而丰满地一一呈现在我们面前。历史像极了一口深井，黑漆漆的，因为程乃珊的回忆，我们听到了它空旷悠远的回声。其中盛满了她五味杂陈一言难尽的情感。倘若只能用一个字来概括的话，我会选择"惜"：珍惜（与自己生命相联系的那份血脉之情）、怜惜（他们如此崎岖坎坷的人生）、惋惜（时光与历史的不再）、痛惜（在这条路上凋零了生命）、爱惜（其中积淀的文化和价值传统）。面对这些文字，读着读着，竟有了一种"昨夜西风凋碧树，独上高楼，望尽天涯路"的沧桑感。尽管程乃珊的讲述，一如既往地充满热情。

谢谢程乃珊文字里闪烁的两束光。教堂天庭投下的阳光透明沉静，给了她一生可以坚持的仁爱圣洁的理念。客厅里不熄的灯光，让她总是能用那么温馨乐观的目光，看取事实上前进得沉重的生活。我想，有光总是好的。

光，可以驱散我们心头的暗和寒。

2015年6月11日于灯下

芦苇与化石
忆罗洛

沉默的芦苇

三月的一天,我到华东医院去探望罗洛同志。

他静静地躺在病床上。脸色很憔悴,人也消瘦,却依然挂着谦和淡然的微笑。这笑意,我看了八年,很熟悉的,像微风掠过湖面漾起的浅浅的波纹。他笑得很吃力。我们都已经知道他得了肺癌,上上下下都瞒着他。但是,我想,他自己肯定是觉察到了。

我问他,身体还好吗?

他说,还可以。

他还问了我到新单位的工作是不是顺利。谈了一会儿,他摆摆手说,大家这么忙,还来看他,也是很吃力的样子。怕影响他休息,我们悄悄地退出了病房。

阳光不声不响地透过窗子打亮走廊的一角。地上的反光晕眩得让人睁不开眼睛。我心里好一阵难过。打从他到作协来,到我离开作协,我和他面对面地坐了八年。我几乎熟悉他做每一个动作的过程。他抽烟抽得凶。记忆中，他从来不用打火机而只用火柴点烟。他细心地打开火柴盒，手会稍稍抖动，然后"嗤"的一声划亮火柴，点着香烟。一声不响地把烟抽完。半天下来，他的烟缸里会丢满烟屁股。后来，到处宣传戒烟。报上文章说，被动吸烟比主动吸烟中毒还厉害，而且办公室装了空调，不透气。他来烟瘾了，就一个人在黑黝黝的走廊里抽。作为后辈，我劝过他戒烟。他告诉我叶圣陶那有名的"三不"：不戒烟、不戒酒、不运动。叶老活了九十多岁。我默然。何以解忧，唯有杜康。当一个风华正茂、血气方刚的青年诗人，在毫无思想准备的情况下，被突然其来的政治风暴，从人生的巅峰一下子被卷到生活的底层，面对苏武一样的生活，没有酒的麻痹没有烟的刺激，他凭什么度过那些灵魂备受煎熬的痛苦日子呢？望着他长年累月被烟熏黄的粗粗短短的手指，我释然了。

　　八年了，我从他很少发出声响的一举一动中，读出了他心如止水却顽强强健的生命。他的身体很壮实，很少听到他生病的消息。走出医院，我在心里默默地为他祝福。但是我清楚，这回，希望将会怎样的渺茫。想到一个人强健的生命会变得如此虚弱而不堪一击，我心里有一种说不出地难过。我又想起了法国哲人布丰的那句话：

　　人是一株脆弱的会思想的芦苇。

　　老罗来作协工作之前，我并不认识他。只知道他是诗人，

50年代曾被打成所谓的"胡风分子"。批判"胡风反党集团"那会儿，我才7岁，是满眼望出去连天空都是灿烂的年华，什么都不懂。只是从父亲他们严肃的脸上，隐隐感觉到，大人们生活的那个世界里一定发生了极为严重的事情。不久，我就在父母给我的那堆"小人书"里，读到了华君武漫画的"胡风反党集团"。他画得太生动了，以致四十多年以后，我依然记得漫画中蒋介石在小岛上磨刀霍霍，胡风披着"革命"外衣咬牙切齿恶毒诅咒的形象（近年曾经看到华老为此追悔的文字）。"文革"中，不知从什么地方捡到一本"关于胡风反革命集团的材料"的小册子，已经很黄了，收了周扬、郭沫若的批判文章，还有那些著名的按语。那是万马齐暗年代我能读到的最精彩最精辟的文字了。我非常佩服"按语"的作者能把政治文字写得如此的大义凛然而又文采斐然。但是，谁又能想到，正是这些漂亮的文字，以无可比拟的杀伤力，葬送了多少人的青春才华，让多少人生像蓬草蒿莱颠波到了流放的途中，甚至把生命葬埋进了这批文字之中。谁又能想到，他们中的一个叫罗洛的人，在几十年后走进我的生活，和我在一个办公室工作八年。

1989年下半年罗洛到作协担任党组书记、常务副主席。我上上下下端详着他：圆圆的脸，微黑的皮肤，墩实的身材，一脸谦和的笑。我的第一印象是：不像。这个六十来岁的蔼蔼长者，说什么也不像青面獠牙的"反党分子"。

1989年正是作协工作比较困难的时候。他和我们一起制订了"消除顾虑,理顺情绪,团结作家,繁荣创作"的工作方针。在如同"春雨潜入夜,润物细无声",举重若轻、不动声色的工作中,他带着大家把作协的工作推上了一个台阶。看着他忘我热情地带领大家投入建党70周年献礼合唱《世纪之光》歌词创作的繁忙身影,看着他平时不折不扣严格执行领导指示的忠诚情景,我怎么也不能想像,他曾经反过党。

后来,在工作中我又陆续认识了贾植芳、耿庸、何满子这些曾经被打成"胡风分子"的前辈。这时,我才知道,他们其实和罗洛一样,当年都是追求进步、热血沸腾、热爱党的文学青年而已。从那些和罗洛同时代的文学前辈口中,我还知道,老罗曾经是个很锋芒毕露,用一个老同志形容的词,是很"彪"的青年诗人。然而,我的印象仍然是:不像。

我无论如何不能把坐在我对面的这个不瘟不火、冷静理智的领导者,和那个热情洋溢的青年诗人的形象联系起来。今天,他的诗写得典雅精致,尤其是他的十四行诗,形式完美工整得近乎无可挑剔,显示了他为人和诗学的修养。在《湖畔沉思》一诗的开头他写道:"清晨,我伫立在青海湖畔沉思/早霞映照着湖水,啊/看那满湖的红玉。"我一直在寻思,他何以将他曾经流放过的地方写得如此辉煌。

在送别罗洛的追悼会上，我小心翼翼地将一株玫瑰置于他的身边，出来借着不太亮的光线，读他的生平简介。从一个被时代深恶痛绝的"胡风分子"到中科院青海图书馆负责人，要重新获得党和人民的信任，在极"左"的年代里，他的灵魂曾在炼狱中经受了怎样一番脱胎换骨的煎熬和挣扎呀？青海湖的寒风在他头上呼啸而过，他用粗糙的手抚摸斑头雁光洁的鸟卵，用沾着湖光的裸鲤填塞自己辘辘的肌肠。生活，之于这样一个承载过血火传奇的人，经历过从天堂到地狱过程的人，无论如何也是波澜不惊的了。这也许就是他自谓"诗风柔和"的一个原因罢。

其实，和"悠然见南山"的田园诗人陶渊明会有"刑天舞干戚"怒发金刚的那一面一样，罗洛也仍然有激情洋溢的时候。在充满风花雪月的那本《山水情思》中，我读到他怀念鲁迅和胡风的诗作《因为有了你》《诗人之死》，感情炽烈得像烈火中取出的珠子，饱满、滚烫。在后一首诗里，他写道："有谁比中国歌人／经历过更多的磨难／品尝过更多的痛苦／和欢乐？……有谁比中国歌人／经受过更大的考验／有过更大的绝望／和希望？……"

人是需要理解的。需要理解，是因为理解一个人是很困难的。然而，因为困难就更需要理解。年轻的罗洛是真实的，老年的罗洛是真实的，锋芒毕露的罗洛是真实的，沉稳内敛的罗洛也是真实的。

我不知道，自己这样是否理解了饱经沧桑、和自己共事了八年的诗人，罗洛？

1998年10月14日清晨

时间的化石

在上海作协工作了八年，老罗和我面对面地坐了八年。我们合用着一张双人的红木写字台。台子微红暗紫，色泽温润而沉稳，有些年头了。可以想像这张岁数肯定比我大的写字台，和作协这幢西洋古典式的小楼一样，已经演绎了许多故事。我在这头，他在那头。我的抽屉抵着他的抽屉。或许是年龄、经历相差很多的缘故，在很长的一段时间里，我们两人的心理距离，没有像抽屉那样接近过。

印象中，他每天早晨到办公室，我们打个招呼，他会去拿水瓶，泡一杯浸满茶叶的浓酽酽的茶，然后香气漫到我的桌面上来。他的名望高、资历深，加上主持工作分管外事，于是就有很多的邮件堆在他的手边，有本市的，有全国各地的，还有来自世界各国的。他很仔细地用剪刀一件件剪开，封口剪得刷齐，然后抽出里面的东西。是书，他翻一翻，小心翼翼地放进背后的书柜。是信，他通常都看，看好后按原样折好，再当心地塞进信封。他做这一切，井然有序，态度严谨，像是一个人默默地品尝生活的滋味。

他喜欢喝酒、喝茶、抽烟。烟抽得很凶,茶喝得很浓。他是四川人,四川出各种各样的名酒。他每天中午回家,喝一小盅,成了习惯。这三项,我都不会。于是,我们之间更少了话题。老罗说话不多,喉音挺重,声音很低,还有点木讷,动作手势幅度也不大,以至于让你觉得,他所有的一切都是在静悄悄的过程中完成的。他像岩石一样敦厚沉着。在一个到处弥漫着浮躁的年头,老罗无疑使我们一进办公室,就染上了一股静气。

他当领导也是如此。不瘟不火,不即不离,既不撒手不管也不事事躬亲。许多我们认为很重要,让我们忙得心焦的事,向他请示的时候,他的态度语调依然是那样的不紧不慢,很有一种诸葛亮安居平五路的从容、散淡。他的诗也如此,精致、内敛,褪尽火气。通常写诗的激情在他诗的修养中渗化、蒸发了。

那些和老罗共过事的文学前辈,都曾经对我说过,老罗从前可不是现在的样子,他神得很,年轻时是很锋芒毕露的。我是相信的。一次在贾植芳先生家里,贾先生兴致勃勃地拿出一张泛黄的旧照片给我看。照片中,西湖灵隐那尊著名的弥勒坐像前,站着一群后来无一幸免被打成"胡风分子"的年轻人。中间的一位就是罗洛。他一手叉腰,西装敞开着,露出雪白的衬衫,几十年过去了,可以想像他当年少年才子,风流倜傥,器宇轩昂的模样。

时间,像从不间歇的潮汐将嶙峋的岩石打磨成圆润的卵石那样,把老罗从一个年轻才子,磨炼成一个成熟沉稳的领导干部。坐在他对面的八年中,我一直在揣度,他是怎样承受年轻时的致命一击的;从灯红酒绿的繁华城市被发配到荒凉的青海高原,他是以怎样一种心情,让西北的朔风吹过青海湖,拂过他的面孔的;他的内心曾经历怎样的冲突和痛苦,他的灵魂又是怎样在炼狱中备受煎熬、一步一步挺过来的……

慢慢我们熟悉了。他说话惜墨如金。在片言只语的叙述中,我知道,正是青海湖凛冽寒风的粗砺抚慰,粗糙了他的皮肤,坚韧了他的灵魂。他居然以一种常人难以想象的坚毅自学了多种外语和许多自然科学课程。而立之年他脱胎换骨,从一个文学家变成了一个有造诣的自然科学家、翻译家,发表了一篇又一篇自然科学论文。这种奇特的人生经历,使他在文学界显得特别地与众不同。比如,他对数字极为敏感,有极强的记忆力。每次会见外国作家,有关上海发展的各种数据,他几乎都如数家珍地脱口而出,令在场的所有作家大为惊讶。他翻译的《萨福诗选》《魏尔仑诗选》,形神兼备,是许多诗人案头的必读之物。

曾经沧海难为水,人活到老罗这个份上,一定是波澜不惊、宠辱皆忘了。但有时候,他蓄积在心的情感依然会突破坚硬的岩层迸射出来。我读他的《阿垅片论》,字里行间处处可以感觉到"于无声处"的惊心动魄,和对亡友饱满炽烈的感情。那股冲动的感情不可压抑地冲破了他习惯的精致形式的堤坝。晚年,他越来越沉浸在他小外孙给他带来的喜悦之中。每每说到他的小外孙,他饱经沧桑的脸上就会浮现出一种柔和来,眼睛里也会流露出一股慈祥来。我女儿考进上海戏剧学院,他不声不响从家里翻出好几本戏剧书来,兴冲冲地让我送给女儿,他把深藏的爱同时留在了过去,献给了属于未来的生命。

还有一次,我们宴请越南外宾。席间大家谈到中越20世纪60年代的交往。老罗接连喝了好几杯酒。谈兴正浓,老罗站起来,主动提议要为大家唱一首歌。那是抗战结束时他顺江而下写的爱情诗,曲子也是他自己谱的。他的声音微微有点抖,唱得很忘我很动情很投入。不太明亮的灯光,照着他醺红的脸。灯影恍惚中,我依稀看到挂在前辈们嘴上那个年轻的罗洛,正笑吟吟地向我们走来。

他应该是有很多很多人生故事,有很多很多心灵传奇,可以向这个世界讲述、倾诉的。八年中,他像列维坦笔下那片横着独木桥的深渊,以紫色的静谧和平静,昭示着我想去穷究的神秘。八年中,我一直顽强地等待着有一个月白风清的夜晚,听他诉说那些被锁在心的深处的故事。后来,我从他身边调走了。再后来,他永远地去了。我知道不会有这样的机会了。

送行的那天，他躺在鲜花簇拥的玻璃棺中，戴着一根紫绛红的领带。就是这根领带，系得松松的，在我眼前晃动了很多年。我不记得他还戴过别的领带。在送行会发的那张老罗生前简介的反面，印着他诗的手迹。在诗中，他把时间比喻为"一枚鱼化石"。凝固的鱼化石，让人想像到数千万年前鸢飞鱼跃生机勃发的世界。在老罗的静穆中，在那份很冷静的生平简介中，我分明读到了一个时代的云舒云卷，花开花落。在经历了一系列重大人生变故以后，在一系列当时曾以为很难熬得过去的事，终于变成记忆里的一缕云烟以后，许多在我们看来攸关重要的事，在他那里就显得无关宏旨了。

他是我们时代的一枚鱼化石。

在他走了以后，如今又是谁坐在那张暗红色的写字桌前了呢？

1998 年 9 月 27 日

老将的"刚"与"柔"
林放印象

我很小的时候,就知道林放。他生活在黄昏街头巷尾寻常百姓的嘴上。那是《新民晚报》送到读者手上的时候,人们会在胡侃神吹的时候,为他的一篇文章、一个观点议个没完,以至争得脸红脖子粗。从棚户区的搬运工到正经肃坐的干部、到满腹经纶的学者,有谁不知道林放其名呢!久而久之,就给他勾勒出一幅秉笔直书,刚正不阿,颇有点包拯、海瑞那样怒目金刚的肖像来。为筹备林放杂文研讨会,几次打电话去,隐隐听得有人呼他"老将",就更加固了这一印象。

在他宽敞明亮的办公室,我看见黑色高靠椅里站起一位个头不高、说话挺斯文、慈眉善目的忠厚长者来,办公室则和他本人一样朴素简洁,没有任何证明主人身份的多余陈设,就像一个战功卓著的将军不愿用勋章绶带炫耀自己的戎马生涯一样,唯有背后一盆修美的热带植物以绿色的婆娑,在宁静中勾出一抹淡淡的生机。这是一个在中国新闻界纵横驰骋攻城陷阵数十载真正的"老将"的形象，一个集至刚至柔于一身的形象。这大大加深了我对《未晚谈》和它的作者的理解。对于一切的假丑恶，他的抨击从来是不遗余力不留情面，敢于"打开天窗说亮话"的。他让一个草民读了解气解恨，但又从不泄气。他的忧患意识始终和爱国爱民的补天意识相伴而行。在这位老人看来，揭露本身并不是目的，揭露的目的在于消除，使社会、人生变得更美好更温馨。正是这后一点使他的至刚化为一片绕指的至柔。

我第二次去看他，老将刚刚给研讨会的100本《未晚谈》签好名，上楼去了。我不忍让这位82岁高龄的老人带着劳累上下折腾，要上楼找他。谁知他执意要下楼来看我。他气喘得很急，慢慢摘下那副一千度的眼镜，将身体埋在靠椅里，换了一副红色助听器告诉我，现在他一周来两次，主要看看老朋友老同事。他缓缓和我说起漫长煮字生涯的点点甘苦。

"杂文作者就是要和群众和社会和生活接近，看看自己笔下写的是不是他们最关心的问题，自己的表达方式是不是他们最乐意最能够接受的方式。在写作中，我找到材料就写就发表，而且尽量写得通俗点。"你很谦虚地说，"我们杂文不像作家写的那样有艺术性。"我说，"难道通俗性平民化，生动畅晓，不避俚俗，不也是一种艺术性？说到找材料，我发现你近年杂文和早年杂文有一个明显的变化。听说你早年经常孵茶馆，在街谈巷议中找材料，平民气息甚浓，现在好像时常引经据典，书卷气更重了。"你说，"是这样的，以前杂文用取自现实生活的直接材料多，现在用书本报章里的间接材料多一些。你摇了摇头，年纪大了行动不方便，不能动，深入群众难啊！"这时你脸上有一种很复杂很难捉摸的表情，是为无法像年轻时那样深入第一线采集素材难过呢，还是为未充分尽到新闻记者的责任而对读者歉疚呢，抑或什么都不是，只是烈士暮年壮心不已的顽强生命意识，使你回到了年轻时如火如荼的记者生涯中，回到了写《延安一月》的日日夜夜。

你好像没有觉察地轻轻叹了口气，重新接上话头，"我还是写我熟悉的，群众关心的。这几年我的杂文主题有些扩大，概括起来是社会批评和知识分子。因为我自己也是知识分子呀！"也许"老将"本人也未曾想到，他关于知识分子的那些杂文曾经牵动过多少知识分子的情怀。你说，"我有一条，就是不懂的不写。"你举例说，"经济建设搞活企业很有东西可写，但我几乎没有碰过。我写知识分子，是因为我熟悉他们，自己就是其中的一员。写给他们看，就在看书上多下了功夫。年纪轻的时候，职业需要我好动，现在我唯一的消遣是看报，看闲书，《文学报》也是我喜欢看的。我关心作家最近干什么，情况怎么样了。"

你话说得不快,很片断,就像从海上飘来的座座冰山,让人去琢磨海水下的连接。

"常有新闻界的朋友感叹记者难当。你内心深处有没有不能讲,或讲不畅的痛苦?"我问。你回答得很机智,"我们从前当记者,记者是自由职业,现在记者是国家干部,就有一定之规,一定的纪律。当然,统一仍需多样,具体写作还是各归各的好。说到当记者,自然是很艰苦,不过也是很好的,很有乐趣,天天动手练笔,天天见报。还有什么职业能给我们这种快乐呢!报纸天天要出,我们天天在打仗天天在战斗,真正的记者,不到生命的终点,是放不下笔也不愿放笔的。"你像年轻人一样地说,"这是老将的风采。活到老,学到老,"我补充一句。"作为记者还要写到老。"你说。

"他们叫你老将?""是的。""我1938年到重庆《新民报》,就叫我老将。从那时起我就再也没有离开过《新民报》。"很长的沉默。你有点累了,真正累了。我从你脸上读出了一个中国报人五十年的历史,五十年的道路,五十年的辛苦。五十年来,你走南闯北,甚至置生命于不顾,讴歌着光明,鞭挞着黑暗,夜夜伴着孤灯写作。读者换了一批又一批。当今天更年轻的读者读林放《未晚谈》的时候,是否想到,一位八十二岁的老人白内障开了刀,正呕出一颗心向你送上这瓣心香呢!我想,"老将"这名字的后面,一定有很多的传奇,很多的故事呢。但是,我再不忍心打扰你了。

高大的落地窗外,浓浓的雨意压着鳞次栉比展示着漂亮几何形的小屋顶,从脚下向远方延伸,空气里弥漫着湿漉漉的灰色。亭亭玉立的热带植物依然响着一片绿色的低语。"我想写好后再请你看一看。""不看,你自己放手写。"你手挥挥。"大家希望你能出席研讨会,讲讲话,"我说。"不用了,我在场大家讲话不方便,讲的恭维话听多了,不自在。"你再度挥挥手。这次更坚决,一派老将的气度。

1991年5月24日林放杂文研讨会前夜

读学人
读《苏渊雷全集》有感

我不是苏渊雷先生的入堂弟子,无缘得到苏先生耳提面命的教诲。但我对史学最初的浓烈兴趣,除了来自范文澜先生《中国通史》和周一良、吴于廑先生《世界通史》的激发外,主要就是苏渊雷先生的《读史举要》帮我开拓的史学视野。

我读大学之际,正值20世纪七八十年代,中国思想解放运动如火如荼风云际会,整个中国都洋溢着一股站在新的历史起点时独有的青春气息和豪迈激情。我们这代学子在耽误了十年青春,终于抓住了人生难得的发展机遇时,人人都抱着报效祖国,努力实现自我价值的雄心壮志,对一切知识的那种极为热情的期待,真正到了如饥似渴废寝忘食的地步。无论是新进西学的新鲜强烈,还是传统国学的博大精深,都能让我们沉醉其中,几乎无法自拔。这种浓烈自觉的读书气氛,在今天几成绝响。尤其是我就读中文系和历史系同在一座文史教学楼里,这座有着巨大罗马立柱却风格现代的三层楼,据说还是当年大夏大学的旧址,通体上下散发着来自30年代的传奇气息。这是一栋有着历史和故事的楼,被时间浸泡出了许多令人神往的遐想。一楼过道的南端是中文系学生的壁报,北端则是历史系的壁报,各自登载着两系学生的学习成果。壁报分立两端,走廊就有了对擂的味道。我们会去看历史系的壁报,历史系的同学也会来看我们的。历史系的同学欣赏中文系同学的才情、天马行空,而我们中文系的同学倒对历史系同学言出有据的严谨,对现象表层的锐利穿透,对复杂事物的宏观视野,以及他们步步为营的逻辑推理,佩服得五体投地。我佩服的具体行动就是看了苏渊雷先生的《读史举要》,是黑龙江人民出版社1981年10月出版的。封面在青蓝色青铜纹样的背景上压着白色的署名,大约二十万字,提纲挈领,以十章的篇幅,将中国史学的基本面貌,来龙去脉,精妙要义,讲得清清楚楚。其中既有大笔如椽的宏观勾勒,也有独具法眼,微言大义,取宏用精,虽然是一本明白晓畅的中国史学的入门的读物,但字里行间却有一种行云流水、从容不迫、游刃有余的大家风范。对于学史者和研究者,这本书是可以深者得其深,浅者得其浅的。这是我大学读史的一本重要的启蒙读物。在当时书籍远无今天这样泛滥的时候,这本书被我视如拱璧。上世纪80年代来,我在《上海文论》反省总结自己参与《重写文学史》专栏的经验和教训时，这本书发挥了很大的作用。而其第六章《马班异同论》不仅对我了解司马迁、班固修史特色有引路之功，更对于自己史学观的形成深化发挥了重要作用。而且，苏先生对司班史学比照分析，给我的文学评论，尤其史文学作品思想、风格的比较评论，提供了一种方法论的思考。

可以说，《读史举要》既是我大学时代很重要的史学启蒙书，也是我检索中国史的一本极为明快的工具书。直到今天，我依然保存着这本书，并且从中领悟老一辈学人的做史的学问。

2008年是苏渊雷先生的百岁诞辰。华东师大出版社为此隆重编辑出版了《苏渊雷全集》五卷。我因出差在外，错过了出版时的盛况和研讨。前不久，热心的学兄季聪先生再三嘱我为《全集》和苏先生写些东西，并特意将《苏渊雷全集》五卷送我研读。我很惶恐忐忑。苏先生的学问体大思精，出入中西，学贯古今。我粗粗浏览了一遍，正如行山明道上一路美景，目不暇接。其旧学，举凡儒学、易学、佛学、诗学，无不了然在胸，又有独出机杼之思。同时，他国学的研究又时时参以西学，遂使国学焕发夺目的新的时代光彩。中国学问的经史子藉在苏先生胸中已成为浑然一体的文化世界。坦率地说，以我的浅薄去斗胆揣摩估量苏先生学问学术的轻重深浅，岂止是班门弄斧，弄不好便留下狂犬吠日的笑柄。确实，对于我这样的后学者来说，苏先生的学问颇有"星汉灿烂，若出其里"，行空般的壮丽、浩瀚、深邃。

今天是一个"大师"、"巨匠"车载斗量，"学问"、"学术"漫天飞舞的时代，但同时也是一个"大师"、"巨匠"时常出丑，"学问"、"学术"常出洋相的时代。在这样一个时代，苏先生生前身后从无"大师"的桂冠，但在我眼里，苏先生倒是为后来做学问的人，提供了一个范本。

苏先生其实给这个世界留下了两个文本。一个是他的书，一个是他的人。书和人，是两个"互文性"很强的文本，作为治学的文本，他的人本身是一个难得的值得我们去好好解读的文本。在一个中西交汇、古今相接的当代，苏先生的身份很特别。从隐喻的层面看，他是"双重人"，我们既可以把他视为生活在中国古典传统文化晚照中的"最后一个人"，也可以看作是站在新学、西学晨光中的最早的现代意义上的知识分子。作为最后的文人，他不仅"学贯文史哲"，更是"艺擅诗书画"。他的诗，有着杜诗的沉郁顿挫的诗心，也不无李白的飞扬意气。他的字诚如书家所云"有名士风度、哲人风采、诗翁风范"，自然天成。他的画，毫无剺头佝脑故作惊人状，却如篱边菊、水边兰、月下梅，散淡自如。这种传统的文人趣味、文人雅事，使他的传统学问，今所谓国学者，有了一层深邃生动的文化背景，更易于进入国学中最难接近的核心领域而妙想迁得。将心比心,其实不仅是人对人的关系准则,其实也是人和学问关系的相通管道。文人趣味有助于文人心得丰富性,而这种心得丰富性则拓展出了传统学问的丰富性。孔子一直对自己的弟子强调"六艺"(礼、乐、射、御、书、数)在儒学中的精髓却是功莫大焉。就如苏东坡那样,将一颗活泼的心,同时飘然在充满文人趣味的生活和谈玄说理的学问之中。我们赞成苏先生治学的"会通观",就是要打通学问、生活、艺术的绝缘墙,使三者成为一个完整的世界,而且在中国的学问自身,也是充满了"会通"的智慧,经史子集贯通,文史哲打通。

在我看来,今天的国学和国学"大师"们所缺少的,首先是作为国学底子和底板的文人情怀,文人趣味和文人生活。所以,那样的国学就缺少了灵动、生动的生命气息,而染上了令人望而生畏的酸腐的头巾气了。陆放翁教子有诗云:"功夫在诗外"。

其实做学问,功夫也在书外,在书外的广博的修养。试看"五四"以降的一代大学人,哪一个不是带着文人的气质、文人的情怀、文人的生活,而在书斋里做着与生命与生活息息相关的学问。我看过苏先生写字作画的生动情景,也看到他对梅兰竹菊的始终不渝的情有独钟,体现的正是一种文人的情怀襟抱,是真名士,自风流!从这个意义上说,一个学人的生活方式就是他的治学方式。

在现代学术日益分工精细化的今天，其实我们仍然需要会通思想、会通根基和会通能力的"通儒"、"大儒"。然而，事实上，今天的学人几乎完全丧失了赖以会通的文化生态文化环境，只能屈从于"逻各斯"的西方现代学术传统，做画地为牢的学问了。同时，因为这种"失去"，把国学也就自然而然地做成了一盘五光十色炫人耳目，以赚钱为主要目的地"文化大菜"了。悲乎！

"会通"，不仅是旧学内部文史哲的打通，自20世纪以降，它同时意味着中西学问的沟通。《全集》中有早在20世纪30年代之初面世的《文化综合论》。苏先生在此文中已经明确提出，中西文化综合创造新的民族文化、中国文化的文化理论主张。这些理论主张到今天依然是我们在探索、在实践的学术和文化主张，到今天读来依然震耳发聩。在永恒学术和思想推动社会前进的方面，苏先生是现代意义上的知识分子。它不依附权威，关心知识和知识分子应有的公共性。正是现代的知识分子关注现实，介入生活，干预社会的公共性，使他在令人颤栗的1957年因言获罪。也正是这种公共性，使他在西方现代文化长驱直入、如入无人之境，民族文化急速溃退之际，对轻视无视传统文化的现象大声疾呼。也正是这种现代知识分子的公共性，使他在漫长的学术生涯中，在保持了传统文人的本色的时候，又获得区别于"达则兼济天下，穷则独善其身"的中国文人的新的现代知识分子的身份认同，保持了人格、思想和学问的独立性。

如前所述，学问是生活方式相伴的精神活动，但同时他还是人格操守的体现。在一个急功近利的时代，苏先生是一个淡泊者。他出无车，食无肉，甘于书斋生活的平静和平淡。他早期投身革命，轰轰烈烈。以他的资历，不难在官场上谋取一官半职。事实上，新中国一成立他已经是官场上的一员，但他很快便放弃了可能会有的今日让人羡慕不已的高官厚禄。在他身上，中国传统文人的儒雅和狂狷得到了生动而完美的体现。说他的儒雅，可以看他的画、他的字、他的诗，他的出入经史子集。说他的狂狷，可以看他的时评、随笔。我特别佩服苏先生写于1956、1957年间的《民主盛事百家争鸣》《漫谈文牍主义》《读书札记及问答三则》《莺啼处处同》《矛盾引导前进，烦恼即是菩提》《揭露·安排·对话》诸篇。文章的观点不仅在当时石破天惊，即使今日也掷地有声。其中对于当年高校种种弊病的批评直指今日高校，其对高校领导结构的针砭也正是今年两会关注热议的重要话题。字里行间，可以看见当年苏先生，不畏权贵，仗义执言，拔剑而起的身姿。文人要的是风骨，知识分子要的是独立自由的思想品格。从苏先生的《风流人物无双谱》中所仰慕的从范蠡到龚自珍三十六人伟大先贤中，我们可以触摸到文人学者苏渊雷坦荡磊落的内心世界,感受到五四精神的传承。事实上,"五四"和稍后的学人,大凡都有自己极为鲜明甚至强烈的性格风采。为什么到了今天,我们学者往往人性变得那么猥琐,生命变得那么萎缩,人格变得那么黯淡无光。所以,今日学问之不振其实是另一种生命状态和人格品位的显现,真的很难期待羸弱卑下的人格会做出崇高不朽的学问,贡献出犀利博大的思想。

说到底,学问大小最终比拼的不是掉书袋,而是一种眼光、一种境界。苏先生纵贯20世纪,从斗士到学者,从炼狱到书斋,大起大落,大悲大喜的充满传奇色彩的人生历练作为底子,通达释怀,以问学为乐,自有了一种"观自在的大境界"。大境界便有了大学问。到了此时,有没有"大师"这顶原本高贵现在廉价的桂冠,已经不重要了,重要的是:有文字为证。

吴亮和九十年代写作

吴亮当然是有思想的,但他一直是思想者,而不是思想家。

思想家冥思苦索殚心竭虑,终其一生心血追求构筑一个无所不包的体系。(对于那些构筑体系的人们,无论是朋友还是陌生人,他时常会私下里嘟嘟囔囔,偶尔表示出一种尊敬,更多是表现出一种无可奈何的怀疑和不恭)。思想者则醉心于思想过程本身的乐趣,像个打水漂的审美主义者,并不关心掷出的小石片能在水面上飞多远,他只是喜欢小石片掠过水面留下的痕迹,那些小小的慢慢在水面漾开的美丽涟漪。

大约在 90 年代初,吴亮一直陷于百无聊赖的苦闷中。好多次碰到他,他都很苦恼很焦灼不安地说,我不写东西了。或者说,我很多日子没写文章了。但是,我确信无疑,吴亮一定会打熬过这段痛苦时光,重新回到一个对于思想者来说是阳光灿烂的日子,而且这段沉寂的过渡并不会很长。

写作和爱情通常是证明一个文学家的创造力、存在和价值的最基本方式。对于吴亮尤其如此。写作同时是他生存的方式、内容和目标,是他活着的一个支撑点。他怎么能停止写作呢?那意味着上帝白白慷慨地赠予他一颗硕大的脑袋,一种真正的资源浪费。

他重新开始源源不断地写作。90年代的写作,区别于80年代的写作。

从前,吴亮是自说自话的。他竭力回避任何的引用,除了万不得已的时候。现在他在自说自话的同时,又毫无顾忌地自说他话,广泛地旁征博引那些不在场的"他者"的言词乃至花边轶闻,从学者名流到贩夫走卒。千把字的一篇《身份的负担》引用了威廉·德库宁、埃利·威塞尔、罗布-格里耶、马赛尔·杜尚,最后终止在荷尔德林的诗句上。南帆说吴亮回避经典,"对于自己的智慧有足够的自信"。吴亮的自信似乎并未消失,那他为什么如此地"迎合"大师和经典呢?当然我们可以解释,他的引用并不是学院式的。比如他引用吉姆·迪纳的"我喜欢我正在做的",似乎无非是一种修饰和表达的需要。被知识化和读书后的吴亮,其实他的引用是很即时性的,很驳杂的。自说他话的本质仍然是自说自话。

从前的吴亮是单纯的。他最早和我们一样,是个相信社会学批评的文学批评家。不久,只是因为某些阴差阳错的缘故,他变成了一个面目越来越纯粹的坚持和捍卫先锋立场的文学批评家。80年代最后几次他的写作之一就是大声疾呼"真正的先锋将一如既往",那时,他一直是以愤世嫉俗的激愤姿态在文坛亮相的。现在,他宣称"我的确把我的批评岁月留在了过去","我并不欠小说什么",尽管这有点儿让他"不知所措"。现在他的目光久久停留在日常的世俗生活的经验和现象上。我们眼睛看到的、耳朵听到的、身体接触的,他近乎无所不写。他从单一的小文本的细读转到了社会文化大文本的解读,写作由此而显得面目斑斓起来。

从前的吴亮是个高谈阔论的家伙,他滔滔不绝口若悬河,一心关注形而上学的"结构"。他的书写是整体的。现在他醉心于生活细部纹饰,像个钻研古董的老头,拿着放大镜盯着明式家具角上的花纹,探寻究竟。他已经不在乎那个包罗万象的"结构"是否存在。摒弃了逻辑整一的长篇大论,他的文体变得非常的跳跃,非常的片断。他醉心于思想的过程,沉溺于从思想到文本之间那段语词操作的过程,以及那段书写过程激发的快感,也因此,吴亮书写的文体总能带给读者阅读的强大快感。

从80年代到90年代,吴亮的书写和文体的变化,令我想到那位叫做罗兰·巴尔特的法国人,他已经在我们之前经历了从结构主义到解构主义的蜕变过程。它显示了知识者的固有信念经过时代的震荡和颠覆后,精神图象的变迁。人们终于发现,曾经君临一切的语词,其力量其实是很脆弱的。于是，写作的庄严被置换，代之而起的是玩世不恭的写作态度，更加感性的写作方式。今天的写作，一方面更加趋于世俗的公众化，热衷于对公众世俗经验的言说，另一方面也更加具有了欲望"自慰"的意味。

80年代我曾经对一些朋友议论过，在写作中，吴亮是我们中间难得的、才华横溢和很难模仿的"天才"。时至今日值得庆幸的是，吴亮依然闪烁着思辩文体写作的天才光芒，依然是个漂亮的文体家。

但是，在90年代的吴亮这儿，尽管欲望和文体依然饱满，但是我们已经看不到他80年代那种一往无前的风采，冲决一切的勇敢气势，和一泻千里的青春激情。在批评了《曼哈顿的中国女人》和"批评的缺席"以后，他就不再愤怒。他无可怀疑地成熟了。他远离了青春期的骚动。80年代他一直是文学漩涡中心热情洋溢的参与者，如今原有的角色倾覆了，他开始充当各种社会场景的"观望者"、"观察者"。他开始"对年轻人说"，开始"为他们的未来悲哀"。他那么匆忙地便开始在他和更年轻的"他们"之间划出了"代沟"。

吴亮的书写是80年代到90年代中国知识分子书写演变的最具美感的切片。但是，令我颤栗不已的是，难道80年代的书写者，真的这么快就已成为一块"苍老的浮云"了么！

1996年12月

魏威其人其事

魏威在我的同学中属于精力特别充沛的一个。他读书多而快,且博闻强记。写起文章也像他的体魄一样,气特足,而且出手快,一个上午坐下来,洋洋洒洒,一口气能写出一篇像模像样的评论,才思就像自来水龙头一样,只要开就会有。他实在是个"号作手",然我羡慕得紧。他的字很流畅很漂亮,只是和他的体魄相反,秀气得很。

顾城给我们《一代人》写照:"黑夜给了我黑色的眼睛/我却用它寻找光明"。魏威看到过很黑很黑的夜,因而寻找光明的心也就十分渴切。除了工作需要,我想这也许是他终于放弃了心爱的俄罗斯文学专业而投身当代文学批评的主要缘故罢。在他的批评中熔铸了他自身的甘苦和对人生的看法。作为一个清醒冷静而又充满热情的评论家,他一直让自己的评论贴近生活,贴着时代,贴着文学创作的实践,见人所未见,发人所未发。比如,当不少人都在批评新时期文学没有贡献出关于"文革"题材黄钟大吕式的好作品,来让人们记住"文革"惨痛教训时,他就能够展开事实,将新时期文学和《阿Q正传》放在一起进行多向度的比较(《时代并没有停止它的历史性呼唤》)。我并不认为他的结论是石破天惊的,或者完全正确的,但是绝对是属于他自己的。他认为,新时期文学"对于国民性的抨击与鲁迅《阿Q正传》相距并非不可企及","所引起的理性思索并不比《阿Q正传》为少,因此,二者间不应作孰高孰低的简单类比。可惜的是,限于篇幅,而且他和我一样,有时候很懒,这样充满深刻性的论断居然没有展开长篇的论证,写成一篇科学性深刻性皆具的论文,实在有点可惜。他对于婚姻题材报告文学的随想,于部分农村改革题材中短篇小说中所展现的新时期农村婚姻道德观念变异的透视,对于现实主义心理描写艺术手段历史发展的轮廓勾勒,都体现出全局在胸的气度和高屋建瓴的气势。我觉得,评论其实是一种人格的表现。小家子气的人去作宏观研究是难免滑稽可笑的。评论方法应该和评论家的主题气质相协调。

魏威的宏观评论的份量并不依赖外壳的庞大吓人,而是建筑在作品微观分析的基础之上。这些年,他作品读得特别多,而且早在大学时代,我们就受到教古代文学作品的齐森华老师的影响,特别注重作品的艺术分析和艺术欣赏,我俩合作发表的第一篇文章就是柳宗元、欧阳修、苏东坡山水游记艺术特色的赏析。文章在名家如林的《名作欣赏》创刊号上的头条位置刊出,着实也在同学中引起了不小的反响。时过境迁,当时的喜悦已成为回忆,但对作品的微观把握却作为文学批评的基本手段保留了下来,而且他的枪法似乎操练得日见成熟,渐入佳境。但有时过熟则滑,以致我偶尔对轻车熟路的必要性也发生了怀疑,魏威写得太熟练了。他写过许多单篇佳作的评论,如《绝唱》《世界》《莽魂》《虚构》《神曲》等。在这些作品评论中,我们看见的魏威常常是写得得心应手、左右逢源。魏威在大学里一度专攻俄苏文学。俄罗斯草原风光和俄罗斯文学的古典气息培养了他相当正宗的艺术趣味,而且使他评论的句法结构、阐释的文风,带着一种独特汪洋恣肆大开大阖的华丽作风。但是,他不一般地排斥现代派文学。这种审美上的宽容度,便于他接受像波特《坟》这样的作品,也写出《〈百年孤独〉和八五年新时期小说》这样的有说服力的评论文章。

魏威不仅是个"作手",也是个"编手"(编辑)。作为一个读者和作者,我觉得,编辑魏威最大的特点是敢于"担肩胛"。记得《萌芽》举办《一九八五年小说发展笔谈》时,他为一位青年评论家组稿。但是文学界内部对八五年小说总体评价众说纷纭。那位评论家说:"我的稿子凶,你敢发吗?""你敢写我就敢发。只要言之有理。"结果果然来了篇火气很大,与时尚唱反调、但却言之有理的文章。他二话没说,看了一遍就送审,还居然发表了,也够神的。在他之前，《萌芽》的理论栏已经过两个编辑的手，可以说是各具特色了。特别是曾小逸办得相当出色，书卷气学术气甚浓，一时很受读者好评，确实给继任的魏威出了难题。现在的《萌芽》理论栏和小逸办的相比，书卷气虽然少了些，但现实性似乎更强，同样充满了生机和活力。我以为，这多少得力于魏威办事的利落魄力和组稿审稿的眼力。

有时候，我想想，人甚是复杂，比世界还复杂。记得大学快毕业的时候，大部分同学都不再住学校，宿舍里空荡荡的，给人一种人去楼空的凄清感。我们房间里时常只有我们两个人住。魏威通常是很理性的。有天晚上，他却谈到了未来，谈到了可能发生的一切，语气中充满了一股不可排遣的深深的忧伤。那是出自于一种心路历程过于艰难坎坷的情不自禁的呻吟。就那一次，他的话一字一字震颤着我的灵魂。我心里很为他难过，不断地劝慰着他。如今想想，那人生的一晚曾有着怎样的诗性啊！有时候回校，我真想趱回宿舍，再伸手去敲那房门，看看有没有回到昨天的可能。我们现在难得见面，而且都是公共场合，免不了你擂我一拳，我捅你一下，哇噻地打个招呼。偶尔谈到的心里话，就是写文章时的异化感：常常写腻了，见了稿子就心里厌恶。可是，我们都还在写。我们都不能不写。我们用写来充实自己的生命，尽管有时候写使我们空虚。

1988 年 12 月 25 日

坚如磐石的挚爱
蒋星煜和他的戏曲研究

蒋星煜先生是我非常敬重的学术前辈。他是现当代中国古典戏曲研究的一代大家。蒋先生的学问博大精深、学贯古今，著作等身。其著作总篇幅达 1800 万字。他是上海文化真正具有标志性的代表人物。

我很年轻时就已经知道蒋先生的大名。1965 年 11 月上海《文汇报》发表了《评新编历史剧"海瑞罢官"》。其时我在就读的杨浦中学担任学校《语文园地》的主编。作为一个中学生，我们并不知道文章背后隐藏的巨大政治风浪，为此组织了几次关于清官的讨论。在讨论中，我读到了《海瑞的故事》，第一次听到蒋星煜的名字。故事写得流畅生动，深入浅出，历史真实和小说笔法摇曳生姿，特别是海瑞的人格让我很受震动。当时收到的投稿中，有同学说，清官比贪官还坏，因为清官更有欺骗性。我就很纳闷，贪官赤裸裸地盘剥欺压百姓，怎么比蒋先生笔下的清官海瑞好呢？我喜欢独自想问题、深究问题的习惯，也就是在那个时候逐渐培养起来的。上大学时，我的老师齐森华教授是专攻中国古代曲论的专家，在他口里时常挂着"蒋星煜"先生三个字。他读古典文学的时候讲到《西厢记》，讲到中国戏曲，也讲到蒋先生对于《西厢记》的研究。1986年全国青年评论家云集海南，我们参观海瑞纪念馆，没想到其中一间就陈列着好几本蒋先生写海瑞写魏征的著作。印象中还有已经发黄了的《解放日报》。没想到远在天涯海角都可以感受到蒋先生对一个时代如此巨大深刻的影响。可以说，蒋先生是我慕名已久的专家学者。而且，他后来也是我曾经就读的华东师范大学的客座教授。1989年我到上海作协担任负责业务的副秘书长。他有时来作协办公室，会到我这儿坐坐。他还曾经就一些学术问题、戏曲研究的问题写信赐教我。

1997年我就任上海艺术研究所所长，有幸与蒋先生共事。蒋先生是研究所最为资深的研究员，是学术上的大家，又是我的前辈，所以，我非常尊重他的学问和人格。蒋先生为学严谨，但为人谦和，从不居高临下盛气凌人。相反，他非常的客气，时有幽默隽永之言。日常生活中不时有些小趣味、小幽默，非常热爱生活，就是一个慈眉善目的老人。我非常乐意和他交往，从他那儿既得到了学问上的长进，又得到了自己人格上的修炼。我没有什么其他本事，但我知道自己的不足，就广种博收，接近了、学习了很多老一辈学人。虽然没有得到真传，只是得到了一些皮毛，然而，就是这些皮毛就管了我一辈子，让我变成了今天的"我"。尤为难得是，蒋先生还非常的狷介耿直，有正义感。我在所里工作遇到不少困难，蒋先生不遗余力不避风险，给了我极大的支持和帮助，让我感到了前辈学人的赤诚和温暖。对蒋先生，我是非常感恩戴德的，不仅敬重他的学问，也敬重他的人品。1999年，蒋先生八十大寿。我在上海市文广局创作中心任主任，以中心的名义为蒋先生举办了一个全市性的"蒋星煜先生学术创作活动座谈会"。我的老师齐森华和许多学者都参加了。会上，上海学术界对蒋先生的学术做了高度的评价。

他们这代学人一生跟随着一个大时代不断地颠簸，那个时代也确实风云变幻无定，人生也大起大落。但是不管风云变幻也好，不管大起大落也好，他始终没有动摇过学术信念，总是在默默地做着自己钟爱的学问。就像我的导师徐中玉先生那样，即使被打成右派，仍一字一句地在抄写着古代文论的卡片。用学术的灯火，照亮着自己暗淡的人生。就像孔子赞扬那个忠诚的弟子颜回一样"一箪食，一瓢饮，在陋巷，人不堪其忧，回也不改其乐"。他一辈子没有改变过他对于中国戏曲，对于中国文化的那种坚如磐石的挚爱。因为有了这种挚爱，他才能在中国文化研究、中国戏曲研究上做出那么多令人叹为观止的巨大贡献。可以说，他的卓越贡献和王国维、吴梅、赵景深、任二北、王季思诸位前贤从各自的起点共同推动了中国戏曲研究学科的繁荣和深入，是当之无愧屈指可数的大家、大师级人物。特别是在《西厢记》研究的领域里，他在前贤的基础上，进行了集大成的综合研究，做出了无与伦比的贡献。他的研究有《西厢记》浩瀚的广如烟海的资料的汇集整理辨识，有对《西厢记》附带的那些插图的收集研究，有对《西厢记》的艺术结构、艺术刻画、艺术欣赏深入研究，正是这些比较微观的研究，让我们领会到了这部经典在思想上崇尚个性、反封建的价值，艺术上刻画人物的高度的生动性，语言的诗意、凝练和精湛。有对《西厢记》产生时代、文化背景的研究，对中国戏曲中国文化影响的研究，和中外戏曲名著的比较研究。这种以宏观的眼光把《西厢记》放在中国戏曲史的历史发展的长河当中来加以观照，则让我们看出了《西厢记》在中国戏剧史上影响深远的不朽而独特的价值。他的《西厢记》研究具有广泛的宽度，既有极其尖端的精英式的研究，也有极其大众的普及化的推介，对《西厢记》作为中国传统戏曲的经典著作的升华、普及都起了极大的推动作用。因为他的普及使我这样的戏曲白丁和后人能够登堂入室去理解体会《西厢记》的艺术价值。

尤其是他在版本研究上的深湛功力使《西厢记》的版本源流得到了非常清晰的历时性梳理。特别是对于明版本，自万历年始，多达六十余种。他前后三十年，即使"文革"家破人亡，仍然念念不忘，达到了前所未有的高度，至今无出其右。他的《明刊本西厢记研究》与《西厢记的文献学研究》分别于1984年、1999年获中国剧协戏剧理论著作奖与国家文化部文化艺术优秀成果奖。100篇论文，七部专著，构成了他《西厢记》研究一览众山小、蔚为壮观的历史高度和气势。因为他几十年如一日的不懈努力，《西厢记》在今天这一时代焕发了一种全新的时代的光彩。诚如刘厚生先生所言，"蒋先生在《西厢记》上的成就，必将载入史册"。历代《西厢记》研究如九曲黄河，到了蒋先生这里，画上了一个美丽的句号。如果我们今后再研究的话，可能要另起一行了。

当然，蒋先生的学问远远不止一部《西厢记》。他以《西厢记》为起点，扩展到《桃花扇》，再到中国戏曲史，最后再到中国文化史，蒋星煜先生触类旁通，从微观到宏观，都有非常卓越的建树。我们从中可以看到一个终身从事学问研究的人能够做出多么巨大的文化贡献。他是我们这个时代当之无愧的中国戏曲、中国文化研究的一代大家。

蒋先生治学成功在于他有系统论的方法。什么叫系统论？由点带面，层次井然有序，不断递进、扩展，既能大中见小，也能小中见大。这就是治学方法的系统论。学问不是毕其功于一役的事，来不得半点急功近利的浮躁和焦虑。正是这种系统性，让他的学问厚重。他的文章富有书卷气，又有对社会生活的关注，包括对上海文艺创作具体作品的评价指导，在细节上、表达上幽默而富有情趣。他让我们认识到，学问并非枯燥乏味、高高在上的，可以有它的灵动性。

蒋先生还有一条是非常值得我们关注的，就是蒋先生的学术研究和我们有的学术研究不一样。有的学者就像天上流星"唰"得闪亮一下，好，过去了。蒋先生的研究从二十多岁开始，贯穿了他七十多年漫长的人生，没有中断过。所以他生命力的旺盛，学术研究的这种持续不断燃烧到生命终点的热情，也是我们学术界少有的。21世纪以来，蒋先生仍笔耕不辍，著述丰硕，有十多种著述面世，直至96岁临终前还出版了两本著作。在晚年他又做了上下两本关于整个戏曲史拾遗补缺的纠错研究。以自己旺盛喷薄的学术创造力谱写了中国乃至世界文化史上极为罕见的生命奇观。由此可见，一个做学问的人，他的生命力可以有多么的顽强！

研究《西厢记》，研究中国戏曲，包括西方的汉学界，一定是没有办法绕开蒋先生这样一个庞然大物，因为他就是竖在所有中国戏曲研究者门前的一块里程碑。

中国戏曲研究正处于一个生机勃勃的特殊转型的时期。蒋星煜先生作为一代大家，就像北斗七星当中的一颗星一样永远指引着我们研究,特别是戏曲研究和文化研究的方向。蒋星煜先生人虽然离开了,但是他的学术成果,他的这些著作,包括他去世以后出版的全集,是他一生留给中国学术界、中国戏曲界的一份极其沉甸甸的文化遗产、学术遗产。对上海艺术研究所的后人,对于戏曲研究界的后人来说,我们就有了踩着巨人肩膀继续往前走,继续探索学术高峰、戏曲研究高峰的可能。我也希望我们年轻学者能够学习蒋先生的治学精神,特别是在我们强调文化自信的当下,能够像蒋先生一样对中国民族文化充满着一种自信、自豪、自强,把中国文化的建设、推介提到一个新的高度,使中国文化能够真正能够产生一些世界性的影响。而且,进入21世纪以来,长期被西方学术界垄断的思想和学术领域确实需要中国的学人发出新的声音,沿着蒋先生,沿着前辈学人所开辟的学术道路为中国的学术,为人类的学术,为中国的思想,为人类的思想,为我们生活的这个时代提供新的精神和思想资源。

2018年4月30日

人生的长笛
记罗其华

你坐在我旁边,隔着一张小小的茶几,不紧不慢地说着话,带着不加修饰但决不火爆的微笑。我们谈文学。那是没有火气和烦躁的交流,是春日田野里一次语言的散步,就像此刻手里捧的那杯绿茶,晶莹清澈,微绿,绿得透明可爱,漾着些许暖意。你是一个来自大洋彼岸的生意人,硕士专业是广告和市场,此刻是美国一家大房地产公司在上海的总代理,筹划开拓着整个东亚的业务,自己还开了一间国际贸易公司,成功的生意人,有足够的资本像曼哈顿的中国女人,沾沾自喜地在还不富裕的国人面前夸耀,像老葛朗台把装满金币的袋子放在耳边,摇得叮当有声一样的陶然自得。

原以为,会在你谈吐的字里行间谈到花花绿绿令人目迷的广告,或者种种关于物欲和拜金的现代神话。然而,什么也没有,你只是给了我两本书,你自己写的书,小说,英文原版《钟爱理的故事》和中文翻译版《融入美国》。其实是一本书。这是一本写得很充实、很真实、很节俭、很节制的小说，充满了华人在美国时时处处可遇的波澜不惊的小事和细节。正因着你的特别平静的叙述，细节小事蕴蓄着无声处听惊雷的惊心动魄。你轮番用沉重和幽默两种笔调，交叉地呈示着一个华人在美国的两段人生：求学与就职。前者展现了华人既要适应美国文化，又要在文化失衡中努力维持自身尊严的艰苦心路历程。后者透视了"美国梦"的另一面，大公司运作中的种种无聊荒唐和滑稽。

20年前，当年这个来自台湾的青年语言不通，举目无亲，孑然一人站在美国的门口，该是怎样的一种苍凉和茫然。从读过 over 和 there，却不理解"over there"是什么，到今天用非母语的美式英语写作，这无疑是你对自我能力的挑战，令我感兴趣的是，当这里的人们终于发现文学不能给他们带来种种世俗的实惠而抛弃文学的时候，大洋彼岸一个白领生意人的这种自我挑战，意味着什么？是呵，在那些有星和无星的夜晚，拖着疲惫之身坐在理查兰学院进修"创意性写作"课程；商场奔波的机场、码头，瞒着妻子，两年写作四度增删……所有这一切又为的是什么？

早在台大读书时，你就是全台湾第一名出色的长笛手。我喜欢长笛，它不是交响乐队的主体，但它的音色透明清丽，在繁弦急管气势宏大的交响乐中，它是初春的阳光、雪山的泉水，不经意的飘然而来袅袅动听，平添了一种色彩。文学和艺术，在人生的交响乐中也只是一支增添色彩的银色长笛。一种如梦似幻充满着慰藉和温馨的色彩。但是，人在现实的挤压和重负下怎么能没有梦呢？踽踽独行，漫漫孤旅，天涯客怎么能不拥有梦呢？梦也是一种希望。写作和艺术，是一种创造梦和希望的事业。梦是人生必不可少的色彩。

"写作充实我的生命，否则人生短短数十年又有什么意义。"你说得很对也很好。作家罗其华，我真心期待着你的第二部长篇的问世。你告诉我，那故事将发生在上海。我想，你会写得更熟练，我会读得更亲切。你我会有更好的沟通，即使商业社会也总会有不绝如缕的笛声。

他是一块烧尽的煤
为老友沈善增写一些话

老朋友沈善增去世后,我心里很纠结。总想写几句缅怀的话,但这几年不断有故友谢世,也不时有怀念的约稿,写多了,心情未免寂寞沮丧。原定后天出席善增的追思会,但人在外地。只有战胜自己的纠结,写。看来,写与不写,也是宿命。

那天清晨我正在日本东京上智大学看樱花。那是一个僻静的去处。樱花开得和赏樱的名胜之地上野、目黑川、千鸟渊差不多,也是密密麻麻压满了枝头,就是人少。也是那么巧,一阵不大的风吹来,像洗过一样蓝得明净晴朗的天空下,有樱花,细细的,雪花般纷纷扬扬地飘落下来。我真有点感慨,来时还在那么尽情地绽放,没几天,碾落成泥了。几乎同时接到上海年轻朋友发来的微信,告知了善增去世的噩耗,不觉一阵悲凉拢上了心头。

算来我们相识已经要四十年了。我不知道,四十年对于人的生命来说意味着什么,漫长还是短促?

1983年《上海文学》小说创作座谈会

我喜欢收藏旧物。在很多人眼里一文不值的东西,常常在我手边一放就是几十年,都是陈芝麻烂谷子。我的影集里珍藏着一张彩色老照片,虽不见光,色彩也已褪得有点棕色了。据作协老领导张军回忆,那是1980年上海作协领导、《上海文学》编辑部和出席小说创作座谈会青年作家的合影。但在照片后尚依稀可辨的是"一九八三年"。那时别说拍彩色照片,就连拍黑白照片,都是一件极为隆重的事。照片的第一排中间坐着作协党组书记钟望阳和《红日》作者吴强,旁边是《上海文学》的老编辑李子云、张军、彭新琪,最右边角上坐着程乃珊、王小鹰,后面两排站着中青年作家朱敏慎、边振遐、赵长天、宗福先、陈村、彭瑞高、王唯铭、曹冠龙、孙颙、薛海翔，评论家有许子东、程德培、蔡翔和我。沈善增站在第二排最右边，几乎清一色的中山装。后面的作协小楼那时还没有披上现在碧绿茂密的爬山虎，干净利落地站在大家身后。那时，文学是一面旗帜，在时代的前沿迎风招展，是思想解放的号角，是席卷大地的滚滚洪流。我和善增一起搭上"文学号"的巨轮，起锚远航。我们谁也不知道，航程中的风急浪高，不知道远方的港口有多大，我们只知道，出发，启航！这是一支喊着"青春万岁"前进的文学青年近卫军。由此，也正式开启了我们将近四十年的友谊和交往。

1985年7月，首届上海文学作品奖评委与获奖作家、评论家合影

第二张也是彩照。在作协大厅门口。阳光真好。据报告文学家罗达成回忆是1985年7月首届上海文学作品奖评委和获奖作者的合影。为了文学事业的未来，获奖的都是当时刚在文坛露面的青年作者。第一排女作家们已经有点花枝招展了。第二排的九位评委都是德高望重的老作家，其中有"五四"时代的小说家许杰先生、左联时代的剧作家于伶、九叶派诗人辛笛、翻译家包文棣，如今都已谢世了。左边的王安忆一袭黑色的连衣裙，沈善增站在她后边。那两次，我都躬逢其盛。后来作协组织获奖作者去千岛湖，坐的是春秋旅游社的车，一车年轻人，一路的欢声笑语。

首届上海文学奖获奖作家在千岛湖岛上休息

7月的千岛湖，烈日炎炎。大家满头大汗，口渴得厉害。沈善增人胖，自然热得最厉害。后来他在一个小岛的树荫里发现了一口井。大家站在井前，喝水、擦汗。沈善增穿着汗背心，双手叉腰，乐呵呵地看着大家的狼狈相。在那里我们用黑白胶片留下了这个难忘的瞬间。我们这代人是在文学前辈的呵护、引导下成长起来的。前辈们像鲁迅先生那样，托起十年禁锢的沉重的文化闸门，让我们奔向未来。后来每有风雨，他们都会站出来说话，保护中青年作家。在路上，沈善增萌发了办青年作家学习班的想法，不久，就办起了青创会。

沈善增是我在这个世界上见过的最为热心的人。他就像一块煤，燃烧自己，给别人带来光和热。他一个个亲自登门请老师，我也去讲过课。他对青创会的学员比对自己的孩子还要费心。其实有的学员比他小不了几岁。他像小学老师批改作业那样，在学员交来的每一篇作品上都留下了他密密麻麻的修改字迹。那时刊物非常少，发表作品非常难。沈善增为了学员作品的发表费尽苦心，到处托人、找关系。我还记得1986年底，天寒地冻，他拿着厚厚的一摞稿子上我家，激动地得一篇篇翻过去，有王唯铭、郑树宗的《夏日最后的喧嚣》，曹志诠的《太阳三部曲》，程小莹的《合同工》和殷慧芬的《衣飘飘兮袂举》。然后他非常严肃郑重地对我说，"毛时安，侬看一看，我已经和《红岩》杂志讲好了，伊拉要用格。侬写篇评论，要写得好一点。"一副不容置疑的神情。然后他就像督军用枪顶着我催稿，直到我1987年1月16日写完那篇《城市．人．文学》才放手。办班中他自己发现阮海彪写他在血友病中奋斗生活的习作后，立刻放下自己手头正在写的长篇小说《正常人》，和阮海彪一起讨论，逐字逐句地帮海彪修改，先介绍给《收获》，先于自己的《正常人》发在1987年2月号上。同时推荐作家出版社，列入当时最高规格的《当代小说文库》丛书，同年12月出版，还邀请我们都参加了这部长篇的研讨会。

那时我住在鞍山新村，沈善增住在天宝西路，都年轻着，走走大约也要半个来小时。他时常到我这儿来。我们无话不谈。我在作协工作，他会给我许多提醒、建议。炎热的夏夜，天气闷热，满天星斗，明月高高地挂在头上，我们就拿着两个小板凳坐在楼下，穿着白色的汗衫背心，"啪嗒啪嗒"地打着芭蕉扇，聊天，谈文学。他对小说有许多自己独特的想法，写出来的《正常人》就完全不同于传统套路。他的短篇小说《黄皮果》把惨痛的人生和自己的阿爷，写得隽永、幽默而冷峻。我在《文汇报》为他写了评论，称他开启了"新笔记体"小说的体裁，后来被其他评论家广泛认可。后来我们都搬了家，离得很远很远，年纪也一点一点大了，走动少了，就一直通电话。

后来沈善增去练了气功。开始是和市工人文化宫老领

作家沈善增

导吕宁,据说会开天眼。他和吕宁合作,一个看病灶,一个发功医病灶。凡是朋友有病,他都会发功。他热衷于治病救人,热心到无法阻挡。有时会他无法脱身,就在电话里发功。

自己身体实在也不好的时候,他还是会想到别人,就远距离发功。后来他去研究中国传统文化,有一部部鸿篇巨制的文字。再后来,他提倡"崇德说",成了网络大V。他不但要治人肉体的病,而且要治国人灵魂的病。他不断地给我发邮件,都是国学、国事,都是头等大事。有次他发给我看他写的《习近平核心思想体系》的文章,一副菩萨心肠。直到自己几乎视力失明,他还用毛豆样大的字在坚持、传播自己的思考。每想到此,我心里都有说不出的悲哀。我们都是平民出生,都希望国家太平人民安康。心是相通的。1987年《正常人》在《收获》创刊三十周年纪念号刊出。他在扉页上题字："你中有我 我中有你 —— 赠时安兄 八七年十二月三日"，可见我们的心心相印。但我仍不知道他何以热心至此！不惜如此燃烧自己！甚至为此，疏远了一些朋友。长天在世时和我说起沈善增，也常常不免叹息。我对他儿子说，你爸爸是党外布尔什维克，比共产党员还要党员。我说的是真心话。

得知他生病，我去年3月11日去第十人民医院去看他。他妻子小秦在。阮海彪也在。多年不见，我已经有点认不出海彪了。善增躺在病床上，脸色晦暗，大口地喘着气，说话的力气也没有。看见我，他要欠起身子打招呼，我赶紧止住了他。小秦告诉我，他不肯吃药、看医生、住院。我对他说，气功练身体，看病找医生，关键听老婆。他点了点头。看着几十年的老朋友病成这样，我心里很难过。出了医院，我马上给甘露打电话，报告了他的病情。后来，甘露和马文运专程去探望他。小秦在电话里激动地告诉了我。

沈善增出院后，我一直打电话问候，都说还蛮好的。谁知这么快就……一块煤就这样烧尽了。我想起年轻时读夸父逐日，死后身躯化作桃林。善增身后开出了上海文坛云锦般灿烂的鲜花。

3月31日，大殓在龙华，我心急火燎，出了地铁，走很长一段路，走得额头、背脊冒汗，却走到了西宝兴路……

这次沈善增的追思会我不能出席,但我一定要写下几句话。心事浩茫连广宇,于沈善增的追思会无声处听惊雷。惊心动魄的人生和时代,都是在无声之处一一打开画面的。

沈善增人胖,且喜食肉。我和赵长天等一干朋友当面背后都叫他"大块头",而且他块头越来越大。现在让我远远地最后再叫你一声,大块头!

         2019年4月7日清晨匆匆于郑州

时代疾风中的白桦

悼白桦

画家赵抗卫画《白桦像》

在我的记忆中，白桦永远是英俊潇洒的，永远像一个想像中的真正的诗人那样带着深沉的大地天空一般的情怀。虽然我真正和他交往时他已经五十上下了，但他依然那么风度翩翩，咖啡色的西装佩戴着一条浅蓝灰的条纹领带。满头银发就像他度过年轻时代的大理雪山，在蓝天下像诗那样修饰得体的微微起伏。在我心中，他就是青春的代名词，哪怕青春已然远去。今晨得到他去世消息，我愣了很长时间，久久不愿相信。黑色的死神怎么能战胜蓬勃的青春！清晨，我发出了第一条微信，多年的老友，一代才子，诗人、剧作家、小说家白桦，今日凌晨二点十五分驾鹤西去。永远记得他当年的风流倜傥。一路走好，时代疾风中的一株白桦。

是的，他是我们这个时代在疾风中坚守着诗人情怀的那棵挺拔的白桦树。

白桦是个才子型的作家。他才华横溢，纵横于诗歌、小说、散文和电影戏剧剧本各个文学创作领域，而且都有非凡的成就。和他一起在昆明军区工作过的诗人公刘告诉我，当年轰动一时的电影《山间铃响马帮来》的剧本，从起笔到完稿，一气呵成，前后只花了四五天时间。言谈间，对战友倚马可待的才情羡慕溢于言表。他写来的稿子也都是如江河一般自然流畅。但我以为，白桦虽然是优秀的杰出的小说家、散文家、剧作家，但本质上是诗人。诗的抒情、浪漫、优美，贯穿了他的所有叙事作品。长篇小说《远方有个女儿国》全篇就像泸沽湖上弥漫的雾气和掠过的轻风。他写淮海战争的战场，司令员问小战士，将来我们的国家会是什么样子呢？小战士回答，那时候我们的国家就像诗一样美……是那些牺牲的年轻战士明亮的眼睛里闪烁着的《今夜星光灿烂》。他总是用诗的内在的情感力量让你心潮涌动激情澎湃。甚至他的为人和生活本身也是诗。印象中白桦的声音并不高亢激昂，相反低沉而富于磁性。他谈吐儒雅，极有教养。即使日常生活中和你交谈，也像吟诗那样，字斟句酌，娓娓动听，像一条潺潺的小溪宁静而舒坦地从你眼前流过。他是一个非常有魅力的诗人，他有时像孩子一样天真，有时像思想家一样深沉。他有时很清高，对那些人格上不屑一顾的人。他有时很随和，对于他觉得志同道合的朋友，他是非常乐意敞开心怀，毫无保留地向你倾诉内心真实的。而他有时候如火山一样奔涌的激情，又使我想到盛唐诗人的风采。白桦和你交谈，眼睛里总闪烁着好像在深层思索又好像灵魂在远方的扑朔迷离的光。

因为他的清高，他的岁月，有时很寂寞。在他寂寞的日子里，我常去他家。他家在上海繁华的江宁路上的大楼里。对面是赫赫有名的美琪大戏院。大楼里还住着大导演谢晋、电影评论家梅朵。我也去过。白桦出名早，家里挂着不少名家的字和画。记忆深的是黄永玉。因为《苦恋》遭批，他的评论少。我倒不避讳，先后给他的电视纪录片、中篇小说、《远方有个女儿国》写过三篇评论。我在《上海文论》工作时还曾为他举办过研讨会。后来我到文化系统工作，有时会给他送票请他到美琪看戏。岁月不居，就这样淡淡地过去了。2015年10月上海国际艺术节我为白桦戏剧《吴王金戈越王剑》举办研讨会，听到一点冷言冷语。我理直气壮对着与会者说，上海国际艺术节剧目都是经过文化部批准的，怎么会有问题！当时，我看到白桦脸上浮起的淡淡的笑容。

白桦是个风流倜傥的美男子。早在上世纪50年代社会风气极其简朴的年代，他就与众不同。他是军人，却很少穿军装，身着一件白衬衫，下配熨得笔挺的白色西裤，穿着白色的尖头皮鞋骑一辆白色的摩托车去上班。在今天小青年的眼里，是帅呆了，酷毙了，再加上他的才华横溢。他们那代人深受俄罗斯文学的影响。白桦的笔名就来自俄罗斯文学。白桦身上有一种俄罗斯文学独有的忧郁的激情，实在是非常有魅力的。这里我不得不说到他的太太，电影演员王蓓，美得纯净、娴雅而沉稳。那是一种毫不张扬的让人宽心的美。很难想像，没有王蓓不离不弃无怨无悔的相伴，白桦如何能够扛过那么多的苦难。她在白桦面前有时候像妹妹，带着点女性的柔弱，小鸟依人的感觉。有时候又像姐姐，会给大孩子般的白桦提醒、照顾，帮他披一件外套大衣什么的。她时常使我想起十二月党人那些坚贞追随丈夫的妻子们，而她脸上似乎永远带着浅浅淡淡的温馨的笑。她是在漫天风雪中始终支撑着白桦精神世界的那棵在灵魂中屹立的白桦，直到晚年依然如此。

他们这代人大抵都和自己脚下的土地，和自己的祖国经历过不少坎坷、苦难。作为诗人，白桦深深地挚爱着"中国语言文字的美丽"，以母语写作为一生的神圣使命。而且，内心深处流淌着中国诗歌生生不息的对于自己祖国的炽热的血液。千回百折千难万险，始终不变的是诗人的那颗赤忱的心。就如他自我表白的那样，"我是一个早熟的恋人，由于对她的爱，我的生命才充满力量和希望；由于对她的爱，才命运多舛，痛苦不堪；但我永远天真烂漫地爱她，因为我是那样具体地了解她，因为她是我的母亲——我们的祖国！"

由此，我又想到了在北大荒冰天雪地中不期而遇的那些风雪中伫立的白桦树，他们总是那么深情而坚定地守望着自己脚下的那片大地。

2019 年 1 月 15 日

一介平民一代宗师
怀念贺友直

贺友直先生去世已经有几天了,我依然无言、无眠、心痛,往事历历,宛在眼前。

那天结束抢救后,相守六十载的贺师母久久握着先生的手,嘴里不断地在呢喃:多少好的一双手、多少好的一双手……然后颤抖着,抽噎着,在先生的手背上轻轻地摩挲。我曾经无数次握过的这双手,却从来没有注意过。前半辈子在社会底层闯荡的苦已经在这双手上消失,留下的只是捏管岁月的痕迹。此刻在灯光下,它们白皙、宁静,甚至有点像笔管那样纤细。这双一辈子捏着一杆毛笔在一方稿纸上构建了一个大千世界的手,一双用小人书抚育了我们这代艺术家的手,一双用小人书养家糊口,几乎一辈子没离开过笔墨砚台的手啊。

今年过年,我曾经想请老夫子和画家朋友来我家聚聚。考虑到夫子年事已高,终于作罢。女婿和他的朋友,是铁杆的"贺迷"。终于与夫子相约周一去看他。电话里,他还

"welcome",挂电话时和你"goodbye"。宁波英文是夫子说话的"标配"。他时常会在宁波话里抖落几句洋文,轻快一下。周一十点半我们按时到巨鹿路夫子的寓所。我在巨鹿路工作多年。这些年,这条原本僻静很少车辆的马路街道,已经热闹得有点面貌全非了。只是拐进弄堂一切依然如故。695 号依然像两条河中的孤岛,夹在两条弄堂口的中间。楼梯依然陡而窄,踩上楼梯依然吱吱嘎嘎地响。

连环画家贺友直生前最后一幅照片
作者摄于 2016 年 3 月 14 日上午

夫子的桌上已经备了茶具：白色的保暖瓶、紫砂壶、透明的盛茶的玻璃壶，还有待客的上了点年头的景德镇斗彩小茶碗，看得出是一早就给我们准备好了的。夫子为人豁达，但也有极细之处。特别是待人接物和有些不经意的小细节。有会他送书给我，我亲眼看他一丝不苟地用牛皮纸把书包得底角四方，有棱有角。使我想起小时候三阳泰南货店小伙计包的山货和桂圆。看到多来了一个客人，夫子又走到画桌边，从旁边拿出一只青瓷小茶碗，仔细地用清水洗了，擦干净，端了过来。生怕闪失，我一步不离。夫子把保暖瓶里的水倒进紫砂壶，泡的是普洱，然后又倒进玻璃壶，再用玻璃壶给我们一杯一杯地斟茶。我赶紧挡住他，他一脸正经地用普通话喝道，不行，这是我的家！声音不大，却有无可争辩的威严，很有点冷面滑稽的味道。他一贯如此。一高兴，那些来自街头巷尾的幽默就情不自禁地蹦出来。用他自己的话说，老汉喜欢"人来疯"。但这次他的"人来疯"一闪而过。夫子给我们倒茶，身板笔挺，手一点不抖。如许年纪，手不抖，一直是他非常引以为自豪的事。夫子画线描，因为这"不抖"，他几乎画到终生。他晚年的线条虽然力量弱了点，但依然挺拔自如。这是夫子的功夫。我每次见夫子，他都像个老顽童，一派老于世故的烂漫率真，但那天情绪明显低落。讲话的声音没有了从前"哇啦哇啦"的底气。几次三番地说自己，"差勿多了，看得到头了，两边肋排骨痛,我画勿动了,勿想画了,脑筋动勿出了。连天天一杯,几乎喝了一辈子的小老酒,也不喝了。"我就不断地哄孩子似的哄他逗他宽慰他。我女婿也在一旁安慰他,说神经痛,没关系的。大家都说,会好的,会好的。总算把他的情绪调整过来。他告诉我们,"五月份家乡宁波开画展,邀谢春彦、郑辛邀和我一起去。好不容易去,到时候,再去奉化兜一趟。"席间,谈到当下的连环画,他一方面高兴,看到还有年轻人喜欢连环画,但更多的是担忧。这个把一辈子献给连环画,把连环画视作生命的老人对创作质量的低下,连连摇头。他说了很多、很多。我趁机用手机给他拍照。留下了也许是他在人间的最后一张照片。照片里,夫子依然精神矍铄,眼睛依然又黑又亮地发着光。夫子的眼睛特别活跃丰富,既有上海老市民阅尽人世的一丝狡黠又有着孩子般的天真活泼。很迷人。他的自画像里,一对眼珠透过鼻梁上的老花镜,斜视着你,令人过目不忘。我说,我住得太远了,不然,我会常来陪你说说话。等天好点,我陪你到襄阳公园走走,散散步。人老了,会很寂寞,总要人和他说说话的。我们就这样有一搭没一搭的,一直说到午饭光景。怕他太累,我们起身告辞。再三阻拦无效,夫子执意送我们房门口。突然对我女婿说了一句,"狄次我们算诀别了。"我赶紧回身去捂他的嘴。我说,"老伯伯,勿作兴格,再讲要掌嘴了。"下了楼梯,回头看看,夫子还像棵老树那样一动不动地站在那里挥手……走出老房子,满大街的耀眼阳光和行人。

夫子五岁失母。年纪轻轻就一个人在社会底层闯荡,却很少见他愁眉苦脸的样子。他通达乐观本色。在一个有些画家大敛其财的时代,夫子有次一脸得意地悄悄告诉我们,我(存款)六位数了,三十万。他就是会这样自得其乐。2014年9月我去拜访他,他说做人就两个字——"明白",反反复复和我说"明白"二字,这些日子很多回忆文章里都有。可见他和不少人说过。夫子说话,从来精炼、精到、精彩,一语中的,明快爽气,毫不拖泥带水。那天我看他,送了我刚出版的美术评论集《敲门者》,在上面提了字,"献给我心目中真正的艺术大师贺友直先生并师母,恭祝健康长寿。晚辈冒牌学生毛时安"。油画家俞晓夫和我一度打算拜师老夫子,终未行动,故有冒牌学生之说。这年头"大师""巨匠"满天飞,但贺老夫子从不自称大师、巨匠。人们这么叫他,他也连连摆手,说自己是一个画小人书的"画匠",是靠一支笔吃饭的"画匠"。他从不自我标榜。面对巨大的诱惑,面对房产商要"送"他的马路对面的豪宅,他不为所动依然的白描,依然的连环画。他说自己不是清高,也动过心,只是没本事乱画,也从不故作高深。比如百乐门的舞女,他就说他不会画,不知道她们的生活和想法。我是一个不才的人,但也知道一些高下。活着,能让我心服口服的大师并不是很多。贺老夫子是一个。

他是一个平民艺术家。他不是"老克勒"。

2016年3月14日拜访
贺友直赠拙著《敲门者》

贺友直先生去世后书桌，
用拙著《敲门者》压着未写完的文章

他画平头百姓、升斗小民的生活，充满了人间的烟火气。什么油盐酱醋柴，大饼油条脆麻花、卖花姑娘南货店小伙计，卖布的、收旧货、拉车的、剃头的，挤在一堆看西洋镜的大人小孩，一个个鲜龙活跳，他自己也浑身是劲。在这方面，他是一个天才，一个奇迹。他功力深湛，善于观察生活，博闻强记，加上顶尖的灵敏嗅觉、令人惊讶的记忆能力，和近乎天生的一贯的来自中国社会底层文化土壤的幽默感，情趣盎然地展现了上海这座城市平民社会的世俗人情，入木三分地表达了普通小人物卑微而温暖的精神诉求。夫子自谓，自己画画的六字要诀"记得牢，搭得拢"。记得牢，他对生活细节有一种过目不忘，像他每日必"咪老酒"一样的沉醉迷恋。搭得拢，能把细节组合成一个充满感性的艺术整体。就这样，他为生活在这个天翻地覆大时代的平凡的上海人和普通的中国人，树起了一座永不磨灭的精神肖像。读夫子晚年画的《小街世象.上海风情》《申江风情录》《老上海360行》《自说自画》，能让所有在上海生活的人，在不知不觉中心为之发软，回到那些已经泛黄而永远回不来的岁月中去。现在有人很推崇贵族。我一直有点不以为然。做平民丢脸吗，有什么不好呢？巴尔扎克笔下那些巴黎的没落贵族又有什么好呢？日落日出，春花秋月。五十年身居自称"一室四厅"的三十平米的一间老房子，早晚咪两杯绍兴老酒，杯中的乾坤照样很大的。他说，热酒伤肺，冷酒伤肝，勿喝伤心。有时想超标多喝一杯，还有老妻管着。其实，只要人做好，没什么贵族平民之分的。人，本来就没有贵贱之分的。我不理解，有些喜欢讲民主平等的朋友，一讲到具体的人格，就提倡什么贵族精神。

线条，是中国绘画区别于西方绘画最本质的东西。线描是中国传统绘画最基本也是最有独特表现力的造型手段。在几千年的中国绘画长河里，波澜壮阔，高峰叠起。顾恺之、吴道子、李公麟、陈老莲、任伯年……而且被提炼成法度森严的程式，如《绘事指蒙》总结概括的"十八描"。吴带当风，曹衣出水，形容的就是白描线条的魅力。多么富于诗意和想象力！但白描毕竟是来自中国传统小农社会的艺术语言，和当代生活有点绝缘。它需要有人终生地侍奉它，把它转换为活的有生命力的艺术语言。贺老夫子的贡献在于，他在巴掌大的空间里居然用白描那么精细那么精彩地传达了当代生活的气息和神韵。我年轻时读过周立波的长篇小说《山乡巨变》，甚为文学的白描所感染。没想到，夫子以绘画的白描手段，以396幅连环画面的鸿篇巨制，水乳交融地再现了湖南资江边的山川、村舍、人物，将其中骨子里的东西精美绝伦而毫不做作地呈现在了我们面前。方寸之间既咫尺千里，又穿透人性。夫子的线描灵感来自陈老莲，但他一改先贤线条的古拙，而出之以平易亲和。以致其后很多年轻的艺术家将它奉为绘画的《圣经》，入门的新《芥子园画谱》，成为自己进入艺术殿堂的必由之路。很多画家都有过青年时代刻苦临摹《山乡巨变》的艺术经历。夫子的重要贡献是自觉而有意识地将现代光影的概念通过线条的疏密节奏呈现出来，从而使二维的线描具有了三维的感觉。

夫子的连环画作品的感染力还来自他艺术的高度生动，就像他脸上表情一样，变化多端，生动得丰富异常。兹具一例，《白光》里陈士争落寞张皇的表情自不待说。就说一群放学的孩子，一共七个，争先恐后地奔出课堂，脸上那种欢欣雀跃的表情又动作各异的身姿，禁不住让每个读者回想到童年下课铃声响起的那一刻。他笔下的李双双、喜旺、亭面糊……几乎个个都是"表情帝"。晋人顾恺之有云，传神写照，正在阿堵之中。夫子画人重眼神的千变万化。往往轻轻一点，就能将人物此时此地的内心活动揭示出来。《贺友直说画》有专门的白描眼睛变化的示例，极为细致。他从来不是按部就班把画面变成连环画脚本的图解。他会"做戏"，做点极其用心的小加法。李双双喜旺夫妻吵架，他画了农家小院的一群鸡和麻雀。它们像人一样，观望、惊恐、逃遁，一脸的表情，正是鸡飞狗跳。不是主角却参与了故事的推进，平添了画面的生动。有人或许会不以为然。其实，"生动"是中国绘画的美学核心。谢赫的绘画六法，第一条就是"气韵生动"。夫子一画再画赵树理的《小二黑结婚》，就是特别喜欢世俗故事的生动性。三仙姑尴尬转身，既被众人羞得脸红用手巾遮着，又忍不住两眼从手巾上方偷看大家的一瞬间，真是充满了令人愉悦的戏剧性生动性。你看《朝阳沟》四个小女孩偷听小院屋里两老太争吵，俱是背影，但踮脚的、引颈的、直的、歪的，仍然明明白白地看到她们的性格、年龄，真是生动到了家。

在同时代前后的一批优秀的连环画家中，最后贺友直先生能让人心服口服地脱颖而出。绝对是有他的道理的。

他创造了一种堪称"贺家样"的艺术样式，成就了一番属于他也属于时代的艺术成就。他和他的艺术，是单纯到极点又丰富到极点，平民到极点又高贵到极点。我可以斗胆而有把握地说，贺先生的成就前无古人，后无来者。古人没有用白描表现当代生活的可能，而他赖以成就自己的那方土地、气候，则也已经永远不会再有了。历史是不可复制的。他告别了一个时代，也基本结束了一个时代。

多少年来，我一直想为夫子写一篇评论。生恐写不好，对不起他，亵渎、轻慢了他的艺术。如今，我终于把发自肺腑由衷地赞美说了出来。可惜他听不见了。我是说给活着的大家听的。说给那些喜欢他艺术的读者听的。当然也同时说给一些不知天高地厚自以为是的"大师""巨匠"们听的。

夫子这些年常说，人活着，老得要慢，走得要快。他走得真是快啊！快得让人难以接受。现在回想起来，那天自己的所有宽慰是多么的苍白。夫子其实是以极度的毅力在抵抗着病痛。他已经知道了一切，他决意向来路走去。他已经视死如归。他几乎头都没回，一步就跨过了死亡的门槛。面对人人都恐惧的死亡，他实在是个"平民英雄"。他以自己生命悲壮决绝的谢幕，诠释了对自己的许诺。

那天在飞机上，我涂涂改改写了副挽联。我从来没写过，对古典的语言表达我一直心存敬畏，不敢轻举妄动。这是唯一一次。文字还对仗，平仄声律则顾不上了。谨以此献给我敬重的忘年交贺老夫子：

一代宗师走街串巷下笔如有神白描人间百态

两杯老酒安贫乐道开怀即无忧笑看世事万象

2016年3月21日匆匆

附记

关于本文和连环画的一些话

本文是连环画家贺友直先生逝世后写的，书云君瞩我修改。我原想修改，但原文是一个完整有机的文本。现在再加文字总是不服帖。好在大家也可以就中看到一个连环画大家生命的最后几天。所以，我决定另写几句，聊补余绪。

连环画是伴着我们长大的艺术。我们这代人，甚至可以说，连环画是我们艺术的奶娘，它用一口一口艺术的乳汁哺育着我们长大。活跃在今天美术界的大画家，几乎没有一个没有从连环画中汲取过艺术的养料。在家境还可以的童年，我最大的乐趣就是等待父母厂休日出去买回来的连环画。六十年过去了，我还记得自己看过《包公智斩鲁斋郎》《秋翁遇仙记》《望江亭》。特别是《杨家将》"血战金沙滩"，满门忠烈搏杀疆场，看得我热泪盈眶热血沸腾。

说到连环画的繁荣，我们常常会不由自主地怀念上世纪的五六十年代，确实那是中国连环画的黄金时代。就上海而言，程十发、刘旦宅、方增先、戴敦邦一大批画家都曾在连环画领域大显身手，也出现了《山乡巨变》《孙悟空三打白骨精》《铁道游击队》《红日》《白毛女》《三国演义》《红楼梦》一大批脍炙人口的优秀作品。其实七八十年代，连环画还有过一次非常壮观的井喷式的高潮。那是受益于五六十年代连环画影响的四十年代五十年代之交出生的画家，如夏葆元、黄英浩、徐芒耀、冯远、施大畏、卢辅圣、陈丹青、俞晓夫、韩硕、张培成……都画过不止一本连环画。特别是刊登连环画的《连环画报》《富春江画报》风靡一时。这些繁荣都有着其特殊时代的动因。就以第二次来说，被长期压抑的美术生产力，一时还没有喷薄宣泄的出口，于是一大批才华横溢的艺术家都把自己的全部才情全部移情到了连环画上。像何多苓画《雪雁》，其实是把连环画当作缩小的独幅画在创作。在这些作品中我们可以看到当年连环画创作，艺术家投入的激情和严谨。在有了新的艺术空间以后，他们大多转移了阵地。贺友直一生贯穿了两个连环画的高潮，是集合了许多优秀艺术家的连环画时代合唱队的杰出领唱者。

在怀念贺先生的文章里我写道，"这个把一辈子献给连环画，把连环画视作生命的老人对创作质量的低下，连连摇头。"这里不妨加个注。作为中国连环画的重镇，上海还是有不少人想着为连环画振兴努力的。为此，贺先生提议进行一个连环画的专题创作。开动员会，他和我都去了。但事后拿出来的作品，贺先生禁不住内心失望，艺术质量并不太好。我去看他，他说，他后悔做了这样的事。

连环画是小人书，但小人书不小。他对画家有很高的修养要求。连环画画家，不是一般意义上的画家，而是一个伟大的舞台导演，他在导演一台大戏，创造一个世界。他以自己对脚本的创造性理解，给简单的脚本增加丰富的细节，生动的表情。他还得像舞美那样精心设计营造空间，而且不断变化着空间的透视焦点，使空间成为连环画生动感人的有机组成部分，参与到故事的叙事中去，使人物在一个最理想的空间里展现他的表情身段形态，使人物和人物彼此对话交流行动。而且各有各的面貌，各有各的个性。这实在不是一件容易的事。我们看沈伊尧《地球上的红飘带》就可以看到，画家多么用心的经营着每一幅画面每一寸空间。近日我收到一套连环画，坦率地说，总体质量太参次不齐了，而且画得很粗疏。用笔线条、疏密布局、人物造型都不甚讲究。特别是人物脸部缺乏彼此之间的区别。张三李四王二麻子，千人一面，遑论性格的生动了。我个人以为，振兴连环画仍然是质量为先。我自己看见好的连环画还是会不惜一切去收集的。

去年11月我去北京中国画院参加《睿心天地》贺友直捐赠画展。有朋友在座谈会上提问为什么贺先生喜欢画《小二黑结婚》，我当时做了一个简要的回答。今年3月我在中华艺术宫主持贺友直先生逝世一周年座谈会暨《小二黑结婚（五绘本）》首发式。我愿意非常郑重地向朋友们推荐这个绘本。它可以让我们看到，小人书有着多大的天地，一个连环画家可以达到怎样的艺术高度和境界，艺术家的创造性即使面对同一对象可以有着怎样尽情的发挥，艺术家虔诚的工匠精神是如何和艺术家合二而一的。不仅三仙姑、小诸葛有着让人忍俊不住的戏剧性，而且小芹、小二黑的爱情描绘就像晋陕之地民歌那样高亢热烈像漫山遍野山丹丹花一样艳丽明亮。画面通体洋溢着青春的美感。书中还有贺先生精彩的妙语连珠，值得放在自己的案头，既是欣赏，也是学习。从《山乡巨变》《朝阳沟》到《白光》再到《小二黑结婚》，最后到晚年的市井风俗画。贺先生从不满足，越过了自己一个又一个的艺术高峰。有机会，我当为自己尊敬贺老专门写写《小二黑结婚》。

在今天画连环画是需要一些圣徒献身的虔诚精神的。同时，确实要给连环画创造一个良好的文化氛围，特别是资金的注入和市场的开拓。特别是全社会在儿童阅读里，增加连环画的比重。我建议不妨和中小学课本做些结合，培养新一代的连环画爱好者，同时在优秀网络文学传播中结合连环画的创作。

2017年6月25日

人书俱老入化境

国画家朱屺瞻先生肖像

中国画画家朱屺瞻先生诞生在旧历壬辰年（1892年）春暖花开的五月。仙逝于丙子年（1996年）杂树生花的四月。一百零五载的花开花落、云舒云卷，屺老创造了一个生命的奇迹。这个生命穿越了晚清、民国、中华人民共和国三个时期，跨越了19世纪、20世纪，整整两个世纪。更重要的是，他同时创造了一个人类艺术史上空前也许是绝后的伟大奇迹。庚子年（1900年），当八国联军的炮火洗劫着中华大地的沉重时刻，有一个九岁的孩子在塾师的指点下，用稚嫩而充满天真气息的线条，在铺开的宣纸上摹写了兰竹和山水。那是他在宣纸上留下的艺术生涯的第一缕印记。这孩子自然是不会想到他漫长的艺术生涯将会创造的生命和艺术的奇迹。当春天嫩绿的柳条第一百零五次地飘拂在他的窗前的时刻，就在他生命即将谢幕前的一个月，他还在上海华东医院的病榻上用毛笔完成了他的绝笔之作国画小品《枇杷红柿图》。画幅左上角果盘里盛着一束金黄的枇杷，与右下角近乎透明的红柿散落成三角形的构成。无论色彩线条，还是形式构图，都像生命本身一样质朴无华自然天成，饱满而又热烈。所有的技巧技法，都被浓缩再浓缩，简化再简化，甚至连形似的物象，都变得无足轻重。离形得似，是为不似之似。面对这幅人类艺术史上最高龄的艺术创作，久久凝望，你会看到，这些寻常的果品正渐渐向着生命自身和存在的本质无限地接近着，并且飞离画面融入艺术家生命的浑茫境界之中。它是艺术和生命在漫长岁月中无限接近、即将融为一体的极为难得的瞬间擦撞出来的灿烂火花与星光。恍惚中,那个全神贯注的九岁的孩子,又站在了我们的面前……

他诞生在风云激荡的世纪之交

屺老生活、创作的 20 世纪,是中国历史乃至人类历史上内容最为丰富、动荡最为激烈、变化最为深刻、反差最为强烈的时代。这是一个既可称之为开天辟地的伟大时代,也可称之为风云变幻的吊诡时代,或如两百多年前英国大文豪狄更斯现在被人们用滥的《双城记》开首的那段名言,这是最美好的时代,这是最糟糕的时代。这是智慧的时代,这是愚蠢的时代。这是信仰的时代,这是怀疑的时代。这是光明的季节,这是黑暗的季节。这是希望的春天,这是失望的冬天。……说它好,是最高级的,说它不好,也是最高级的。在心理情感上则是像弘一法师大彻大悟概括的"悲欣交集"的时代。先是西方列强炮火铁蹄的无情蹂躏践踏,不平等条约的国耻烙在一个有着五千年文明的古老民族的身上。接着是两千余年的封建王朝在辛亥革命的巨浪中轰然倒塌,民国的诞生及随后连绵不断的军阀混战、中共的成立、兵戎相交的国内战争、日本军国主义入侵和二战战火的炼狱,直到 1949 年中华人民共和国成立。其后是国家新生的喜悦和连绵不断的曲折摸索，伴随着成就的同时，倍尝一个大国走向现代化国家的艰辛、痛苦和曲折。直到20世纪最后20年中，才算找到了一条相对可靠、可行的改革开放的道路，找到了一条可能使几代仁人志士的梦想变为现实的道路。其间充满了英雄主义、理想主义的悲壮感、史诗感。

屺老开始其艺术生涯的时候，正值中国先进知识分子四处求索、弃旧图新，探求着救国真理的时刻。整个中国的思想界、文化界弥漫着一股推倒传统文化、冲出一切罗网，深刻反省自身文化、体制的落后，痛揭民族劣根性的强大力量。"五四"新文化更是明确而坚决地喊出了"打倒孔家店"的口号。"求新声于异邦"，在世界文化广阔的大格局中，重新定位中国的文化选择和文化方向，成为一个"顺我者昌，逆我者亡"的时代潮流。特别是辛亥革命推翻帝制，倡导共和，建立民国，各种新的文化和艺术思潮如走马灯一样纷纷涌进。于是，在美术界革命、改良也是呼声大起。

先由吕徵先生在名噪一时的《新青年》杂志发表《美术革命》，同时配以新文化运动主将陈独秀"革王画命"呐喊，甚至连被时人目之为改良、保皇的康有为也不遗余力地开始了对明清文人画的激烈的抨击。诚如思想、文化界要用"德先生"、"赛先生"来拯救、改造中国社会一样，美术界的革命，就是要引进西方的美术改造、取代被认为是落后的中国画。也许,今天回头看,我们会感到当年前辈的天真、简单、缺乏理性思考,甚至显得幼稚、过分,但历史就是这么走过来的。任何对过往历史的不解和自以为高明的总结,其实仅仅只是因为你,没有亲自植入那个时代的文化语境之中。就如我们今天把许多以前的庄严视为闹剧一样。

跻身在那样一个时代的汪洋大海之中,每一个知识分子、每一个艺术家,都像一条在漂泊和颠波中艰难前行的小舟,借助自己头顶的星光,寻找着新的航程。圮老作为一个最终成为一代大师的艺术家,他走着一条既与同时代大家相类似的又与同时代大家几乎很不相同的艺术道路和人生选择。

如果我们回顾一下"五四"后最后卓然成为一代宗师的思想家、学问家,如鲁迅、陈寅恪、胡适、冯友兰,稍后的钱钟书、季羡林……大都有着相似的经历。他们童年以中国传统文化开蒙,饱读四书五经,在不知不觉之中打下了扎实、深厚的国学底子。然后,在异国他乡西欧、东洋接受西学熏陶,在价值观和方法论上有了新的认识新的理念,最后在更高的境界上,融合中西,回归国学,使中国传统文化爆发出新的时代魅力,建构起了富于时代气息的民族精神的文化家园和真正具有永恒价值的学术、思想的殿堂。

在中国近现代美术史上开一代画风从而青史留名的大

画家中，除了齐白石，林风眠、徐悲鸿、刘海粟、吴作人、张大千、傅抱石等大都有过或西洋、或东瀛的考察、游学西洋绘画的一段经历，并且逐渐从画西洋油画转向画传统国画，最终在借鉴融汇西洋画各种技巧、色彩的基础上，在艺术上形成个人风格、面貌，成为一代大家宗师的。稍后点的李可染等极少数画家，虽未留西洋，却在杭州国立艺专，专就西画问学于导师林风眠先生。他后来留下的作品中，有大量的素描写生，而且基本功非常扎实。

屺老的艺术道路与此很相类似。

家庭和塾师，春雨润物的影响

屺老出生在太仓浏河一个经济殷实的商贾之家。这个家庭之于屺老的艺术和成长有几点值得关注。一是家境富庶，生计不愁。祖上"业商"，到父亲这辈依然经营着上海、太仓、昆山、吴淞的酱园。这样的经营虽然不像实业救国那样轰轰烈烈，叱咤风云，但却是与实实在在天天生活中的柴米油盐酱醋息息相关，是一宗源源不断薄利多销的生意。这样广泛而十分营利的经济收入，为屺老的艺术生涯提供了衣食无忧、源源不断的极为可靠的经济保障。二是，他的祖父"雅好字画，多于收藏"，而且自己也动手作画，笔下蕙兰飘香，竹影婆娑。外婆施莲氏也喜欢遣兴走笔，喜欢画中国传统的山水画。母亲性格"娴淑",在浏河一带,她的刺绣非常有名。桃李不言,下自成蹊。这样一个充满着中国画艺术氛围的家庭,使朱屺瞻从小就受到了艺术耳濡目染的熏陶。在他幼小的心灵中,播下了酷爱艺术的种子。三是,朱家虽然经商却有"儒行",据当地方志记载,他的祖父在乡里热衷于"育婴、义塾、惜字、施棺"的公益慈善活动,曾立七义祠鼓励名节操行,还建有一座专门操行善事,有相当规模的"集善堂",在当地有很好的名声,"故乡人至今啧啧称之"。到屺老父亲一辈,不但子承父业,而且操行上一脉相传。"能助人之急,乐善好施,一如其父"。与此同时,先是在家随父诵背《百家姓》、《千字文》、《三字经》,后又入私塾诵学儒家经典。从根基上接受着中国传统文化的诗书传家。朱家的这种淳厚仁爱的家风,决定了屺老作为艺术家的仁厚宽厚淳厚的人格。这种人格的力量不知不觉中渗透在他的绘画艺术中,也渗透在他绘画的价值取向中。其中特别令人关注的是,这个很富裕的家庭却在他幼年时经历了许多非常独特的带有点宿命色彩的动荡和变故,包括他自己童年大难不死颇具传奇意味的经历。据屺老传记作者章涪陵先生介绍,屺老三岁祖父去世,八岁生母患肺结核逝世,十一岁继母痢疾病逝。而此前,他有哥哥和姐姐"相继夭折",之后又有一个弟弟一出生就死亡。可以说,他的童年物质生活充沛安裕,但心灵却被一种挥之不去的死亡和病痛深深地笼罩着、缠绕着。与此同时,他自己也事故频频,防不胜防,死神与童年的他一次次擦肩而过。一次柴屋玩火,险酿大祸。一次出于好奇,自说自话的"科学实验",炸药引爆,险些殒命。一次骑自行车出行,与卡车迎面相撞,他竟奇迹般地从车下爬出,"未损毫发。"一次骑马出门,马失前蹄,掉入河中,却安然无恙,还有走亲访友,桥板断塌……屺老的名字也来自悼亡,他本名增均,七岁生日,生母辞世,屺老从次不再给自己做生日。第二年,私塾先生见他思念亡母的一份孝慈之心,就在《诗经》"陟彼屺兮,瞻语母兮"的句中,拈出"屺瞻"一词为他的名字。后来,生父1926年谢世,屺老又取《诗经》"陟彼屺兮,瞻语父兮"句,取号"二瞻老民"。正是童年直面过太多的死亡,经历过太多的死亡和疾病的威胁,屺老后来的人生和绘画中一直有一种超越生死的乐观心态,淡薄名利金钱的通脱,积极昂扬的来自生命自身的向上的倔强的力量,和从善积德的大胸怀、大气魄。从来看不到某些艺术家身上常有的吃喝嫖赌、争名夺利、蝇营狗苟的陋习。他总是在人世间最艰难最黑暗的时刻,依然能保持着一份与人为善的难得的宁静安逸。

上世纪30年代的著名美术杂志《艺文》在刊文评论屺老的为人为艺时曾写道,他为人以温雅著名,甚至你把手指伸在他口中也绝不咬你。朱老的画,本质上是这个世界上极为罕见的"绝不咬人"的好人画的画。他只是画画,除了画画还是画画。让一百年的时光、一百年的月落乌啼,一百年的日出日落,一百年的潮起潮落,在画画的过程中,与人为善、与世无争地度过。中国俗话,三岁看到老。正是因为三岁前后那些蒙蒙胧胧的岁月,在悄然无息中铸就了一个人,一个人的一生、道路和事业。因为那是一张真正意义上的白纸,涂上去的每一块色彩,刻上去的每一个事件,录上去的每一种声音,都是看不见摸不着,似乎被遗忘成一片空无,但却是真正的刻骨铭心,更何况尚未入世时就经历了那么多生命像娇艳春花般的突然凋零,死神会是那么轻易地光顾、敲击自己并不老朽的门扉!

对屺老童年文化影响最深的来源是两个,一个是他的家庭,还有一个就是他私塾的老师童颂虞。这位童先生虽不见著于史,但却是个极具中国传统文人修养和趣味的高人。在中国民间,时代变动大浪淘沙之时,这种被埋没被淘汰的逸士高人实在多于恒河之沙。他们的不幸常在于时运不济、生不逢时。身处清末,国运衰颓,风雨飘摇,大厦将倾,被新文化视为"吃人"的科举制度已被废除。底层文人由此失去了唯一施展才华、改变命运的进身路径。种种失落有点像话剧《秀才与刽子手》中的境况:历史的阴差阳错让失去科举的秀才和杀猪的刽子手沦为一路。于是这位浑身技艺的秀才,只能在"游于艺"的审美过程中,排忧解烦。浇灭胸中的块垒,打点无所作为的光阴。每当夜阑更深,童先生抚一支自采于竹的洞箫,让乐音在溶溶月色中扩散,童先生所喜有三:品赏昆曲、打理盆景、挥洒丹青。

从九岁到十三岁,屺老相伴童先生左右,读书之余,童先生挥毫作画,童子朱屺瞻帮助先生研墨、铺纸、涤砚、洗笔。然后静静地伫立一旁,看童先生如何从无到有地完成一张画。他的看,不是那种心不在焉的有看没看的"看",而是痴迷地看,投入用心地看,从来没有感到这样的看会让他厌烦。相反,越看越有趣,越看越觉得有按捺不住的想画的冲动。从八九岁开始描红本上用毛笔模仿老师画的兰竹,继而又会拿出家中珍藏的古画,绘山摹水。其实,童先生只是教书并未教学生怎样画画,但他有时候的"三言两语",无意间开启了屺老人生的大门,启迪了他艺术的悟性。艺术使他忘却了人生的种种烦恼,摆脱了生死的羁绊,找到了一种自强不息的生的永恒的力量。昆曲一唱三叹的典雅,委婉和充满文人气息的水磨腔,那种华丽绚烂而又不失庄重的戏装、扮相的色彩、对比,给他绘画创作以无限广泛的启发。童先生打理盆景,尤擅桩景。那些老树桩,经童先生妙手回春,再度焕发出生命的活力。那些濒临绝境的被淘汰的生长凌乱无章的树木,往往经过童先生的妙手回春,通过人工的删繁就简显出了删除多余枝蔓后,单纯的结构上的美。艺术一开始要做加法,从无到有,但加法做到某个阶段,就须做减法。事实上,做艺术悟出"减法"的人不是很多的。盆景的咫尺千里,以简驭繁,使他在艺术事业上领悟了"简"的精髓。与此同时,他在童先生的教育中,从《大学》《中庸》《论语》《孟子》,一直诵读到《书》《诗》《春秋》《左传》。这些儒家传世的经典的研读,在漫长的岁月中也渐渐发酵为他画作中厚德载物的气概和力量。

艺术本质上是和文化息息相通的,中国的传统艺术尤为如此。在中国艺术史上有颇多艺术和文学的世家。所谓诗书传家,就在于其文化气息的一脉相承,在于家庭传统文化的书卷气息从小对人耳濡目染的熏陶。有一个特别能佐证的例子。集国粹演艺精华的京剧,谭鑫培的谭派,从其父谭志超一直到21世纪的谭正岩,一门谭派七成相传。这在西洋艺术史上是很难想像的。中国画在骨子里,特别是文人画,最为看重的就是书卷气,历来以有书卷气为上。上述童年的艺术氛围和对传统文化经典的不求甚解的诵读,在不知不觉之中,为屺老在漫长的生命历程中最终成为中国画的一代大家提供了丰厚的积淀和坚实的基础。

在上海,他和马蒂斯一见钟情

1908年屺老从商的父亲朱大堃老先生期盼子承父业,安排他进了上海交通大学的前身邮传部上海实业学校。这实在是个阴差阳错的安排。校长唐文治是屺老的表叔，又是胸怀开明的一代大学者，有着深厚的书画修养和不凡的书画见识，他对侄子的艺术才华极为赏识。唐先生教侄子"作字作画，点画须着力，切忌轻浮"，言简意赅。一个"力"字为屺老受用终生，让他的画卓然独立于世。中国古人有"立志须高，入门须正"。唐先生的这番点拨，对于屺老来说，就是入门的正路，让他有了不同凡俗的高远之志。

此时，朱父的生意已越做越大，就在1912年他派儿子到吴淞主管经营业务。始料难及的是，这时候已世道大变，朱老先生的这一精心之举反为酷爱艺术、视艺术为生命的儿子，一举打开了艺术的大门。吴淞与上海市中心咫尺之遥。其时的上海已经是中西文化交汇、南北各路艺术人才荟萃的文化中心，又是各种文化思潮艺术流派争奇斗艳、风云际会的文化重镇，同时还是各种商品集散买卖，尤其是艺术品交易极为频繁的繁华都会。于是全国各地的艺术家纷纷云集在这东方第一都会，寻求一展身手出人头地的发展机会。特别是当年曾像普罗米修斯取火，像唐僧取经般前往欧洲、日本拜师学艺，观摩临摹欧洲经典艺术的画家，纷纷涌进上海。把自己学到手的各种新观念新思潮新技法新流派在海派文化的大舞台上尽情地一展风采。上海成为中国当时最得新风气之先并且引领中国艺术风气的火车头。

与这种艺术新潮艺术格局并驾齐驱的是上海受外来文

化思潮影响而开始的现代艺术教育。1912年孙中山召蔡元培先生回国。蔡曾留学德国。德国是欧洲现代大学教育的最早实验和实践的西方国家。在德国游学的经历使蔡元培成为一个充满着理想主义热情和坚定教育理念的大教育家。他的教育思想的核心是"美育救国"、"以美育代宗教"。通过美育促进人的发展,拯救、改造国民的灵魂。在一个没有完整的全民宗教体制、宗教信仰的中国,以艺术替代宗教,使之成为全民向善向上的精神信仰。从他的这些美育、艺术思想中可以看到他受德国文学家席勒《美育书简》的影响颇深。

上海当时正在发生的许多重要的具有引领性的艺术现象,和蔡元培先生身体力行的倡导和坚持是分不开的。近水楼台先得月,得地理相近之便,屺老不时在经营生意之际,从吴淞到上海去,呼吸新的艺术空气,吸收新的艺术养料。在上海,他时常光顾一中一西两家专门出售西洋绘画印刷品的书店:西人所办的伊文思书店和从革命家到艺术家的高剑父、高奇峰办的审美书馆。同当时所有向往着未来、期待着变革的艺术家一样,在西方艺术作为一种全新的艺术样式传进中国方兴未艾的大气候里,屺老也被时代的大潮挟裹着,怦然心动,发生了对西画的强烈兴趣。孟子论事之成败有"天时、地利、人和"一语。屺老当时对艺术方向的选择和确定,诚如他自己说的那样,"我二十一岁开始学西画，基本原因是时代求新的风气"，此为天时。地利即是上海独特的大陆海洋交界的地理位置，以及由此形成的文化交流的土壤。人和，则是此后在上海美专认识的关良、周碧初等日后在他人生风景中进进出出的一大批画坛的同龄人。

西方美术教育在上海是最有根基的。早在1871年上海就有了西方美术教育性质的由传教士创办在徐家汇的土山湾画馆。1912年正是在蔡元培先生艺术教育思想的号召下，刘海粟和乌始光创办了上海国画美术学院，后改为"上海美术专科学校"，刘海粟担任校长。学校在中国美术的大潮中时起时落，历经沧桑，前后四十余年。许多名留青史的名家大师都在该校担任过教职。其教师名录真正称得上是群星灿烂，泽被画坛，为中国美术的发展培养了无数栋梁之材，也是中国近现代美术思潮的源头。屺老先是受到上海望平街各家书店所售木炭画影响，想到美术学校专攻画系。故上海美专一建校他就闻讯入学，成为最早的学员。日后又在和关良、周碧初的交往中，萌生了"认真学西画"的想法。此时的屺老，夜宿吴淞，枕着长江的涛声入睡。清晨顶着疏朗的星月，赶到苏州河畔的学校受教。以当时的交通，路途是极为劳顿的，但他却"终无倦意"，兴致勃勃地以毛笔蘸着木炭粉临摹照片。富于戏剧性的是，他的勤奋、长进和原有的绘画基础，让他半年后就受聘任美专老师，教授擦笔画。

"五四"以降，中国思想文化界德先生赛先生（科学，民主）大行其道。针对中国画的写意变形，赛先生在中国美术界被理解为写实，明暗，透视。当时美术界的新潮与否主要取决于他对写实绘画的态度。与屺老同时代后来声震画坛领一时风骚的大师级艺术家，如徐悲鸿、颜文樑毕生坚持再现性写实绘画的实践自不待说，即连林风眠、刘海粟虽然后来均以现代的面目卓然成家，但开始的兴趣也集中在再现性的写实绘画上。有趣的是，青年的屺老从最初与西方艺术亲密接触时，就把目光和兴趣聚焦在了表现性极强的西方现代艺术上，醉心于西方绘画中露头不久的表现性色彩、装饰性的平面结构和线条的运用，而并不热衷再现性的写实绘画。他走上了一条与众不同，一开始和者盖寡的艺术道路。几乎在绘画艺术的起步之时，他就慧眼独具地喜欢马蒂斯色彩的漂亮，凡高色彩的响亮，塞尚在具象事物中提炼出来的抽象结构，包括他们不经意中流露出来的充满生机活力的运笔笔触。

上海美专的经历，使屺老有了相对完整接触西方艺术的机会，但更重要的是他结交了一批后来终生引以为友的画坛同道。1917年,他就在美专结识的好友汪亚尘的鼓动下，扬帆东渡日本，研习西方艺术。日本经明治维新，甲午海战一举击败强大的北洋水师，让满清皇朝签下成为国人心头永恒之痛的《马关条约》。一时间，几乎所有进步的中国知识分子都怀着一颗卧薪尝胆报仇雪耻的丹心，奔赴日本学习他们引进的西方文化和西方制度。这在当时成为一股强大而裹胁、吸引着所有进步知识分子和艺术家的时代大潮。屺老的赴日未必有这样政治上的主流雄心，但其对西方现代艺术了解的渴望却是实实在在的，强烈到不可遏制的。为实现自己的夙愿，不遭家人的反对和羁绊，他甚至直到海轮起航的前夕，才让人把消息带到家中。谬斯女神和幸运女神眷恋和降临到一个人的身上，从来不是偶然的。他们只青睐那些一往情深，不惜壮士扼腕破釜沉舟的艺术家。屺老在日常生活待人接物中，初始是谦谦君子，后来是蔼蔼长者。但在艺术上，他几乎从一开始就表现出了一种斗士般一往无前的决绝和勇气，从来就没有停下过追求的脚步。

在东京，朱屺瞻就读在明治美术学校，老师是日本名家藤岛武二，藤岛的老师是法国留学回来的日本西洋画的倡导者黑田清辉。藤岛虽然是黑田的学生，而且也曾留学巴黎，但藤岛除了推广西洋绘画，更看重的是西方传来的油画与日本民族艺术的结合。屺老在日本原来是打算安营扎寨进行深造的，但仅仅四个月就因继母病危，匆匆踏上了归程。所以，从绘画技术师承的层面上，是很难真正学到什么东西的。藤岛对他的影响更多是艺术理念，是他关于外来艺术和日本民族艺术结合的思想。事实上，这也是后来朱老绘画实践的一条始终没有改变、动摇过的主线。特别重要的是，因为当时日本和中国对外文化开放引进的时间差，使朱老有机会在东京更多更直接地了解了西方的当代艺术。他不但看了许多马蒂斯的画册，而且买了不少马蒂斯画册。朱屺瞻和马蒂斯，可以说是一见钟情，特别有缘分。事实上，马蒂斯在屺老年轻时，远未到达今天这种家喻户晓的大师地位。他的作品只是刚刚有了点出路，为极少数画家所赏识，远未达到被当时欧洲主流社会公认，被艺术界广泛接受的程度。即使在标新立异的美国，他的艺术也有许多负面评价，甚至遭到美术系学生的集会抗议。然而令人难以置信的是，他的艺术在他的故乡西方产生争议，却引起了一个中国年轻艺术家的极度心仪和赏识，并且把这种艺术热情维持了漫长的一生。从这个意义上，我们甚至可以说，屺老不仅是马蒂斯在中国的第一知音，也是他艺术精神的第一传人，甚至这种理解也远远走在了许多欧洲艺术同行的前面。因为马蒂斯最终地位的确立已经是一次世界大战的结束了。屺老对马蒂斯的钟爱，有艺术层面的动机，那就是马蒂斯"鲜明的施色，强烈的对比"，也有特别的审美上的整体体验，马蒂斯早年作画，"以调和色为主，静谧和润"，但更重要的是一种文化上的心心相印，是一种文化本能。他认为，马蒂斯的设色和图案，都受到东方艺术趣味的启示。正是这种文艺和艺术的高度自觉，使他学习的马蒂斯，完全内化成了自己艺术的精气神，完全消化了马蒂斯艺术的精髓而看不到半点对马蒂斯艺术模仿的皮相。他学习马蒂斯，但他不是中国的马蒂斯，不是马蒂斯的中国版。他是学习过马蒂斯也喜欢过马蒂斯的中国的朱屺瞻。马蒂斯只是朱屺瞻绘画无数艺术资源中的比较重要的一种。

卓越，却常被人们遗忘的历史贡献

中国美术事业的现代化进程，除了传统的个人创作在形式、风格上的巨大变化外，主要体现在现代美术教育体系的形成、美术社团的组织和成立、各种美术展览的勃兴。屺老自日本回国后在这三个领域都留下了深深的足迹，做出了卓越的却常常被人们忽略和遗忘的贡献。

首先在艺术教育方面。他先是1928年与一批画友在上海东城区西门林荫路19号创办了集美术教育和研究于一身的艺苑绘画研究所。其教学分为油画人体写生、石膏素描写生和水彩静物三种。研究所同时开展对西画的研习、探讨，开展学术研究活动，创办《画刊》，出版画册。研究所还聘任了女画家李秋君、潘玉良。学校富于创意的办学方向办学特色，使其成为当时上海和中国的美术教育界一所极具新意、引人关注的学校。以致于1931年，蔡元培先生在《二十五年来中国之美育》这篇中国新兴美术教育现状的总结性文章中，将规模最小、成立最晚的"艺苑"，与国立的北大艺术院、杭州艺专、中央大学教育学院艺教科、私立上海美专及中国画学研究会等相提并论。艺苑在当时被誉为"犹似沙漠中的一朵蔷薇"。令人遗憾的是，这朵蔷薇因为1932年一·二八的炮火和经费的拮据而凋零了，时在1934年。

艺苑后期出现颓势之际，纪老受聘于1931年，出任上海新华艺专校董兼教授。新华艺专是因1926年上海美专学潮事件，由部分美专师生发起创办的中国近代美术史上有名的高等学府。他在新华艺专先后担任绘画研究班指导老师、出资创设艺专绘画研究所。为建研究所他不惜抵押贷款，并亲任主任兼导师，授课、教带学生，但无数心血办起的新华艺专研究所三年后遭日军轰炸，倾刻间化为一片废墟。1938年终在朱屺瞻等人的奋力下，迁地复学。新华艺专人才荟萃，集中了诸如黄宾虹、徐悲鸿、潘天寿、颜文樑、褚乐三、关良、张充仁、丰子恺、周碧初、倪贻德、来楚生、唐云、王个簃等当时、后来中国画坛一大批重量级的艺术家，影响巨大深远。学校最后因为拒绝向日伪当局注册登记而被迫在1941年结束了其15年历史。学校1980年枯木逢春，在上海重建。纪老众望所归被推举为名誉理事长。

从1912年上海美专初创到1941年新华艺专解散，纪老专注倾情中国现代美术教育前后30年之久。对于中国现代美术教育，他既出力又出钱，居功至大，但他不居功自傲。1981年，当年上海美专朱屺瞻、刘海粟、关良、王个簃、唐云五老雅集在锦江饭店。海老提议屺老九十高龄率先开笔，屺老却满脸诚恳以"学生"自居，推崇海老"校长事业驰誉国内外"。

其次在艺术社团方面。艺术社团是艺术家集体文化意识自觉化的体现，是现代中国美术发展的重要推动力量。艺术社团对于上海和中国美术的现代化转型产生了积极而深远的影响。比如深受鲁迅先生美术思想感召的MK木刻研究会，就是中国现代木刻艺术最早和最勇敢的艺术实践者，研究会集合了一大批崭露才华的年轻木刻家，为中国现代木刻艺术的发展，推动时代进步，唤醒人民觉悟，创作了一大批至今魅力不减、形式多样、感人至深的艺术作品。

上海是现代中国美术社团最集中最风起云涌的文化重镇。屺老先是1919年积极参与"天马画会"的活动，前后八年。1933年又与新华艺专同好杨秀涛、周碧初、宋钟元、钱铸久发起"洋画实习研究会"。1935年受邀加入潘天寿、褚闻韵组织的"白社"。1936年他和徐悲鸿、汪亚尘成立"默社"。陈抱一、滑田友、颜文樑、潘玉良、吴作人、张充仁、周碧初、叶君立、钱铸久，都是默社的主要成员。这一年，他还应邀参与柳亚子发起的"南社纪念会"。在蔡元培先生七十大寿的宴会上，和沈钧儒、黄炎培、于右任、梅兰芳、林风眠、马寅初、李公朴、林语堂、黄自、肖友梅、王昆仑、李四光、俞剑华、丁西林这些社会名流共同发起创办了"子民美育研究院"。

这些社团积极参与美术创作，组织画家研究切磋交流艺术心得，举办各类画展，极大地活跃了美术界的艺术和学术气氛。它们虽然存在活动的时间都不算太长，但却如灿烂的流星，在天空留下了令人难忘的印记。值得注意的是，屺老在其中，既是西洋绘画的鼓吹者实践者，也是中国传统绘画的守望者创作者。他几乎是从他人生艺术的起点上，就形成中西绘画融合创新的艺术概念，并且不断在两个领域实践创新，追求实现着自己艺术理念的艺术活动家。

三在美术展览方面。中国传统绘画主要是在私人空间亲友间玩赏的，现代绘画则是通过公共空间的展览向社会公众展示的。前者的价值首先是有眼光的亲友的赞赏，后者的价值则来自社会的肯定和评价。

早在1918年屺老就应颜文樑之邀，以油画《风景》在苏州举办的首届美术画赛会展出。这是他一生中第一次向社会公开展示自己的美术创作。他所在的天马学会从1921年到1927年先后举办了8次画展。他以朱增钧之名积极推出自己的油画作品。1925年4月他参加安乐宫开展的春季油画展览。1926年他作为评委和画家筹备参加了第二届江苏画展。1929年，他的国画《春寒》《墨荷》《寒林》，油画

《劳苦》《静物》入选第一届全国美展。1933年10月,他更是以60余件中国画和油画作品举办了全面展示自己艺术成就的个人画展,1936年他发起的默社在上海八仙桥青年会举办默社第一回绘画展览,原来主攻油画的他,展出了一批自己创作的国画。是年,他还先后参加了6月在广州举办的艺风社第三届展览会,8月在苏州举办的白社四届画展,上海大新公司举办的力社画展。

值得特别指出的是,就是这样一个埋头艺术、几乎不问政治的艺术家,在国破家亡、国难临头之际,以"国家有难,匹夫有责"的家国情怀,挺身而出,作出了直到今天依然感天动地的大事。1932年一·二八淞沪抗战,屺老目睹十九路军和上海人民的浴血奋战,冒着刺骨的寒冷,一个人背着重重的画夹,奔波穿梭于各个战场,以油画最擅长的写实技巧,直接而深刻地记录了中国将士、军民抗战的英勇事迹和牺牲精神。是年7月《朱屺瞻淞沪战迹油画展览》在上海斜徐路打浦桥堍的新华艺专举办,几十件作品每件都有详细说明。上海市民"摩肩接踵"参观画展。每天都在上千人以上,观者无不为之动容。8月7日《民报》专门为此发表了《从战迹画展览会归来》的文章,指出这些作品中有"画家一种沉着悲痛的精神之表现",高度评价"画家从这里去发挥其才能,益发见到他为国家为人类贡献的伟大"。历史真是充满自己特殊的意味。一个近乎纯艺术的艺术家一生的第一个个人画展竟然是一个如此壮怀激烈洋溢着爱国热情的画展。一个寡言少语、远离世事的富家子弟胸膛里竟然跳动着一种如此炙热燃烧的心！1933年屺老提供多件作品参加全国艺术家捐助东北义勇军作品展览会，并且义卖后全部捐献给东北义勇军。以艺术表达了自己对苦难深重的同胞和战痕累累的祖国的一片赤诚之心。同时特别令人感动的是，他还以收藏嘉定屠城死难者侯峒曾和扬州十日殉难的史可法为发端，精心集藏归庄、傅青主、石涛、八大这些坚持民族气节忠臣烈士的字画扇面一百二十余幅，装订成六巨册的《忠节扇集》。又将王铎、钱谦益、吴伟业、周亮工这些反面人物的字画装为两册《贰臣扇集》，以辨忠节，他还特别请齐白石先生刻了"傲霜"和"不屈不挠"两枚印章，表明自己在敌伪高压下洁身自好的心志。

没有师承，他走的是自己的路

屺老作为画家几乎从一开始就走着与众不同的艺术道路，实践着与众不同的艺术理想。他的前半生从来没有把自己定格为单纯油画家或者国画家。他从国画种下艺术的种子，以油画开始自己作为艺术家的生涯，是一个名副其实在油画上卓然成家，并对推动上海油画发展产生过重要影响的油画家。其后，他一直以油画家和国画家的双重身份，坚持艺术创作，活跃在画坛上。应该指出的是，他前期的主要身份是油画家。可惜就像漫天的大雪覆盖了行者的足迹那样，漫长的岁月几乎荡然无存地毁掉了他前期所有的油画作品，甚至没有留下一点真迹的雪泥鸿爪。我们只能以残存的一纸半页的印刷品，如1939年创作的《静物》和80年代留下的少量油画中，猜测屺老早期油画家的风采了。其间，我们可以看到些许马蒂斯和塞尚的影响，但更可以从后来留下的不多油画作品中想像他早期的油画创作，就是以中国风格的写意趣味，如线条对静物风景外轮廓的勾勒，在涂色时类似毛笔的运笔，在形体的确定上则介乎于立体和平面之间。特别关注于画面整体意境的营造而不执著于具体物象的精确描绘。相反，他的中国画在色彩的运用上响亮、老辣、极富现代绘画的情趣。可以说，在不少中国艺术家还不十分自觉清醒意识到中国绘画未来走向的时候，他已经在自己的艺术实践中贯穿了一条扎根本土、中西结合、超越中西的创作主线。在这个事关中国美术未来发展的方向上，屺老比之同时代的画家，是最早的真正意义上的先知先觉者和自觉践行者。

中国画讲师承，西洋画讲学院、学派背景。严格地讲，屺老并未有过真正学画意义上的师承。但诚如诗人杜甫吟诵的那样："别裁伪体亲风雅，转益多师是汝师"。首先，他对各家画法都有自己的判断，石涛、石溪、渐江笔墨嫌繁，

"烦恼多";扬州八怪近"软";倪(云林)画,人称"逸品",他不盲从,顾忌其"淡近轻,逸近飘";四王"画似精细,实乃破碎"。从这些一家之言之中,可以看到他对于艺术的独立思考。其次,他没有直接的明确的师承,但他为人友善,交友广阔。同时代的许多最有成就的大画家时不时地出入在他的创作生涯之中。尤其是屺老的画室梅花草堂,虽然在动荡的时局中几次搬迁、重建,但一直是丹青高手神往之地。潘天寿、齐白石、姜丹书、黄宾虹、王一亭、汪亚尘、吴湖帆、钱瘦铁等名家都是草堂的佳客。大家常以草堂为题作画。这样的雅集一直从1930年延续到1950年代之初,成为中国美术史上一段富于诗情的故事。尤其是吴昌硕的"硬"、齐白石的"野"、黄宾虹的"厚",他对这三家的绘画不仅十分心仪而且都有自己独到的领悟。其中特别令人感动的是他和齐白石先生,被齐老称之为"知己之恩,神交之善"几十年的交往。早在上世纪之初齐老字画印章不为京城时人所重之际,屺老即听徐悲鸿介绍,付钱通过荣宝斋向旅居京华的齐白石求印。一直到1944年,前后达六十方之巨。30年代末齐老得知屺老浏河梅花草堂毁于日本军国主义炮火,在上海南市盖了不见梅花成林的梅花草堂,于千里之外亲书"梅花草堂"四个如椽篆书,以慰故人"花梦未残"之心。齐白石之于朱屺瞻绘画,在美学层面上是"独"、"独立",忠于自己的面目,不依门户,不盲目拜倒某家、某派座前,"要有自己的风格"。从绘画风格则是一个"野",野而有功,谓之"几可野也不野"。从绘画图式上则是一个"简",疏而不漏,恰到好处,被白石老人引为人生"知己第五人",成就艺坛一段佳话。与此同时,他一面上取历代画家名迹,一面亲历名山大川。前者因为他家道殷实,加上原来父母两家均有收藏,使他直接面对历代大师的名作,反复揣摩、临写。后者则是,他从西画继承学习的写生素描。但值得注意的是,无论是对古人名迹的临摹还是面对真山真水的写生,他都十分注重"心摹",而不是依样画葫芦的临摹和写生。就写生而言,前半生对他影响最为深刻的便是1934年的黄河之行。黄河涛声的咆哮让他感受到了中华民族精神的伟力和历史的深邃博大。尤其是在那座破烂不堪的镇河的铁犀庙里,一个"憔悴的夫子引导席地而坐的学童诵读三字经",激起了他胸中的万丈波澜。一方面激发了家园深情,另一方面黄河以其苍凉、雄浑、非凡的个性,深深影响了他后来的艺术风格。

春天,可以在身外也可以在心里

1949年中华人民共和国成立。新政权建立之初的清明、廉洁、高效和全国呈现的那些欣欣向荣、蒸蒸日上的建设景象,使屺老深为万象更新的时代所振奋。但不幸的是,就在国家百废待兴,尚无暇建设美术机构之时,他赖以生存的生意因各地经理人的处理失当临于破产,但他不怨天尤人,独自承担一切损失,变卖房屋书画。他很快由一个衣食无忧的富家子弟沦为一介平民,搬出梅花草堂,先是借居南昌路,最后至蓬莱路过街楼。老少六口,蜗居斗室,全凭师母陈瑞君薄酬度日,生活极为困苦。屺老后来能在时代的几度风雨中安然无恙、安享晚年以至人瑞,师母陈瑞君照料起居,相濡以沫,实在功不可没。但已年过花甲的屺老依旧不改其志,终日作画不辍,其行止颇有孔子高足颜回"一瓢饮,在陋巷,人不堪其忧,回也不改其乐"的高尚情操。

但不久即峰回路转,柳暗花明。1953年,他的《潇湘烟雨》入选在京举办的"全国国画展览会",1954年他受邀出席"上海市第一次文化艺术工作者代表大会"并成为中国美协会员,1955年被陈毅市长亲聘为上海文史馆馆员,1956年又受聘为新成立的上海画院专职画师。特别令人欣喜的是,几乎像梦魇一样缠绕着他前半生的肺病居然奇迹般地痊愈了。党和政府为屺老提供了稳定而自足的生活来源,同时提供了良好的创作环境。由此渐行渐远,屺老开始接近他艺术和人生最辉煌最壮丽的时期。

这一时期因为党和政府的文化经济政策,屺老在游历名山大川、参观祖国各地进行写生方面得到了从未有过的便利。几年间,黄山、武昌、重庆、成都、西安、苏州、四明山、绍兴、宁波、杭州、广州、温州、无锡、镇江、扬州、南京、井冈山……到处留下他写生的足迹,而他此时已在古稀之年了。他像孩子一样,兴致勃勃地饱览祖国的河山秀色,感受淳厚热情的风土人情。一次,在汉口码头上岸,旅客看他高龄,争着帮他搬行李,代叫三轮车。让他"深感人情改变",呼为"喜事也"。在西安他和钱瘦铁、黄苗子同行,伫立在一代名将霍去病墓的石刻前,深为其浑朴大气的造型折服。这段时期虽也有天灾人祸,但总体上比较平和,时局显出1949年前没有过的向上发展的气息。这段时期他的创作已基本转向中国画领域,作品也洋溢着这个时代特有的生机和活力、清新和明丽。既有上海旱桥的城市胜景,也有市郊兴修水利的场景,还有革命圣地井冈山、南湖的风光……其间既有极富时代气息的新意兴奋,也有一些努力适应新时代进行笔墨探索的小小的青涩。1962年、1963年,屺老先后在上海美术馆、南京和西安举办朱屺瞻国画展览,有其花卉、山水作品130件。俞剑华先生评价其画"笔墨极古,格局极新,气势极壮,韵味极厚"。这期间屺老饱览山光水色,笔下佳作叠出。1964年更与林风眠、王个簃、唐云造访瓷都景德镇,在老工人帮助指导下,15天内分别作釉上彩釉下彩瓷器挂盘80余件,而此时朱屺瞻已经是七十三高龄一老翁了。眼见他的艺术高峰一步步走来之际,"文革"中断了他的艺术脚步。他以 78 岁高龄被下放五七干校参加农业劳动。十年浩劫之初,当年和他一起叱咤画坛的画友相继去世。这些人中有新华艺专的同事张聿光,有一起创办艺术研究所的女画家李秋君。更有他引以为知己的老友钱瘦铁、吴湖帆、潘天寿,带着"特务"、"反革命"、"反动学术权威"的罪名,愤而离世,让他痛惜之极。1971 年形势略见缓和,终生酷爱艺术,视艺术为人生为生命的屺老,被允许回家居住,一个人又在家中开始悄悄作画。可以说,他一生中就是 1966 年到 1970 年四年被迫离开过画板和砚田。在 1973 年和 1974 年的两年中,在人生的漫漫长夜中,屺老以八十二岁高龄像用功的学童一样,专注于五代、宋元、明清历代名家,荆浩、关仝、董源、巨源、郭熙、马远、王蒙、吴镇、沈石田、八大……名迹的临摹。他临摹所依据的都是图像模糊尺幅颇小的印影图片。他会手持临摹图片,反复揣摩其用笔、结构、设色,特别是整体精神气息,务求读出心得。临摹中他不是生搬硬套,也非依样画瓢,而会根据自己的心得突出自己所取重点。但求神似,不求形似,临摹之际也成为他与历代前贤神交、对话,使自己心灵得以宁静、净化、提升、超脱之时。这些作品与其说临摹不如说创作更为适宜。两年间先后达百幅之多,且尺幅大都在六尺之巨,足见其身心之投入。

在此期间他与林同济、张伟隽、王康乐、李咏森、吴卓英、每周四小聚小酌作文酒之约,谈艺作画。虽说户外彤云压城,室内却是其乐融融,另有一方艺术的春天。其中林同济儒雅的文化气息,张伟隽浪漫的音乐教养,给后来屺老艺术境界的寥廓、博大以深刻丰富的启示。上音教授张伟隽与画家寓所不远,走动最勤。张家收藏着大量西方古典音乐的唱片和磁带,屺老非常钟情于浪漫主义、印象主义的音乐,特别是芬兰西贝柳斯的作品,让他激动地大喊:"要放,要放!要无拘无束地放!"那些音响丰富磅礴的乐音唤醒了他早年记忆中的马蒂斯色彩,也让他更进一步加深了对画理的顿悟。我们熟知"书画本一律,天工共清新",而屺老却悟到乐画的同理,画要有"音乐感",要讲究节奏感、旋律感,并由印象派音乐的朦胧飘渺,联想到大写意书法,泼墨泼彩既泼辣淋漓,又飘渺空灵。

就这样,艺术拯救了历经磨难的屺老,使他在艺术女神微光的笼罩下安然渡过了那段漫漫长夜,迎来了大地重光的春天,也迎来了他艺术人生最富于光彩的晚岁。

生命可以如此长寿,艺术可以如此灿烂

"四人帮"粉碎,"文革"结束,云开日出。1976年屺老以85岁高龄开始了他艺术创作的黄金时代。此时,他的创作显示了前无古人后无来者的极其旺盛蓬勃的生命力。他一生追求的艺术目标,他理想中的艺术形态变得日益的

清晰明朗。独、力、简、厚、野,形成了他不仅与同时代画家也与历代画家完全不同的绘画语言和风格。力,我们看他的墨兰图卷(1988),其用笔真如老杜形容李白的诗"落笔惊风雨",万毫齐力摧枯拉朽,像夹着雷霆裹着飓风,势不可挡。从古到今未见过如此雄浑的笔力。简,无论花卉、山水,大胆弃舍多余的细节,大处落笔,群山如团块,自然而然地扑面而来。花卉果蔬硕大粗壮,就像形、色、线抱成一团的狂欢曲。厚,构图庄重,从不故作轻巧灵动,用墨浓重黑到极致,枯到极致,渴到极致。再看纪老的"野"。在海派四大家吴昌硕、任伯年、虚谷、蒲作英中,前两位后来仿者如云,吴氏画风几代相传。在程十发的人物画里则可以看到任伯年的遗响流韵。虚谷的冷峭,就少人问津。至于蒲作英的"蒲腊塌"几成绝响。唯有纪老一人慧眼独具,化之用之。他用笔不求中锋的整一,而是老笔纷披,四面出锋,信笔扫、抹、写、涂,走向无定,不拘成法。他的野,首先是用笔野,画山基本不用现成的皴法而用自己的笔法。其次是取材。梅、兰、竹、菊、水仙是历来文人画取之不竭的母题。为梅,则清香益远,为兰则飘逸高雅,为竹则清秀挺拔,为菊则孤高傲霜,为水仙则供养于书斋案头清浅水盂之中,藉以表达文人孤傲脱俗清高之志。但看纪老94岁所作墨竹,96岁所作墨兰图卷,97岁所作水仙和菊花图卷,无一不生长在不为人知的深山老林。放眼望去,巨石穿空，密密麻麻穿透乱石爬满石壁山涧，郁郁葱葱的绿叶，清纯天然的花朵，似乎是争先恐后互不相让地竟相展示着自己倔强峥嵘的生命力量。屺老此时笔下的"野"已不是一般意义上的墨客骚人的"野逸"之"野"，而是势不可挡的山呼海啸席卷一切的"狂野"之"野"，是冲溃一切现成中国画法度"至法无法"，毫无顾忌地表现自我和自我情感的"狂野"之"野"。他的梅兰竹菊水仙之用笔，可以说是几千年一部中国绘画史上从未见过的放纵、狂野。其它如荒山野林，孤渡小舟，寸丁游鱼，一一拈来也无不充满着生命的野趣。与取材、用笔之野相应的是他用色之野。我们可以看到《芳名从古叫鸡冠》中鸡冠花的红，好似燃烧的火团灼人眼眸，令人想到梵高绘画用的柠檬黄。说到柠檬黄，我们又不禁想到屺老的《山村秋色图》（1977）。在他的笔下，大片激越的黄色没有丝毫悲秋的凋零而是黄得一片灿烂一片激动一片抒情，令人想到生命的辉煌和壮丽，哪怕到了时岁的秋日。《初日照丹霞》（1990）灿烂夺目的满树枫叶和气概非凡的群山的响亮色彩对比，泼辣大胆到即使野兽派、马蒂斯再世也不敢与之争锋！

1981年屺老以九十高龄先后在上海、南京、成都、北京举办个人画展。画展像飓风一样震撼了当代美术界。中国美术界像突然醒来发现了一个刚刚脱颖而出的天才一样，充满了惊讶。谁也没有想到，中国画坛还有这样一个年届九十的巨匠横空出世。次年，屺老出版了由林同济为之整理的谈艺录《癖斯居画谭》。是年6月他为钓鱼台国宾馆作巨幅《牡丹图》《竹石图》。1982年他应邀为旧金山机场作巨幅《葡萄图》。次年，他应邀亲赴美国参加旧金山机场《葡萄图》的揭幕典礼。回国途中在日本逗留一周，归国后又远赴高原云南写生。第二年，他93岁，又随上海市政协去四川写生。1986年95岁飞赴美国纽约、休斯敦讲学，直到1988年屺老以97岁高龄亲赴新加坡博物院出席其个人画展的开幕式。

可以说进入90岁后的朱屺瞻，佳作叠出，而且尺幅巨大，气势雄壮，大有舍我其谁气吞山河的胆魄，同时又有一种平易入世的亲和力。虽然他临摹过宋人的大山大水，但自己却一反那种法度森严气势压人的山林造成的疏离、压迫及窒息感。宋人郭熙《林泉高致》谓："山水有可行者，有可望者，有可游者，有可居者。但可行可望不如可居可游之为得。"屺老笔下的山山水水不是锋芒毕露的巉岩峭壁，而是可居可游乃至可亲的充满寻常人间气息的团块状的"馒头山"。水也不是激流险滩而是微波涟漪，还兼有一种特别的童趣。他在《癖斯居画谭》中一再提到，"老来想学儿童画"，"儿童画饶天真无框框，无矫揉做作之态"，"儿童画施色往往'放'而不乱，'重'而不俗。""儿童画可爱在下笔时无杂念，一味率真故能神全"，他认为老友关良的画，可贵就在"稚拙"二字。1980年广西小画家阿西、亚妮在上海办画展,89岁的屺老特意把阿西请到家里,让他趴在桌上画山水、画猴子。画毕,他情不自禁在阿西画上写了"我不及阿西"几个大字。1983年,92岁,他还在临摹画家丁立人之子丁比笔下的儿童画。虚谷笔下的金鱼到了他的笔下,"变其形、大其眼,肚皮画得圆鼓鼓的,尾翼画得松松的",怡然自得,旁若无人。一副孩子的模样,让他觉得画来"好玩!好玩!"据"文革"中给他提供画片的画院年轻同仁张迪平告诉笔者,屺老晚年一直耿耿于怀,自己放得不够,要像儿童那样放开去画。我曾有幸多次近距离目睹百岁前后的屺老的风采。他满头茂密如天山之雪的白发,尤其是孩子般乌里闪光、几乎毫不设防的眸子和天真无瑕的笑意,有着一种令人折服的魅力,生动地透露出其生命和艺术创造力长盛不衰的奥秘:岁月之于他,从来不是工于心计的烦恼,而是纯真无瑕的单纯。即使作画,他也认为"笔墨繁,烦恼多"。

因为他出身富家,又视绘画为一生之喜好和追求,所以他画画不在乎价钱卖得高低,不在乎别人喜好和脸色,完全不在乎市场风向的变化,更不在乎画外的功名。与同时代大画家相比,他比徐悲鸿大3岁,比刘海粟大4岁,比林风眠大8岁,但他从来没有像徐悲鸿那样成就自己做名标青史的伟大画家的雄心,也不会像林风眠那样发表《告全国艺术界书》一震画坛,更不敢像刘海粟那样牛气冲天视己为"国宝"。对于所有的身外之物,钱财抑或功名他都看透看淡。以金钱论,他就常常怀着一颗平凡心帮助别人,都不图为报。又据其年表的粗略统计,就在他90岁后,他先后捐助、义卖大小作品八十余件,从国家美术馆、家乡政府、中福会基金会、中小学幼儿基金会,直到非洲灾民、威尼斯维修。即使贫困潦倒,身居斗室,饥肠辘辘,他仍然潜心于画。他不自找烦恼,即使烦恼临头,也及时想开、摆脱。他一生之中,画作四次毁于一旦:1924年军阀混战,1932年、1937年两次日军轰炸,直到"文革"置于友人家中的画,唯恐大祸临头,被友人彻底销毁。可以说,这四次灾难几乎毁掉了他大半生的心血,但他从不气馁,从不怨天尤人,每次都重新来过。他几乎一生都心系于画,不是在画画,就是在想怎样画画。其间多少常人难忍的冷落和寂寞,常人汲汲碌碌以求的功名和成功,在他看来统统不过只是寥寥的长天中的一缕过眼烟云而已。所有处心积虑的俗世烦恼,在他心目中完全是人生的"余数"。人生的前八十年中他只是像一块未曾剥开未有世人赏识的和氏璧,只是在沉默和朴素中渡过,只是在一种虔诚投入而决不刻意投时风所好的艺术创造中渡过。

明人董其昌认为:"画之道,所谓宇宙在乎手者,眼前无非生机。故其人往往多寿。"屺老的艺术创造,愈到晚岁,愈是将自己个体的生命通过艺术、通过岁月的蒸发，溶入大千世界自然宇宙的过程。他特别叹服林同济教授作画要有"宇宙感"一说，认定最高的意境需与天地同脉拍，要表达出无穷时光的"微茫"和生化天机的"微妙"。他86岁时创作《浮想小写》系列分别取了十二个大自然的场景，借景抒情，寓理于景，对应象征了人类对宇宙、理想、开拓、攀登、突破、曲折、斗争、变革、清洗、再生、迈进和出新十二个主题的思考。在《小写》十二图中，画家的想象力像展开双翼的精灵，自由自在地翱翔在天地自然中，突破了人类存在的自身局限，将有限的生命延伸至了宏微的微茫和微观的微妙层面。这是绘画的宇宙观、社会史、哲理诗，被学者林同济赞为中国画史上的"第一次"。这是曾被世人忽略的屺老，活到此时，生命意识由盲目自在到自觉自为顿悟、突变的标记，也是他艺术生命青山不老的重要信息。他多次说过，写出天地间的那点"生意"便是"大工"。要写出生机，这是中国"生生不息"宇宙观的要术。所谓巧夺天工者，夺得的就是此生机、生气。可见，屺老平时话语不多不善言辞，对此却是一直比较清醒自觉的。谈他的山水、花卉，你一定可以感受到生命元气和自然元气"天人合一"的浑成之化境。智者乐，仁者寿。艺术其实只是生命的对应形式。怎样的生命状态就会有怎样对应同构的艺术形式。屺老作画常对人说，我是"瞎搨榻"，"白相相"。

画之于他，是大智者游戏"白相"的快乐，是大仁者"瞎搨榻"时天然心情的自然流露。大巧若拙，大匠不凿。"瞎搨榻"、"白相相"，这六个充满了俚俗气息儿童趣味的字，极为平常而又富于禅宗意味地表达了他的生命状态和艺术哲学。

要理解艺术和生命的关系，没有比屺老更为典型的范例了。在他之前，只有意大利文艺复兴时的油画巨匠提香99岁还在作画，国画大师齐白石变法到97岁。屺老艺术的美学价值就在于长寿的生命所创造的无可替代和不可模仿的艺术形式。唐人孙过庭有"人书俱老"之说，杜甫也有"庚信文章老更成"的诗评。这是因为，生命的日积月累，与对艺术的法则和规范水滴石穿成的、从逐渐理解到某一点上的重大穿透，乃至脱缰而去，进入无我无他的自由的过程，是呈现着同步互动关系的。诚如孙过庭《书谱》说："初学分布，但求平正；既知平正，多追奇险；既能奇险，复归平正。初未及，中则过之，后乃通会。通会之际，人书俱老。"朱屺瞻的艺术，岁月交替，老而弥坚，越入晚境，越显出一种绚烂之极归于平常的随性和率真。尤其在他97岁后的作品中，特别能感觉到长寿艺术家生命岁月对艺术法则穿透、颠覆的随心所欲而不逾矩的自由，以及体能变化带来的某种在寻常生命中被视为局限的运笔——这种局限也是一种不可模仿的特色——所形成的艺术张力和视觉冲击。人书俱老，是一种生命的境界，是生命在艺术中的倒影和卡农，是无法学也学不会的，他创造的是一个迄今无人可破的人类的艺术史上的奇迹！

朱屺瞻一生历经时代的风雨坎坷，阅尽人间的春华秋实，但其一生"依于仁，游于艺"。只是在艺术中寻找，感受自由的存在和存在的快乐。目睹屺老仙逝后二十年不到，中国美术界的种种怪相、乱相、险相，营营苟苟，相争于利，乃至同道好友视如陌路、反目成仇，他的人品、艺品，实在是一座照亮世道人心的灯塔。他以实实足足105岁的生命，教我们如何做一个相对纯粹的艺术家。

"昔人已乘黄鹤去，此地空余黄鹤楼。"朱屺瞻为这个世界、这个时代留下一座用生命堆砌，用色彩线条营造的穿越时空的艺术史上永恒的"黄鹤楼"。

2013年6月6日凌晨

小注：国人历来有敬老传统。为表对107岁长寿画家朱屺瞻先生尊敬，全文基本以屺老尊称。

参考文献：

朱屺瞻：《癖斯居画谭》（上海人民美术出版社）

朱屺瞻艺术馆：《朱屺瞻艺术研究文选》（上海人民美术出版社）

朱屺瞻艺术馆：《大道存真》（上海人民美术出版社）

老沈,走好

和画家沈柔坚(中)及其夫人王慕兰(左一)

不相信。真的不相信。

7月10日傍晚,得到沈柔坚先生去世的消息,我震呆了,久久不能自持。我不相信自己的耳朵。月亮和星星高悬在深邃的夜空,老沈怎么会走呢?他是和月亮、星星同在的生命。从第二个人口中证实了这个突如其来的恶噩的时候,我掐了自己。痛。终于,理智告诉我,一切都是真实的。老沈,真的无可挽回地走了。

但是,我仍然怀疑它的真实性。因为就在这天中午,也许就在他去世前后的几小时，我还在犹豫，今天是否要去看他。望着当空的炎炎烈日，我打消了探望的念头。我对自己说，改天去吧，不要在这样的酷暑中打扰老沈的休息。因为就在5月份，上海国际艺术节期间，我去看望过他。他的夫人王慕兰老师告诉我，不久前他动了个大手术，医生说他身体好得像个年轻人。我埋怨他们为什么事先不通知我一声。老沈插上来说："切除了一个大瘤子，连我自己都没有想到恢复得这么快"。眼里闪烁着极其单纯快乐的神色。他像一个年轻人那样，站在餐桌前，无拘无束地开怀大笑。是的，他整个状态，就像一个朝气蓬勃的年轻人。他的笑声在客厅里久久地回荡，以特有的魅力感染着我。我确信，死不属于这种乐观豁达的生命。因为死神畏惧热情燃烧的生命。不相信，我真的不相信，生命的消逝，竟像夏夜的流星，在那么短短的一瞬，就此燃烧完了生命的核能。

那天，我一夜没睡。老沈的身影，不断在我眼前晃动。我拼命在想，在倒下去的几分钟里，这位老人想了些什么。

也许，这位一辈子处于上海美术事业领导岗位的老人，想起了他的工作。作为上海美协当之无愧的主席，他以开放、宽松、与时代同步的艺术观念和思想，为每一种艺术风格的健康发展，创造着一片和谐、自由的艺术生态氛围。1986年，一个和现在同样闷热的夏夜，在上海戏剧学院的小楼里，他像一个重大战役指挥者，召集我们筹划一个学术性、探索性的双年画展。那个画展后来有了一个迷人而富于诗意的名字：海平线。正是这个画展，为一批又一批才华初露的中青年画家提供了艺术才华纵横驰骋，艺术想象无限升腾，艺术探索彼此撞出、竞争的舞台。那天在场的有何振志、吴亮、顾晓鸣、王邦雄——十几年过去了。那一年，时值批判资产阶级自由化，办这样的画展无疑会有一些风险。也有人劝过老沈，但老沈始终认为不能把艺术探索等同于政治上的自由化。正是因为他的坚持，"海平线"终于诞生了。时过境迁，我更深刻地感到，老沈对党的文艺政策的理解是正确的，深刻的，是共产党员对党的文艺事业抱有的信心和乐观。首届"海平线画展"推出的画家，如今已经成了海上画坛的中坚。老沈一定在牵挂着他们的未来。他一定在期待和他的副手徐昌酩见面，筹划一系列将进入上海美术编年史的重大活动。这些活动将为中年画家提供新的突破的可能，将为年轻的艺术家提供新的发展的机会。这些活动，将把一个充满活力和无限生机的上海美术事业带到一个崭新的世纪。

也许，他想起了他身边的那些年轻人。他是那种对未来充满幻想的人。这样的老人，总是和年轻人共着呼吸，同着命运。他真诚地信赖年轻人，总是牵挂着年轻人事业上的长进，总是喜欢和年轻人在一起。他悉心地倾听他们的声音，用来自年轻生命的信息丰盈自己生命的活力。他给予年轻人的信任，使每一个和他接触过的年轻人都感到惊讶。首届"海平线画展"筹备时，他毫不犹豫地把撰写序言的任务交给了初出茅庐名不见经传的我。然后，又用他信任的目光解除了我的忐忑。他第一次赴台开个展，在众多的评论家中找到了戴恒扬、花建和我。他对我们说，我不喜欢老气横秋的东西，你们放手去写。在出版朱屺瞻、程十发、唐云、谢稚柳等十五位老画家合集时，他又一次把写序的任务交给了我。我知道，那其实是一位功成名就的老艺术家、上海美术界的最高领导，对于年轻人的厚爱。我更知道，在我们这座城市有无数年轻的艺术家受衷于老沈的这份厚爱。他在我们面前，从来不端起让人敬畏的领导架子，我们都喜欢叫他"老沈"。一声"老沈"，缩短横亘在我们之间地位、年龄的距离。他对于年轻人不遗余力的栽培、奖掖，常常使我想到鲁迅与文学青年。他像鲁迅先生赞扬的雄阔海扛起铁闸一样，积几十年的生命，扛起了这个时代不断袭来的阵阵风雨，放一大批后起者到一个阳光灿烂的所在，开拓自己钟爱的艺术事业。

也许，他想到了他的艺术。那年老沈晋京办个展。一位将军慕名去探望他，进门就恭敬地向他行军礼，不住地叫他"老首长"。以老沈的革命资历，完全可以当之无愧地接受"老首长"的称谓。可是，他不习惯。他神色郑重地纠正说，"我不是首长，是艺术家"。去世的第二天一早我去看望沈师母，沈师母说，你知道老沈，他晚年关心的只有一件事，追求的也只有一件事，就是艺术。艺术，是他毕生为之追求的至高无上的目标，是他生命存在的方式。每次只要谈到艺术，他就年轻、就投入，就眉飞色舞、神采飞扬，就忘了年纪，就按捺不住地手舞足蹈。他的一生饱浸了我们这个民族的深重苦难，历经了中国社会的坎坷，但所有一切都丝毫无法消蚀他艺术家的赤子之心。在东风吹、战鼓擂的时代喧嚣中，他献出了富于静谧诗情的《雪后》。夜空下积雪尚未消融的上海屋脊，像温柔的慢板，给多少被阶级斗争为纲而冰结的心染上了一抹人间的温馨。在写实主义一统天下至尊至贵的20世纪60年代，他创作了一系列的访欧写生，有水彩和水粉、有速写，以热情洋溢、大胆泼辣的表现主义色彩，在沉寂泛味的画坛，吹起了一缕清新的凉风。为此，他被扣上了一顶"沈梵高"的帽子。在极左的年代，谁都知道"沈梵高"意味着什么。

也许，他什么都没想。直到生命最后一刻，他依然在不懈地追求着完善，追求着艺术的极致。他是在画完一幅平生最得意的，甚至让墨海生涯几十年的大艺术家们都羡妒不至的杰作以后，在沉醉于极度创造的欢乐中，突然离开这个世界的。那些栩栩如生的水果，那些生拙老练的线条、奔放热烈的色彩，无不昭示着生命极致境界的美丽。

对于一个艺术家来说，还有什么比这完美的告别演出呢？这是一个生命和艺术的双重绝唱。我甚至觉得这还不是艺术至上的绝唱。以老沈那种孩童般的单纯天性而言，这是一篇关于艺术家的最杰出的生命童话。

微风轻轻掀动了窗边桌上他一生刻的最后一幅版画。这是一幅夏日的风景。桌子上安详地铺着空白相间的台布，椅子无言地站在桌边，明黄的竹竿，亮得耀眼，甚至背后浓绿的树荫也像梵高的向日葵，每一个色块都迸发着让人惊心动魄的生命力量。我仿佛看见一位向着生命巅峰进击的老人，手起刀落，留下了粗犷有力的刀痕。

怎么能想象，这样充满活力的作品出自一个将近八旬老人的手笔？怎么能想象，能创作着比年轻人更富于活力作品的艺术家，会猝然去世。望着那张空寂的椅子，我觉得，老沈没有死。他是去出席一次画展的开幕式，是去参加一次美协的会议，是去创作一幅构思已久的作品，是去作一次期待中的远游，抑或是去找一些年轻的朋友作一次倾心的长谈？他只是离开我们出去一会儿。

在这个充满神圣苦难的世纪，老沈以他乐观而富于视觉愉悦的色彩，抚慰了我们民族创伤累累的心灵。在这点上他像马蒂斯和他的时代，在用全部的生命点亮、燃烧自己的创作，把生命视作一场永无止境的艺术探索、精神探险，把艺术视为人生至高的存在，在这点上他的心和梵高是相通的。他无愧于极"左"年代作为恶谥而扣在头上的那顶"沈梵高"的桂冠。

老沈走了。终年79岁。在审美的意义上,他是一个民族苦难背景上升腾起来的美丽火苗,是一个用色彩展示心灵的童话诗人,他天真烂漫,没有做作,没有城府,要让所有的人在他的艺术世界里体悟到生命的美好,世界的美好。在这点上,他使我想到安徒生。

是的,老沈走了。作为一个艺术家,这次一定是为他最最重要的创作,去作一次最最重要的写生。我在心里轻轻地对他说:

老沈,走好!

1998年7月20日

冷月清辉
赵冷月书法管窥

一代大书法家赵冷月先生,在这世界上生活书写了八十七年。如果他一直活着,活到今天,就是一百年了。他活着的时候,略显寂寞。多少年来,无关书坛冷热,无关世风起落,他的书法,终如一弯冷月,挂在天际,悄然无声地将淡淡的清辉,洒在中国书坛的广阔原野上。举头是清辉,低头仍是清辉。

赵冷月(1915—2002)曾任上海市书法家协会副主席,上海市文史研究馆馆员。先生别署缺圆斋,晚号晦翁。虽然名号并不能决定什么,但其中却也透露了一些带有索引意味的信息,它们既体现了先生的心态,也反映了先生的景况。缺圆,意味着先生内心不随流俗、宁缺勿圆的艺术追求和向往。一个"晦"字,既道出了其冷月清辉,恰如"云遮月"般蕴藉冷寂的书风,也写出了他当时在上海书坛寂寞徘徊,从者寥落,知音难觅的影响。他曾经说"我不属于上海,我跟上海是没有缘分"这样郁闷而掷地有声的话,并且一直向往有一天走出上海,去一个更为开阔的世界展示他的书法艺术。他为人平和,但内心深处有一种力量的坚持,他确信,外地人能理解他。赵先生的命运,是所有古往今来大艺术家的必由之路。驿外断桥边,寂寞开无主,多么疏朗清雅的梅花,星星点点,却无会心的赏花人。

冷月先生一生的书法道路可以用八个字概括,那就是,英才早慧,大器晚成。

冷月先生出生于嘉兴,书法是家学,自幼受到熏陶,又从名师深造,读帖、临帖,起点很高,自两晋以降,直到宋元,凡圣贤书法都攻研。

歌德说过,要读最优秀的作品,才能有品味有眼光。这使得冷月先生十来岁,就有了一种开阔的眼光,看到中国书法的源远流长博大精深,一种不俗的襟抱,有了对作为艺术的中国书法的理解,特别是极其扎实了得的童子功。二十岁不到,冷月先生已在当地书画界享有名声,由此开始了他与书法的一生"苦恋"。

三十岁,他孤身只影来到上海,代客书写楹联、店招、匾额,鬻字为生。这种商业性书写,常为士林所不屑,须知上海为我国书坛重镇,书家云集,一个举目无亲的陌生年轻人,要在强手如林的上海滩以书法谋稻粮生计,过上"收入颇丰"的日子,绝非易事。况且,职业性书写的特点是书写量极大。这种海量书写必然形成书写的高度熟练性和客户对于各种书体字体要求的广泛适应性。熟能生巧，也能生俗。关键是书家自己主体的认识和理解。殊为难得的是，作为书家，冷月先生自己有着一份可贵的清醒。他为自己严格界定了职业书法和艺术书法的分野，前者是俯接地气的生计、手段，后者才是自己仰望明月志在高远的艺术追求，颇有点几十年后文化界流行的"以商养文"的意味。赵冷月书法馆，一时名重沪上。不仅有沈尹默先生题写馆名，更有来楚生、谢之光、关良、张大壮、刘海粟谈书论艺。其后，数十年，更有王蘧常、程十发等海上诸多名家大师与之切磋，引以为知音。这种海上"谈吐皆鸿儒"的文化氛围，极大深化了他的眼界和追求。1984年冷月先生第一次个人书法展，淋漓尽致地集中了他前半生不舍昼夜，遍临二王、欧阳询、诸遂良、颜真卿、米芾、何绍基等诸家的书法成就。让人们看到了他法度森严的几十年苦修帖学的厚重功力。可以说，笔笔有来历，字字见规矩。这是一次回顾，一次总结，更是他对中国书法传统的一次虔诚致敬。他精湛深邃的帖学造诣令沪上书法界赞叹不已。

作为中国书坛重镇的上海，有着自己的书法演进的文脉轨迹。虽一直以帖学为书统正脉，入矩应规，谨守绳墨，尤其是清帝酷爱董其昌、赵子昂，以之代统，其流派盛极于全国，也延绵长久，使书风也更趋轻绮圆润，匀净秀美，在这主流创作中，一代一代，上海出了不少名家。到清末民初随沈曾植、康有为、李瑞清、郑孝胥迁居沪上,北碑南下,上海一度成为碑学中心,书风雄健硬朗,丰茂深古,面目一新,异军突起。但是随着他们的老去,碑学便渐趋沉寂。上世纪30年代海上书坛开始了一个以沈尹默为旗帜为中心一统天下的帖学时代,也出现了陈陈相因、自我封闭的书风格局。1989年,作为沈尹默时代冷月先生举办的第二次个人书法展所展现的正是出帖入碑,重建海派书法碑学的历史记忆,并在魏晋六朝的碑学幽光中寻找书法突破的路径。此前几年中,他几乎终日不离以《龙门二十品》为代表的魏碑。展览上,北碑强悍的扎根北方山川大地的山林气息,像野草般倔强的生命力量,极大地冲击了已经定型的海上书法传统,引起了评价不一的争议。

此时,他可以功成名就的止步,因为前方意味着风险。然而,对于一个以书法为生命的大书法家来说,赵冷月身处争论的漩涡中心,不仅不为所动,而且逆风上扬,中流击水。以明确的美学、哲学追求,以一种无畏的坚定意志,开始了他晚年破茧化蝶最为壮丽动人的衰年变法。这"茧",就是"俗",就是规范化。书法要讲法度,但法度不等于规范化。冷月先生认为,"法度有一种随机性,存在着变幻,孕育着生命"。他有了一般书法家不具备的哲学意识,希望"以有限的形态表现无限的意义",达到一种"豪华落尽见真淳的大雅之境"。他选择的跳板是《张黑女墓志》,显示出了长者书家独有的睿智眼光。曾有晚辈书法家亲眼目睹整整两三年中他书桌上始终放着这本帖。他问先生临写过多少次了。先生笑了笑漫不经心地说，不下百遍吧。《张黑女墓志》虽然定型，但此碑既有北碑的峻利爽朗，又有南帖的温文尔雅。结字扁放疏朗，内紧外松。用笔方圆兼施，中侧并用。沿着它放眼望去，书法就有了新的开阔空间和极为丰富的可能性。中国书法从宋代开始就有了帖学碑学的分野，而自阮元、包世臣、康有为始更一直徘徊在帖学碑学之间，始终无法超脱碑帖优劣之争的是是非非。1994年，79岁的赵冷月举办了他的第三次个人书法展，显示了一个将届八十高龄的书法家破釜沉舟攀登险峰的决绝。他要领略书法险峰的无限风光。书法之于老人已不仅仅是艺术，而是他的"内心独白"，宣纸上留下的线条，不但是字，而且是他内心独白留下的"点点痕迹"。他破帖出碑，亦帖亦碑，非帖非碑，完全形成了自己的面貌。字体参差错落，墨色浓淡无定，更有看似溃不成军的散锋。布局如"七八个星天外，两三点雨山前"，不拘小节的率性随意，恰如他向往的苏州拙政园中那四棵清、奇、古、怪的古柏。其所书大字"良宽"、"广武"，迟涩多变，用笔古拙朴质，有一种解衣盘礴完全无视世俗好恶的魏晋风度。从写字到艺术，再从艺术回归"写字"，在写字的过程中体会享受儿童般全身心投入创造的愉悦。极为难得，其中既有"枯藤老树昏鸦"的苍凉底子，又不乏儿童涂鸦的烂漫天真，是真正艺术上的"归朴反真"。

在冷月先生晚年留下的字里行间我们听到傅山"宁拙勿巧，宁丑勿美，宁支离勿轻滑，宁率真勿安排"在当代的空谷足音。是的，空谷足音，知音寥落。据参加1996年"赵冷月书法研讨会"的书家回忆，那次研讨会上，"很多人拍案而起，胡闹！"，真正是"琼楼玉宇，高处不胜寒"。

剧作家赵化南回忆父亲，一张垫高的椅子，他坐着，提着笔，前面是铺着的宣纸，再前面是竖着的碑帖，敛气凝神，一笔不苟地写。这幅似是静止的画面，几十年里无一日不呈现在家人眼前，人似乎是天生在椅子上的，笔似乎是天生在手上的。

这"天生"两字，实在是写尽了一个以书法为生命的中国书法家的神韵和宿命。冷月先生当年的寂寞，使我想起了那块寂寞的和氏璧。人磨墨，墨也磨人。是所谓，造化弄人。

今年是一代大书法家赵冷月先生百年诞辰。百年后，他的书法如愿在京城展出，可以两个"如"字概括：观者如堵，好评如潮。同样的月色清辉，当年的一钩弯月，如今犹如一轮中秋满月，高悬在中天，吸引大家翘首遥望。从申城到京城，二十三年，时光，改变了世界，也改变了书坛和我们的书法审美。

和氏璧，就是和氏璧。

2015年9月13日

俞晓夫：游走在历史、现实和思考之间

俞晓夫不是那种以艺术谋生却没有一点艺术气质的艺术家。

俞晓夫不是那种以利益为内驱力随波逐流的艺术家。

俞晓夫不是那种不会走就想着跑、不会画画却胡涂乱抹，穿着皇帝的新装满世界乱跑、唬弄人的艺术家。

俞晓夫不是那种只顾低头拉车从不抬头看路，只有技巧没有思想的艺术家。

俞晓夫不是那种满嘴'主义'，拿起画笔面对画布就手足无措不辨东西的画家。"

当我从一篇旧文中摘下上面这些文字的时候，望着窗外初夏的漫天星斗和城市的万家灯火，有一阵久久的茫然：他不是什么，可他是什么，他为什么不是什么是什么？

大千世界、芸芸众生、王公贵胄、一介草民，都有自己生命的轨迹、人生的道路。大体看来，人生就像一条河。起初是出山的小涧，细小却清澈，到了中游就分出了叶脉般的支流，到了下游，水面开阔，气象浑成，却也泥沙俱下、鱼龙混杂地浑浊起来丰富起来复杂起来。就像所有入海的开阔壮观都可以追溯到源头的涓涓细流一样，成人的故事总是相关着遥远的童话。王安忆多次讲过类似的话。她说，人的一生其实在童年就已经决定。

一般来说，上海的画家大都不那么显山显水、不那么高调。他们知道在这样的城市里安身立命必需要有一种"奇异的智慧"，一种不事喧哗却一鸣惊人的才华。他们常常会在一二声呐喊以后，就保持着长长的高贵的沉默，或者至多还有几声喃喃低语而已。他们长年累月地钻在逼仄的画室里，只有透过玻璃窗的苍白的阳光，抚摸他们全神贯注充满激情的脸庞和握着画笔的手掌，略略知道他们艺术的谜底。艺术家在任何时代、任何地方，都带着撩拨人们好奇心探究欲的神秘兮兮的色彩。在我们这座城市，尤其如此。

对于俞晓夫艺术生涯的窥探，大体和我们站在露台上，仰望苍天，为一颗有名或无名的星星而激动一样。

俞晓夫祖籍常州。这个地方在中国晚清文学史中颇有地位。出了以张惠言为领袖的常州词派，在词学中提出过"重、拙、大"的美学主张，即使在江南也算得人文荟萃的名城。但是晓夫的艺术和常州并没有什么明显的血脉联系。他们家世代以裁缝制衣为业。爷爷一代背井离乡。就像当时所有血气方刚的外乡人一样，他们要在"冒险家的乐园"——

上海打拼一番，挣出一份家业，小有成就，有了一幢属于自己的房子。大约是在抗战时期，这位怀抱雄心的中年汉子决心到香港再闯一番事业。不幸命运女神没有再次眷顾。家道中落，显出《红楼梦》下卷的那种潦倒和清苦。

这段家史其实和晓夫并无直接干系。但晓夫似乎对此情有独钟。在一个下午，他用很感性、很沧桑的语调叙述他未出世时的故事，慢慢眼睛里竟有了窗外阴天灰蒙蒙的迷茫眼光和沮丧。这在他是很少见的。

1950年，一个常州人，一个裁缝的后裔，出生在上海初冬的寒风中。不过，此时，"常州"和"裁缝"，都已经是一个他与未来发展无关的历史符号了，唯有在他低头，眼睛褪下鼻梁，他从镜架上看人时的眼光，可以依稀辨出一点裁缝的遗传。他的父亲是人民海军七院四所四〇二厂的工程技术员是一位肩上画着杠、缀着星的上尉。在画家日后的记忆中，朝气蓬勃的上尉父亲和20世纪50年代一样晴朗蔚蓝。他的母亲也在一家设计院当技术员，两个人有180元左右的收入。这样的双职工家庭，就像50年代的苏联电影讴歌的生活一样单纯、美好。在一个低工资的时代，这样的生活，堪称富裕，足以让大多数市民投来嫉羡的目光。

这个体面的家庭将温暖的小窠安置在常熟路的一条大弄堂里，隔壁就是儿童时代社。虽然这里没有摩天楼群，但这里被人们称为上海的"上只角"，集中了上海最漂亮的带花园的小洋房,最阔气的有落地钢窗、打腊地板的新式公寓。即使弄堂也比东北"下只角"宽了许多,方便"自备汽车"开进开出。就像纽约豪门望族居住的中央公园边上第五大道上东区,就像集中了伦敦大宅深院的伦敦西区一样,上海的西区富庶、优雅、有文化。只有在这里,才有一个专门上演西洋歌剧的"小剧场",有"兰心"有"国泰",这种张爱玲们当年出入的影剧场。不论在旧中国还是新中国,这里都是"上流社会"的所在和身份地位的标记。历史改变了一切,但有些骨子里的东西就是洗涤粉也汰洗改变不了的。这种气息对一个孩子的文化影响是天长日久,深入灵魂的。读俞晓夫的画,可以感受到一种发自肺腑的精神贵族的高贵气息和派头。这种气息是装不出来的。如果没有日后生活的冲刷历练,他今天也许就会是一个单纯考究灵魂苍白的贵族画家。

这个孩子在三四岁的时候,和上海大多数富裕家庭的孩子一样,用昂贵的托费全托到了设施齐备的托儿所。据说,这个孩子的"命"很硬,他后面曾有过一个弟弟妹妹,出生不久就夭折了,所以,这个"命"很硬的孩子就有着独生子的娇惯。虽然每周到托儿所他都和几个小朋友一起,像电影里的"小少爷"那样被一部改造得包厢般的三轮车接走,但他依然会倚小卖小,不顾一切的哭闹,在母亲的怀里撒娇,让母亲来哄自己。晓夫后来生活中有点"促狭"

的机智，这时也有了一点端倪和兆头。托儿所在现在的斜土路医学院路。那时，附近阡陌纵横。在去托儿所的路上可以看到大片大片绿油油的农田，可以接受田野里清风的抚慰。对生活在城市里的孩子，大自然畅开的怀抱，显得亲切、朴素。

我们的传主那时并没有像许多传记的主人那样，一开始就每个细胞都张扬着神童天才的光芒，并没有表现出对画画的特殊天赋和兴趣。托儿所阿姨喜欢把他带去的零食充公发给小朋友去"共产"，去"集体化"。看到自己喜欢吃的零食被瓜分，他会嚎啕大哭。他还会自作聪明地买椟还珠，为了很快能玩一把装弹子糖的"小手枪"，把弹子糖倾囊而出一股脑儿统统分给小伙伴。有时候父母工作忙，周末不来接他。他就一头钻在被子里，自艾自怨地闷头大哭。小小年纪，就学会了多愁善感。几十年以后，想起当时热水被小朋友用完，自己只能把冰凉的冷水泼到小脸上的时候，他还会很自恋地想到童年简·爱在修道院里的孤独生活。虽然集体生活没有让他学会生活自理，但他却由此知道了生活自理的重要，也给了他健康愉悦的身心。

每次来接他，年轻的海军夫妇都好像带着点歉疚的心情，急着要给他补偿失落了一周的关爱。先陪爱子上馆子吃晚饭，再带爱子到大光明看电影。看的全是最新的外国影片。晓夫幼小的心里装满了《三海旅行记》《骑车人之死》

这样的外国电影。这种西洋化的生活再加上外国电影的童年烙印，让晓夫后来一直喜欢画高鼻子蓝眼睛的外国人，而且好像比画中国人还手脚麻利，很有点得心应手、得意忘言、忘形的味道和境界。看到激动处，我们的晓夫会在蒙蒙胧胧中从椅子上跳起来，指手划脚。一次大剧院演出，我请他看戏。戏到紧要处，他突然有点旁若无人地和边上的一位朋友，交头接耳起来，还是一副孩子看电影的腔调。

大约在幼儿园升大班的时候，我们这位养尊处优的小朋友，在一个极偶然的场合中，完全无意地决定了自己一生的道路和事业。就像童话中的小木克灵机一动会干出一件十分有趣的事一样。那时中苏正友好得难分难解。幼儿园要和大家一起上街为"老大哥"的事去大游行。那个幼儿园的老师有事在黑板上没画完。转身之际，就被这机灵小朋友擦了，自说自话地画了一个斯大林元帅的侧面头像。因为这个头像，老师赞叹不已："这个小人将来一定是一个很好的画家！"因为这个头像，那天大游行让他手拿小旗，走在队伍的前列。对于五六岁的孩子,这是一种何等的荣耀，小小心灵怎么能承受如此巨大的刺激，从此种下了做一个画家的愿望。就像传说中穿上了红舞鞋就再也停不下来的舞女一样，晓夫在家里，终日地画个没完。他拿母亲做衣服的滑石粉笔画，被收掉，不甘心就拿抽屉里打毛线针画。手纸上、墙壁上到处留下了他的杰作和糊涂乱抹横七竖八的线条。终于,有一天年轻的母亲发现,自己宝贝儿子画了很多电影里的细节。于是,她明智地不再阻拦儿子的兴趣。相反从研究所拿来一摞摞晒坏的图纸和透明的描图纸,让自己的儿子尽情去发挥。这位未来的画家有这样的母亲是一种幸运。如果他生在"下只角"一个贫困的家庭,遇到一位没有文化的母亲,他的兴趣和才华也许早就在父母为生计的吵闹中被扼杀了。

到安福路一小读一年级的时候,双职工海军上尉夫妇把孩子的午饭托给了楼下的人家。在和邻居家几个孩子一起抢饭吃的同时,晓夫毫不留情地在邻居的墙上"创作"了大量的"作品"。这时,他的绘画天才和在幼儿园一样,再次被验证。小学里代美术课的是年轻的女大队辅导员。那次她要去开会,越着急壁报的插图就越画不好。晓夫怯生生地表示自己来"试试"。没想到大队辅导员开会下来,看到自己的学生画得如此出色,就此她找到了替身。至今俞晓夫还清清楚楚地记得他在壁报上画的推炮弹上膛的人民战士。我们可以想象,晓夫当时很想帮助这位女大队辅导员,但他其实是更想在自己喜欢的老师面前露一手。不单在画画上,就是唱歌课,他也不放弃自我表现的机会,直起喉咙,让自己布谷鸟般清彻婉转的童声引起老师的注意。他果然引起了老师的岂只是注意,简直是刮目相看。这个天资聪明的孩子很快就脱颖而出,自豪地挺起小小的胸膛,站在队列前担任起了领唱的角色,而且顺理成章,他居然进了孩子们心目中的音乐殿堂,市少年宫合唱团,大大地满足了一把自己的虚荣心。在众多实力出众的童声中,这回他真正是默默无闻的合唱队员了,就像大树林中一棵不起眼的矮矮灌木,从来没有像模像样地当过哪怕一回领唱。这是我们这位养尊处优又喜欢出人头地的少年自尊心所不能忍受的。不过,好在唱歌本来也只是他童年生活中突如其来的一段插曲。当然没有这段插曲,就不会有日后在众多画家卡拉OK时他的屡屡得手。

这时,晓夫只有二年级。但他已经掌握了后知后觉的人们几十年后方才明白的"自我选择"的道理。他,重新选择了绘画。在那个十分怜爱他的女大队辅导员的极力推荐下,从合唱团转到了市少年宫美术组,再次投入了美术女神的怀抱。如果没有这次"浪子回头"般的选择,那么,如今的上海也许就多了一个哼哼唧唧的平庸的合唱队员,而少了一个出色而富有才华的油画家。

人在冥冥之中摸索、行走,决定方向,这就是所谓的"命运",就是摆脱不了的宿命罢。人们总喜欢学究气十足穷经皓首地钻在发霉的故纸堆时里寻找"历史的规律"。历史自然不乏它庄重严肃不苟言笑的时候,但经常也不过是阴差阳错而已。就像那个胡乱中被插了满头鲜花的刘姥姥一样,是蛮可笑的。

一起学画的小朋友之间也经常会传递一些美术学习的信息。听说徐汇区少年宫美术教学很专业，晓夫就不顾疲劳，在徐汇区少年宫又报了名。这样，我们就每周都可以在热闹的静安寺和僻静的高安路，看见同一个背着大画夹的学画少年的背影。但脚踩两只船毕竟时间、学习都有冲突。二年级下晓夫终于放弃了市少年宫，而去了基本功教学非常严格的徐汇区少年宫。对于美术，童年的晓夫确实兴趣盎然。他同时还经常去大画家哈定的画室，去聆听接受这位以《祖国万岁》名重一时的大画家的教育、训练。学画费用着实不菲，每个月28元。就是当时工人家庭两三个人一个月的全部生活费。1966年，18岁的我就带着15元走了全国大串联的征途。70年代，我们一代人就"36元万岁"了好多年。每个月光颜料学杂费就高达20元。8元机动，其中3元花在了公共汽车上，5元另用，吃些点心另食，剩下就去买了连环画。如此昂贵的投入代价，以至于不太工于计算的晓夫，40年后坐在我家客厅里对这些钱的用途、分配、数目，还记忆犹新。

在徐汇区少年宫哈定画室和他一起学画的有"文革"中画刺麻醉出名的汤沐黎，还有后来以画黄山山洪中牺牲的知青而闻名的徐纯中。在学画的道路上，就像万人马拉松一样。发令枪响，千军万马。越到后来越是人影寥落。看看能够坚持剩下来屈指可数坚持学画的同学，晓夫小小的年纪，已经隐隐体验到了艺术独有的孤独。毕竟功夫不负有心人，到了五年级，晓夫已经娴熟掌握了画水彩头像的技巧，能把头像的结构、器官的表情，画得十分到家。他也参加过许多次儿童画大赛。可惜，他总拿着学院派严格的成人训练的画法去和那些从来不知美术为何物却胆大包天的"儿童画"神童去较真，结果每次铩羽而归。经常担任儿童画比赛评委的漫画家乐小英对他送选作品的评价是三个字——没构思。令画得比得奖孩子远远辛苦的俞晓夫大脑一片空白，找不到北。不过，似懂非懂，"构思"这个词深深印进了晓夫稚嫩的大脑皮层的某一条凹沟里，以致他后来的画在许多人心目中显得特别的"有构思"，构思精妙得云山雾罩，有点看不懂。

他在安福路读完小学，又在安福路上了黎明中学。上海乃至中国最负盛名的艺术团体"人艺""青话"就在这条街两边，遥遥相对，像两个正在用功对台词的艺术家。在这条街两边的弄堂深处有许多绿草如茵的小花园环抱着风格旖旎，令人产生童话遐想的小洋房，住着当权的或落魄的风云人物上流人物。从小学到中学的十来年，少年俞晓夫对面曾走过来多少衣冠楚楚、有教养、谈吐不凡、风度翩翩、顶着诱人桂冠的人物。他们和安福路两边将斑驳的浓荫投在路面上的梧桐树一样，绿了黄，黄了绿。就在他就读的中学就有许多堪称"人物"的老师。教他们美术课的老师叫陈宗谦。他的永远有点压抑的表情让每一个学生都可以读出"很有点背景"的意思。他的哥哥陈宗敬则和他一起，教语文。他是徐悲鸿的同学，而在当时的时代灿烂之中，他们已经带了点晦暗陈旧的颜色。陈老师的画法是完全欧化的，和俄式油画的狂放不同，他画得很严谨，很重视基本功，但也很老派，是18世纪枫丹白露的作派。这样的人物在几十年后上海滩刮起味道不太纯真的怀旧时尚中，应该是一个很有点历史风尘的老克勒式的人物了。他总是小心翼翼地给晓夫和他的同学讲美术，小心翼翼地训练而且在一旁看着晓夫为习作打底子，最后他自己拿起画笔同样小心翼翼地从头到尾角角落落把画布上的粗头乱服收拾成一片工工整整结构严谨的画面。

谁也躲不过1966年那个令山河变色的炎热的夏天。军人家庭出身的俞晓夫最早成了红卫兵，而且被选派为班长。他像那个年代所有有资格"革命"的孩子一样，戴着红彤彤的袖章抄大字报、画走资派的漫画、印小报、出大批判专栏，还成立了一个"八一近卫军"。不过他似乎不是那种对"革命"有着狂热癖好的人，很快就玩腻了"革命"这种全民参与的游戏。他可以崇拜十二月党人但他没有十二月党人的气质。他做了一个逍遥派。正是乱动的年纪又碰到动乱的年头，他常常一个人趁着月黑风高的掩护，从窗外爬进图书馆的藏书室，把报刊杂志里自己喜欢的漫画、图画、文章一股脑儿剪下来，卷好。像鼓上蚤时迁那样，神不知鬼不觉偷偷"拿"出了学校。半个月看完了，他如期到图书馆清理一遍，就像那些很忠于职守的图书馆管理员一样。这是那个时代不少喜欢文艺的青少年都有过的经历。不过像他那样有毅力有魄力定时定点制度化去"学习"的"雅贼"，并不多见。在学校里所有画伟大领袖宝像的光荣任务，都交给了晓夫和另一个高年级的著名的画家子弟。通常他画头像，与他搭档的画家子弟画身体和背景。有一次小晓夫画到一半有事走开了，那位高年级的大哥哥也不甘心地想露一手。谁知技艺生疏不到家，把领袖画得病恹恹地毫无光彩，由此更确立了俞无可挑战的专画领袖的地位，得到工宣队领导的青睐。毕业分配时，这个爱才的工宣队领导，特意在同学们都分配完后，赶在"一片红"的最高指示下达之前，把他分配到了上海客车厂。

在厂里他的主要工作是搞"革命大批判"。他热衷于工人业余文学创作，一度中断了画画。年轻人心里涌起了新的骚动，想改行搞文学。每天拼命地读书做笔记。那时复旦大学出了个炮打张春桥出名的红卫兵小将胡守钧，胡时常到他家楼下找同学谈事。俞深为他的谈吐风度折服，时不时被一种激情的力量驱使，赶到郊外的复旦大学去看胡写的洋洋洒洒大字报，几乎沉缅其中，不能自拔。不过最终结局和他小学学唱歌差不多，开花不结果。投了几次稿，他很快就明白自己真正的所爱。文学兴趣和热情就此告一段落，还是迷途知返，乖乖地听从命运的安排，回到了画桌前。

这时他有了一段终生难忘的经验。他的一个同学转弯抹角从年长一点的画家黄英浩那里借来了一摞苏联《星火》杂志的文学插图。面对这些千姿百态的精美插图，俞像念着"芝麻开门"的阿里巴巴，看着面前无数金光闪闪的财宝，激动得不知如何是好。他躲在厂里的小阁楼上，像那些初闯巴黎的外乡穷艺术家一样，没日没夜地画。奇迹般地在1个半月里临摹完了600张插图。整个人都脱了力，变了形。一天他在爬小阁楼时，天旋地转，双脚一软，从楼梯上摔了下来，完全失去了知觉。灵魂像一缕云烟，悠悠地飘向天堂。等睁开眼睛，瞳孔中央只剩两个白点慢慢向两边游过去，变成四点、六点，渐渐扩大成一片耀眼的白光，终于出现了自己熟悉的阁楼天窗，不过是黑白的，尔后又显出了色彩。他，看到了天窗外湛蓝的天空和散淡飘过的白云。再一摸，下巴湿漉漉的，是血，有了痛的感觉。他对着三楼食堂大喊"救命"，烧饭阿姨听得毛骨耸然，以为鬼出世了。无奈之下，晓夫只得自己颠下楼去。到医院，脑震荡，腿骨骨折，下巴缝了三针。从此以后他像乐谱烂熟于心的指挥家背谱指挥那样，能背画了。600张画里的洋人全都活在他的记忆里，像一本辞典里的随时提供查阅的辞条。在厂里最后几年里,他跟人美的毛震耀画了一本连环画《南征北战》。

1975年,俞晓夫作为工农兵学员考进了上海戏剧学院。这是他一生出现重大转折的关键一年。谁知考进去未到一月,父亲住进了医院。当年的海军大尉在经历了"文革"的一次次冲击后,心灵和肉体都已经不再年轻。晓夫在医院的病床前端茶送水,直到父亲去世。这位英年早逝的男人,终于没有看到儿子学业有成的那天。丧事一结束,他就直奔开门办学的川沙泖甸。在那里他说了些议谤时政的话,被一位老师上纲上线地批了一通。在开门办学结束的时候,世道已经转变。在回上海的路上,俞带着点翻身农民的感觉责问那位老师:"你看这件事怎么处理?"

在大学里,他的油画老师是方思聪。聪明、用功,使他学方几可乱真。方的油画画法很放纵,看起来有点"乱"的感觉。这种"乱"的画法很适合改造、冲击俞从小养成的不乱的性格和画法。像在工厂里一样,他从不单纯作画,仍然喜欢读书、思考。读书越多,思考越深。他发表自己对事物的看法,每次总有自己的角度、逻辑,深刻而富有生气,很得到老师同学认可。在钻研的过程中,他确立了"画图是谋略"的思想,而不能就画论画。他的画总是在深处藏着一种想法、一种意义。

上海戏剧学院,这座由戏剧教育家熊佛西先生创办的地处上海最有文化地段的"袖珍学院",一直有着浓郁而自由的艺术传统。正是这种开放的氛围,奠定了俞晓夫的世界观和艺术观。以后的世界和艺术即使再变化、再荒谬,也无法改变他成为一名有良知有使命感的艺术家了。在俞晓夫的艺术观里,艺术家不应是社会问题的一部分,不应是游离在真正社会主流外的另类。在学院里他继续保持在工厂时的那种如饥似渴的勤奋、刻苦。整整一学期,他坚持用水粉临摹苏联名家的作品。他认为临摹像抄书一样,是最好的学习。确实,读过的书本车载斗量,最终却是浮光掠影。只有抄过的书才内化为自己的生命和思想。像所有我们这代知识分子一样,伏尔加河的奔流、风雪迷漫中的白桦林、深沉而忧郁的白夜,构成了我们共同的思想文化背景,而生活在那块辽阔深沉而痛苦的大地上的文学家、艺术家,则像乳娘给了我们最初乳汁。在大学时,他曾一度沉浸在列宾、苏里柯夫的宏伟结构之中,也迷恋过苏联画家莫伊申科、柯尔席夫、特加乔夫兄弟,从中升华出来的历史情结和英雄情结,成为晓夫一生创作的精神支撑和心理动机,而且也使画家俞晓夫有点像法国的小个子统帅拿破仑,个子虽小却有一股英雄般的非凡阔大的精神气质。

　　三年级的长期作业使他在同学中一鸣惊人。在一个半月的创作过程中,他收视反听,心无旁骛全身心地沉浸在创作中。擦了画,画了擦,反复地打磨原有的色彩、复盖新的色彩。他越画越周密，越画越深入。这是一种全面提升技术和艺术的结构性深入，是一种非凡的提升着自己灵魂的深入。方老师看了弟子的这次结晶，由衷地表扬了这位"敏而好学"的弟子。就是这个班，云蒸霞蔚、星河灿烂，涌现了健君、周长江、冷宏、胡杰荣等一大批相当有实力的画家。晓夫的毕业作品是油画"太平天国将士们"。画面主体是一个个倒在天京城墙下的太平天国将士。他们坚毅、痛苦、无奈。画面中流淌着惨烈悲壮，流淌着鲜血。正在三十岁门坎前的画家试图表达一种对太平天国的新的历史评价、一种新的穿透历史的哲学：这是一场"没有意义的战争"。即使成功了，代之而起的只是另一个清王朝。可惜那些死去的人们，历史永远埋葬了那些无名的牺牲者。在作品中，晓夫流露出雨果式的人道主义者对于"无名者"的敬意、悲悯和祭奠。虽然当时"思想解放"运动已经风起青萍之末，但人们还是不能接受如此超前如此异端的对农民运动的阐释说明。思想不能接受但技巧无可非议，二者平衡，给了他一个3分。

毕业分配，上海画院招收毕业生，画师杨正新为俞晓夫作品传达的真话的力量和表达真话的技巧所震撼。他慧眼独具，一眼相中了这位颇有灵气的年轻人，把他招进了当时上海最令油画家们羡慕的上海油画雕塑室。从此，俞晓夫开始了他一生漫长的职业画家的生涯。

职业画家曾是多少艺术家们向往的理想中的职业选择。自由、体面,有一份稳定的收入,还有社会上人们尊敬的目光,可以坐在国家提供的画室里构思、创作。便很少有人能想像职业画家以创作为生,独坐画室寻找创作灵感时的内心煎熬,承受与众多高手艺术竞争的巨大心理压力。其间晓夫几起几落。像我们所有的人一样,他喜欢成功,喜欢好评如潮,喜欢有他的艺术的爱好者崇拜者,害怕失败、挫折和不被人理解的难以忍受的孤独。即使在游戏中他也时常会表现出那种不愿看到失败的好胜性格。在创作低潮的时候,他一度沉溺在围棋的黑白世界之中,试图找到一种代偿,把艺术中的失落转化为棋枰上的得意。他的对手是自诩画界"棋圣"又号称入段业余棋手的油画家黄阿忠。不是他的对手的俞晓夫每次看到自己败局已定大龙被屠的时候,定然会"一不小心"地撞翻棋盘,把棋子碰得满地都是,还不许阿忠复盘,一定要重新来过。

1984年俞晓夫为参加中国油画展精心创作了《敲门》。在整个创作过程中,画家始终处在一种自由的、无意识的、非功利主义的审美状态中。所有的安排都是那么精心却又不露痕迹的自然,用笔松驰而又结实,色彩统一而变化微妙。四位海上画家姿态面容各异却有着相同的落寞寂寥的神情。特别令人叹服的是其构思的高度戏剧性。包括那只耳朵竖起的小猫,目光都指着同一个方向 —— 门。传达着一种期待：敲门者是谁？正是躲在画外的画家"我"。"我"就像《雷雨》中不出面却操纵着命运的"雷雨"一样，是作品真正的主人公。这也反映了晓夫骨子里一直有的很自傲的成分。画到百分之七十的时候，晓夫有了充分的自信：这将是件具有非凡价值的作品。不幸的是，就是这张充满人文精神的作品，不入评委"法眼"，以"过了选送时间"为由，落选了。

这一届全国美展确有相当多的佳作落选。有好事者为落选者鸣不平。专门编辑出版了一本落选作品画册和一个落选作品展览。《敲门》入选了画册，但没有参加画展。晓夫对于自己的精心之作原无落选的心理准备。但是通过解读"落选"的行为，晓夫知道，这个时代在艺术上是落伍了，看走眼了。古代哲人有云：祸兮，福之所倚。因为落选，《敲门》的命运引起了艺术界广泛的关注，几乎成为以后所有全国性的大型画册的必选之作，成为晓夫艺术创作生涯中具有纪念碑意义的代表作，奠定了他向更高境界攀升的基石。1987年他以《一次义演》荣膺首届中国油画展大奖的崇高荣誉，也奠定了他在美术界的学术地位。作品中画家毕加索和画家俞晓夫不可思议地站在一起，出奇不意地联袂为面前那个跛足的小孩共同义演、募捐，画的右半部是称之为"我的哥但尼卡"的凄烈的战争后的场面：广阔的地平线横贯在他们的背后，在压抑中透出高贵的人道主义情感，大气、精致。无论思想和艺术上都无可挑剔。此后，各种奖项接踵而来。

1986年，晓夫负笈西行伦敦。在伦敦，他看画展、参观画廊、去美术院校听课。他了解了世界当代艺术发展的最新潮流。20世纪80年代的世界正在走进一个不尴不尬的后现代。源自西方的架上艺术正在自己的故乡西方无可怀疑地衰落。目睹自己的中国同行在伦敦街头为游人画肖像谋生的窘迫，他心有不甘又无处发力。他觉得自己很有力量但又很软弱。日暮乡关何处是，烟波江上使人愁。夕阳凝固在泰晤士河上，使他想到晨雾中安详的黄浦江和苏州河上的小火轮。看见一块块茂密的芳草地，他会像诗人一样的伤感，这是人家英国人的草地。大本钟、伦敦桥的格局，无法接纳一颗高傲而敏感的东方的灵魂。在充分领略了天涯游子"在路上"的灵魂无所依傍的孤苦傍徨后，他很快就动了收拾行装的念头。半年后，他回国了。晓夫应该算是改革开放后文艺界最早的"海归派"了。他知道自己的根在哪里。他又一次听从了幸运女神的热切召唤。我们可以想像一下，在荒疏了油画技艺十余年后，一位回国的艺术家还能重新找到自己在美术界的位置。命运的天平，再次向晓夫倾斜。

然而，历史永远是戏剧性的历史。如果说近代中国一二百年始终处在一个目的策略不断变换的漫长的过渡时期,知识分子一直处在"寻找"的心理焦虑中的话,那么20世纪90年代更是如此。这是一个前所未有的激烈的多元的转型时代。在新起的令人眼光缭乱的装置艺术、行为艺术、观念艺术面前,人们困惑了,茫然了。也有人怀疑或者放弃了自己的艺术方式。也有人以宽容多元的名义去似是而非黑白混淆。一时间历史被反复涂改,固有的文化次序塌垮,传统的价值体系陷落,只有新和旧的艺术而分不清好和坏的艺术。

此时的晓夫已经有了画坛领军人物的艺术水平和气质。由他挑头发起上海新架上画派。在新架上行动"开场白"中,他以少有严肃的口吻宣布:"在今天这个严厉的岁月里,能够谈艺术,坐下来从容地谈艺术似乎是有些鲜见了,但历史就是这样谱写出来的。我们将珍视今天这个日子;我们将不假思索地崇尚严肃的艺术;我们将不遗余力地去维护自己的尊严!"掷地有声,昂扬着壮士扼腕的悲壮,不过江东破釜沉舟的决绝!一切就像发生在昨天。当我为撰写本文,抽出画册,才知道这已经是十年前的事情了。正是在那次画展上,晓夫展出了他的拍卖古钢琴系列。"在那些古钢琴上陈列着细节莫辨的人物和器物,时间和空间同时消融了他们的清晰。这些喑哑的琴键中满含着对逝去美好的悼念"。是的,在今天我们必须为了一种信念而坚守。只有坚持才有胜利。放弃了坚守,这世界上什么都救不了你。

在一个价值纷纭的历史转型时期,在充满后现代解构、信息爆炸、装置艺术、行为艺术、观念艺术的种种时髦名词的时代里,晓夫坚持以独白的方式,倾诉着自己的想象。他生活在一个自己想象的艺术世界,用独白向外面的世界呐喊出自己的声音。就像农民永远需要丰饶的大地蔬果,艺术也永远需要最古老的一些要素,扎扎实实的手艺,超凡脱俗的想象,意出尘表的创造和最基本的人的立场、良知。

在本文开始,我曾引用旧文说过"俞晓夫不是什么"。在这篇小传的最后,我将告诉大家,今天的"俞晓夫是什么"。

俞晓夫是那种形式上相当单纯考究而背后充满了"想法"迷宫的艺术家。他喜欢有思想的宏大的叙事性场景。在那样的戏剧空间中,总有他心驰神往的伟人在走动、在思考。在他精心而不乏幽默建构的叙事空间里,历史总是和现实进行着漫不经心又极其温柔的对话。在对话中,我们通常很难认定,是历史嵌入了现实的地表,还是现实锲入了历史的心脏。历史的沧桑和现实的穿透,像做爱的男女,肢体藤蔓般纠缠在一起,很夸张很荒诞,同时很清醒很理智。他经常在作品中导演不同时代的历史人物和现实人物,还有并无显性关联的物什,很戏剧化、很错位地纳入一个共时性的空间场景中,产生一种结构上、视觉上、心理上的非现实的虚拟感。它们通常是对物质与精神分裂,肉体与灵魂分离的紧张现实的一种寓言。是他,作为有节制的思想者，力图在拼写、粘合历史中，在虚拟的结构里努力重建人的自我形象。所以，历史的碎片在他手里有令人悦目的形式和相对晦涩的语义。作为现实的代言人，我们时常可以碰到面目模糊却形象肯定的画家本人，周旋在托尔斯泰、罗曼罗兰、马克思、司马迁、吴昌硕、虚谷、鲁迅们之间，为他们递茶送水、端坐闲聊，乃至共同入浴，表达着自己很人性化的敬仰和情感。

我们这一代对历史、对伟人的醉心崇敬，对存在、对现实的固执迷恋，总是在他的作品中以一种迷人的气质流露出来。

俞晓夫是那种很聪明而不是那种小聪明的画家。他的聪明是一种五味交织的，把机智、智慧、狡猾、灵性、装疯卖傻、装聋作哑各种聪明要素结合起来的聪明。不信？你可以从他躲在玻璃片后的眼睛里读到我说的东西。这种聪明使他的作品不会有宏大叙事的赤膊上阵笨重不堪的通病。相反，总是那么灵动飞扬生机盎然。他的图像，看看清晰看看模糊，看看写实看看写意，让你不断将近视镜和远视镜交替戴上。视觉总是处在变幻的过程中。我们很难用一种"主义"来概括他的画风。你可以说他写实，但他总是变形。你说他变形的，但年轻时扎实的造型基本功和他观察的深入细致，使他的夸张变形总是那么恰到好处的鲜明、准确、传神，真正是万变不离其宗的变化无穷。这是他年轻时用功的回报。晓夫的艺术有一种天生的夸张的幽默感。平凡日常的生活，经过他的处理，会散发出一种生动、深刻的喜剧。即使严肃的题材，也会蒙上一层高超的黑色幽默的色彩。生活中喜欢侃侃而谈的他，可以引证艺术中机智俏皮的他。某日吃饭，席间他模仿一位我们认识的朋友。说他激动的时候，弯曲的头发会突然像装了弹簧的放射线一样，"啪"地弹出一米多远，然后又"嗖"的一声收回，盖在头上。虽然我们可爱的朋友从来没有头发弹出去过，但我们谁都感到，唯有晓夫真正抓住了这位朋友最戏剧化也最个性化的特征。晓夫的画很结实但不沉重，不仅在大体的写实中，有着色阶极为统一色彩极富变化的小方形色块，音符般撒落在他的叙事空间里，而且经常会有极松动的神来之笔，将结实流动起来、飞扬起来。

从绘画语言解读俞晓夫，晓夫是很布尔乔亚的。艺术气质高贵、华丽、精致，有条不紊从不拖泥带水，是一个为艺术而艺术的唯美主义者。画笔在画布上，就像唯美主义的邓肯在舞蹈。但千万不要期待他会给你一份中产阶级的甜点心、下午茶。在思想底蕴上，他绝对是一个独立无羁我行我素的波西米亚人。他的灵魂时常附着在一个深邃广阔的背景上，沉思、游荡。就这样，平民气质和贵族趣味在他身上和谐地得到了统一。在他近期创作的"晓夫闲聊"漫画中，他将凡夫俗子的日常生活，将人生百态中的关爱、调侃、失落、向往、伤感，五味俱全，一一抖落出来，定格在你的面前，那样的温馨而有趣味性。他以他独特的方式，将漫画变成了当代社会人生的浮世绘。他年轻时读过很多书，他现在还在读那么多书。经典和思想塑造了俞晓夫。他是浮躁年代的沉潜者，是物质年代的思想者，是随波逐流时代的砥柱，是犬儒时代的巨人，尽管他的个子不高。晓夫有着自己坚定不移的人生和艺术理想。他鄙视艺术中见风使舵唯利是图的机会主义者，是艺术时尚的毫不妥协的抵抗者。谈到艺术粗鄙的时尚化价值取向，他深恶痛绝。幸亏他有乐观的天性，要不然看到今天美被撕裂，丑被张扬，定会像茨威格那样决绝、绝望的。在今天，有几个画家会在B52盘旋在别人头上，将智能炸弹扔在别人头上的时候，用艺术发出正义的呐喊、愤怒的吼声？和素昧平生的南斯拉夫人民一样、一起忧伤？当我们如此向往着"欧陆经典"的时候，有几个艺术家会去谴责资本主义原罪的一面？有谁会告诉人们，不要"太远离马克思和列宁"？只有我们的晓夫，没有忘记用一柄可爱的小小的红伞，给南斯拉夫Baby"一点点安慰"（见《今日早新闻》）。

在晓夫心目中，人性最终是不可战胜的。也正是在晓夫画室里那些大大小小的画布上，我们触摸到了一颗充满人道主义的高贵情感至今仍然滚烫的心，看到了人类与生俱来的尊严和价值。

在日常生活中，晓夫是个很随意、很生活型的人。他没有艺术家刻意精心的打扮，喜欢松松垮垮，随随便便的穿着。有时看起来好像极有创意其实是马马虎虎地将马甲套在长袖子外套上，外套的下摆在马甲下晃晃悠悠，十分滑稽好玩。过年的时候，他会一个人躲在厨房里，又是洗又是切，煞有介事，兴致盎然，像个真正的大菜师傅，整出整整两桌色香味俱全的酒水来。然后，打好包，兴冲冲地提搂着，送到两家的长辈那儿，聊表心意。早晨和黄昏，小区里的邻居时常可以看到他，亲昵地牵着他的鹭鹭，朋友不像朋友，孩子不像孩子，满世界地遛。

在申窑，我曾目睹他那么全神贯注却有又貌似那么漫不经心，东一笔西一划，给我画青花瓷瓶"鲁迅和托尔斯泰"的全过程。他个人2003年年历上对自己画青花瓷瓶有过洋洋得意的很精彩的广告式的吹嘘。说句实在话，那个懒洋洋的上午确实美丽得像诗。天上时不时地飘下几点春雨似的冬雨。其实那时他已经不画鲁迅了。他说，自己画了很多。画到后来已经不像鲁迅而像某某人了。不说不知道，一说吓一跳。鲁迅变形变到后来还真像某某人。可惜，某某人全然不是鲁迅。在瓷瓶上，他即兴写了一段话——

画一个瓶子，内中分别有鲁迅先生和托尔斯泰伯爵。两个想拯救别人灵魂和自己灵魂的文学巨匠，一个是阿Q在今天的中国依然是满世界跑，一个是安娜至今仍然没有

欣赏画家俞晓夫创作的瓷瓶《鲁迅先生和托尔斯泰伯爵》

复活。可见,文学的作用是多么经不起世俗的拷问。

看他写完,我的心一沉。在那个雨意绵绵的上午,我又一次感觉到了捷克作家米兰·昆德拉所说的,生命中的无法承受之轻。

2003 年 6 月 15 日

岁月的淬火
我看韩天衡的篆刻书法绘画

认识、结交天衡君有三十年了，知道天衡君大名则三十年还不止，书柜里至今还珍藏着天衡君执笔撰写、1980年出版的《中国篆刻艺术》，全书76页，书页已经卷曲泛黄。全书只五万四千字篇幅，却能将印章上下几千年的艺术历史风光，乃至相关知识，尽揽眼前。要言不烦，虽小书而尽显大家风采。今年，是天衡君学艺七十年。七十年的艺海苦学，七十年的艺海钻研，七十年的艺海搏击，甘苦冷暖，寸心自知。大风起兮云飞扬。七十年，这个时代经历了多少惊心动魄改变着你、我和世界的重大历史事件，而天衡始终未改初心，不为世事沧桑所动，以一种近乎殉道者的虔诚，成就了今日艺坛的一方大事业。可喜，可贺！

1989年，天衡漂洋过海远赴新加坡举办书画印展览，承蒙高看，嘱我为他作品集作序。我在序中将他的艺术冠名：新古典主义。将天衡印书画一股脑儿装进了这个话语筐子里。当年的话，作为历史的记忆，依然还有点意思。将近三十年过去，关于天衡的艺术，今天自己还能说出些什么有点新意的话呢？

说天衡，自然离不开天衡的印章篆刻。是的，一部篆刻史怎么能绕开韩天衡这样挡在道中的庞然大物呢？论说天衡篆刻的文字现今已然车载斗量。1989年文中，我已指出，世人誉为"篆刻大师"乃名至实归。今天在我看来，天衡君之于篆刻艺术的价值和意义，无疑于齐白石老人之于国画当代发展的贡献。这话，咋看似乎有点不着边际的大而无当，但细究却是实实在在的经得起推敲。倘若说，齐白石花卉虫草、人物山水、蔬果杂物，工写兼备，无所不工无所不精的话，那么，天衡君治印不仅诸中字体皆备，且上追秦汉，下续历代名家，后又于"万岁之上再加一岁"，反复创新求变，点划字体、整体布局、刀法运用，独有独到心得。经过几十年岁月的淬火和自我的修炼，天衡篆刻已自成一代大家面目。而且，他身体力行，把盘曲难辨类似"天书"几近绝响，被视为文字游戏，偶一为之，只是在小圈子内把玩的鸟虫篆，推到公众篆刻鉴赏前台的聚光灯下，使之由小众的艺术一跃而成为公众的艺术，几乎以一己之力挽狂澜于既倒。白石老人与天衡君，其同者在于，一是，艺术上都体大思精有云水苍茫之致的"集大成"气格。二是，两人均在波涛滚滚的整个艺术发展的长河里，成为河湾处承先启后转折的重要历史"拐点"，引领形成了其后云蒸霞蔚星河灿烂的气象格局。齐之后,许多大家出其门下又自成一家。现天衡在印坛"居高声自远",早在20世纪80年代中期,中国印坛已经"韩流滚滚"。其印风远播海内外,再加之他自己对印学不遗余力地推广,深刻影响了整整一代年轻的印学后人。

篆刻艺术,因其强大的工艺性,空间的限制,很难充分展露艺术家的个性,甚至会以其工艺性淹没一个艺术家的个性,使艺术家在"习以为常"的刻印过程中沦为匠人。天衡的印章,带着治印者生命的温度,有着天衡生命的顽强,有着他"舍我其谁、君临天下"的一股强悍霸气和视觉的冲击力。天衡印章,尤其是其白文笔画粗壮有力,字迹斑驳苍茫,常有气吞大荒横扫千军之势。他曾自云,秦印姓秦,汉印姓汉。或问吾印,理当姓韩。(见韩天衡《新古典书画印选．豆庐独白》)。印面方寸之间云水的翻腾,山川的巍峨,令人想见"气盖世兮力拔山"的西楚霸王。中国文化讲究含蓄内敛蕴藉的"温柔敦厚",推崇温文尔雅的"书卷气","霸气"历来颇为不屑。在中国现当代画界,只有潘天寿、刘海粟两位大家的字画有"霸气"。多年前,他曾刻过一枚白文闲章:一味求霸。天衡敢于称"霸",足见其艺术的自信。作为多年的老友,我看到的天衡,是一个面对时代的各种诱惑和压力,面对圈内的各种物议乃至争议,不为所动,从未改变过自己第一次手握刻刀时初心的"治印者"。我想,只有把天衡放在20世纪七八十年代思想解放的大潮中，才能理解他的艺术成功。在一个需要冲击思想禁锢的大的力量的时代，天衡的印章预示、代表、引领了一个时代篆刻艺术的价值取向。

除了强悍，从他的线条中，我们还可以读到一种鲁迅先生所说的"韧的精神"，他之于作为艺术的篆刻，有着一种难能可贵的坚持和执着。可以说，印面每一毫厘我们都可以感受到天衡这种有力度的生命投入。同时，其印章又带着治印者思考的深度。天衡几乎从投身篆刻艺术的同时，就开始了对篆刻历史和篆刻理论的关注。作为20世纪后半叶崛起的一代篆刻大家，他在篆刻史上读印谱最多：4000余种，肯定是空前，在此前没有发现那么多印谱；且很可能绝后，当下的浮躁没有人有心思这样读谱。他的印学著述最多，出版著述百余种。在史、论两方面均下过苦工，且有重大建树、为印学奠定了史学和理论形态的治印人。这种艺术实践和艺术理论的结合，使天衡能发现许多别人没发现的问题，提出许多对人对己都有借鉴启发的看法。譬如，他对吴秋伊"长毋相忘"一印章法和刀法关系割裂的分析。（见《中国篆刻艺术》42页）唯实践、思考集于一身，方能有此眼光和见地。是以，天衡的篆刻吸取了秦汉印章的"雄浑朴茂"、博大稳健的气质，加以富于时代感的简约和力量，同时内里又汲取了明清以降皖浙诸家文人治印灵动多变的趣味，最终形成他独步天下的"韩印"和他自己也不太愿看到的"韩流滚滚"。

与此同时，他有幸与当代艺坛的许多大师级艺术家零距离亲密接触，耳提面命、耳濡目染，受益良多。杜诗有云，转益多师是汝师。可以想象一下，一个成长中的年轻人站在星光灿烂的天空下的壮丽和兴奋，以及其后持续发酵，对于他日后漫长艺术生涯的深远影响。广阔的视野开拓了天衡的胸襟，也赋予了他"一览众山小"的气魄。故，天衡的篆刻有着自己明确的来自对历史和学理坚实基础的艺术追求。

他学艺七十年作品集的篆刻部分，我读来特别感动。作品集不但收录了他的那些早已为印学界熟悉、大名鼎鼎的篆刻作品，而且突破印谱常规，大胆地将一方方印面素面朝天地展示给读者。众所周知，印学有书学的要素，但篆刻毕竟不是书法。虽然它最初的立意构思需要借助书法修养，但它最后是通过刻刀在印石上的冲切腾挪完成的。作品集不仅如寻常印谱收录了印蜕和边款，供我们欣赏研究，还以高数据清晰的将印面上刀法的细节呈现了出来。于是乎，一枚印章创作过程中，冲刀与切刀、起刀与收刀、刀的力度与走向、刀法与章法关系，乃至刀角、刀刃、刀侧的锲入的痕迹，精细无遗地尽收眼前。虽然篆刻的优劣最后取决于艺术视野的宽窄、文化境界的高下，但诚如天衡所言，刀法是一门颇为复杂的技巧。变戏法者皆有秘而不宣的绝招窍门，天衡此举嘉学后人。千里之行始于足下。细节决定成败。没有刀法，一切免谈。唯有刀法娴熟，"运用之妙，存乎一心"，最后，才能如庖丁解牛，以无厚入有间，游刃有余，技进于道。后学者不仅从中可以看天衡灵动、综合地刀法运用，在握不盈寸的印面空间里腾挪出一方大天地进刀的微妙过程，更可以想像其创作时情感身心的全力投入和内心的滚滚波涛。

天衡的字与画，我也听到过一些见仁见智的评价。1989年我曾说过的，此处皆不赘述。我以为，其字、其画，背后皆有一个无所不在的灵魂：篆刻。

其字，我们可以从他1966年临的《王居士砖塔铭文》和1990年临的《嵩高灵庙碑》中看到他用功之勤，用心之深。大家可以想像，在"文化大革命"如火如荼的1966年9月，天衡独自一人在部队营房临帖的动人情景。而且，他四岁搦管习字，书法自有幼功为底子的。但他书法的最显著特点是线条。天衡书法线条得益于金石。线条饱满结实，如刀走石上，铿然有声，火光四溅，又犹如万岁枯藤，斑驳苍劲老辣。用笔，完全是从吴昌硕、齐白石一路下来，字里行间，散发着浓浓的金石气息。这种金石用笔线条，在其草篆中有着得天独厚的出色发挥。点划、结体，都有自己迥异于他人的意趣。

天衡画国画是35岁后的事。程十发先生早年曾对天衡国画艺术在肯定之余也对其不足有过中肯的"实话"(见《前浪与后浪》)。天衡这次收入作品集，也可见其胸怀之一斑。

发老的这些话，也代表了当时画界较普遍的看法。好在天衡既自有所持也会自有所弃。其画，线条之出自篆刻的金石味自不待说。我个人特别欣赏的是其画面整体的结构布局。我们知道，篆刻时常在一寸左右的极其狭窄的空间里，通过精心的布局，对平面进行切割、重组，使字体、笔画极尽腾挪变化之能事，可能是所有艺术中，最讲究布局营造的艺术之一。天衡绘画，特别注意计白当黑，虚实相生。通过物象和留白——此处的"白"也包括没有物象的墨和色——之间大胆而富于创意的分布穿插，使有限的平面获得空间的无限性。疏可走马的开阔和密不透风的密集，构成了可堪玩味的意趣。在作品集鸟兽花卉十六开册页中，其布局的丰富性得到了淋漓尽致的华彩般的展现。其大画紧凑不空洞，小画舒朗不局促。其直线型构图得益于常规的印章布局，其曲线型构图则得力于其鸟虫篆回环往复，既有古典的意境又不乏现代的构成意味。

天衡的艺术道路是一个在生长中充实完美的动态过程。在我看来，在听取了发老之"实话"后，他积后三十年修炼之功，近作力度不减，然火气躁气已退。以字而言，2015年所书榜书"涛声"二字，气势磅礴，结体端庄匀称而动势十足，很有返璞归真之意趣，显出了炉火纯青的新境界。

综合印、书、画三者，俨然海上大家的一代风范矣。

2015年10月14日—2017年4月8日

停止了转动,永远
记徐昌酩

正巧,这天我在文联参加上昆四十周年的研讨会,就看见美协的秘书长陈琪急匆匆从门外走过,我叫了两声,他没回头,我又大声地叫了声,陈琪!他回过头,一脸凝重,"老徐走了!心梗,刚走。"说完就上了车。徐昌酩!我心头猛得一惊。记得就在前几天,他好像还和我通过电话。电话那头,是我熟悉的低沉的乌镇口音,毛时安,搭侬拜年了!这声音,以前伴着热烈的鞭炮烟火声,这些年防雾霾是越发的清晰了。徐昌酩要比我大了二十岁,应该算我的父辈了,但我们之间不但没有代沟,而且有点没大没小。我和我身边的差不多年龄的朋友几乎都叫他"老徐",老徐长,老徐短。很少听到有人一本正经地叫过他"秘书长""主席"的,而他也总是乐呵呵不以为忤地回应着我们。倒是他看见我,总是郑重其事连名带姓地招呼我,充满了对我的信任和超规格的尊重。1986年第一届海平线画展,老徐找到名不见经传的我,用商量而不是命令的口吻约我为这样会载入美术史的大展写序。在我答应以后，他又让沈柔坚先生亲自找我。正是他的诚心激发我全力以赴，写出了洋溢着那个时代青春激情和理想的代序《为了遥远的海平线》。1990年，我遵嘱为他画册写序。虽然尽力，但毕竟能力有限，没想到他竟记了一辈子，不时提起。逢年过节，除了问候，还不时会寄我一张书法、生肖画、年历、画册，让我感到来自长者的关爱。我的书桌玻璃板下一直压着他2012年10月19日的一份亲笔信"我特别要感谢您为我赐书写的大章，这次又印在画册中了，再次敬谢！"落款竟是"弟昌酩"。老徐，真是太没有一点架子了！他越是这样，在我们心中的地位越是崇高。崇高，其实和架子并没有关系。他是我们艺术家们真正的朋友。

总在讲，干部是人民的公仆。老徐才是真正的公仆，是上海画家们不掺一点水分货真价值奉献着自己的公仆。在一个熙熙攘攘皆为利来、利往的时代，他二话没说，就放弃了美术设计公司的高薪，放弃了近在眼前的诱人的高管职务，在美协十五年，风里来，雨里去，不知为上海的画家和上海的美术事业做了多少我们难以想像的大事，多少鸡毛蒜皮不起眼的小事。1986年第一届中国油画展居然在上海宫殿般巍峨的上海展览中心开幕。几千羽信鸽在鼓号声中飞向蓝天。这一壮观背后的所有的交道、环节和细节，几乎都是他凭一己之力打通的。而这十五年，正是上海和中国文化事业艰难转型的时期。今天的年轻人已经很难想像那时的艰难了。要做的事很多很多,但财政一时拿不出钱,文化要到社会到企业去找钱扶持。特别是美协主席沈柔坚充满了重振上海美术的雄心壮志。美术界多的是艺术家,几乎没有这样的人才。也是时势造英雄,他找到了老徐。原以为老徐会婉言推诿。没想到他一口答应,而且和沈柔坚一起开创了上海美术史的一个"黄金时代"。在工作面前,他从来没有计较过个人的进退得失,而且,动员挖掘了他一生积累的丰厚的人脉资源和社会活动能力。

老徐个子不高,身胚很宽,像个大提琴的音箱。讲话虽然一口乡音,但声若洪钟,就像经过了音箱的共鸣放大。记忆中他总是精力旺盛得像身子里装了个永动机。每次重要展览,都可以看到他开幕前紧张忙碌的身影。

现在这架永动机也累了。在一个晴朗的早晨,他突然停止了转动,而且是永远的。我想,大家对他的怀念也是永远的。

2018 年 2 月 26 日

守望与开拓
记一代名净尚长荣

与京剧表演艺术家尚长荣

　　1945年腊月二十日，一个刚满五岁虎头虎脑的娃娃，跟着名角儿的父亲登上京城有名的三庆戏院的大戏台子。这个愣娃饰演的是《四郎探母》里的小杨宗保。几十年后，这个娃儿隔着遥远的岁月还清晰记得，那晚台下观众扔来的糖果、荷包，父辈奖励他的冰镇桔子水儿。但幼小的他决没想到，那晚的演出决定了他一生的道路，决定了他与不久即将诞生的共和国的戏曲，几十年风雨阳光地相随相伴不离不弃。让他更没想到的是，在他的艺术生涯一步步登上巅峰的时候，在中国传统戏曲面临严峻时代挑战，处于重大历史变革和转型的关键时刻，自己会成为中国戏曲走进新世纪的掌门人,中国剧协主席。

他就是京剧名净尚长荣。

尚长荣出生在京剧世家。他的父亲是四大名旦之一的尚小云。尚小云治家、治艺、治学极为严格。桃李不言,下自成蹊。严父的身传言教,使长荣很小就懂得虽然自己出身名门出身名家,但决不能去做纨绔子弟。要学正经的东西,只有吃苦。他五岁上台,十岁正式学花脸。在学艺的道路上,他先后转益多师,最后拜在一代名家侯喜瑞的门下。同时,长荣从他父亲那儿又学到了一种不拘门派,厚积薄发的文化精神。话剧、电影、小说、音乐,凡对演戏有启发的东西,他几乎是来者不拒。这使他在艺术上特别聪明早慧。他演的角色,总是透着一股子属于他独有的鲜活和灵性。就在他艺术精进趋于成熟的时候,一场突如其来的风暴像粗暴的不协和音程打断了他艺术成长的美妙乐章。虽然那个十年长荣没有登台唱戏。他修自行车、拉黄鱼车,在底层颠沛流离,没有了鲜花没有了掌声没有了喝彩,但他体会到了世态炎凉、饱尝了酸甜苦辣,懂得了什么是社会什么是生活。几十年后,他坐在我对面,冷静而淡然地告诉我,那十年他有酸楚有苦涩,也有来自社会底层无私关切的香甜,更有面对重压必须的坚强。生活培养了他既不傲视也不畏缩的人生态度。长荣日后待人处世从艺的那种自信而不自负的得体,也源自那十年困厄的煎熬。唯一令人心痛的是，他为了这一切付出了太大的代价。对于一代名伶世家来说，付出的竟是家破人亡的惨剧。然而，尽管姗姗来迟，人民的春天还是来了这个世界，也许是在冬天里待久了，当粉碎"四人帮"的喜讯从各种地下渠道传来的时刻，长荣还有点担心，这是真的吗？当红色的喜报贴满长安十月的街头时，他确信，人民和艺术的春天终于来了。他二话没说就戒了酒。北方的十月已经寒气侵人。他每天五时起床，对着长天皓月和不时袭来的风雪提足气地喊嗓。憋了整整了十年的长荣，他，想干事。他浑身充满了第二次艺术生命爆发的巨大能量。他满腔激情唱起"周总理那又回延安"的京剧新曲，一下子收到了全国各地的几十封来信。人到中年，长荣开始像秋天的原野，收获艺术的成熟。

这时长荣在当地已经有了令人羡慕的极为优厚的生活待遇，但他既不是一个喜欢养尊处优的人，也不是一个安于现状，躺在光环下，戴着桂冠自我陶醉的艺术家。他对我说，他从来不企羡"大师"的桂冠和名号，那应该是客观的褒奖而不应当是主观的追求。他追求的是，艺术上精细的做派，艺术的精细是门学问。我曾亲眼目睹他五年间对贞观盛世台词唱腔身段的反反复复的推敲和琢磨。那是真正的的语不惊人死不休。他追求的是，不断开拓的艺术上如沧海横流、星光灿烂的大境界，一种击水中流与时代呼应的新境界。在如何对待戏曲流派的问题上，他一直很清醒，要学技术更要学精神，不能死守流派抱残守阙。老生学谭鑫培，但一味守谭不敢越雷池一步，何来余叔岩，何来四大须生。旦角皆出陈德霖、王瑶卿门下，但四大名旦二十岁就超越老师，自成一派。什么是流派？就是流动中派生出来的艺术风格表演派别。

1988年也是一个10月，长荣揣着《曹操与杨修》的剧本，作出了他一生事业中具有战略性的重大选择。他"叩响了上海京剧院的门环"，成就了京剧生涯的黄金时代。二十年中先后推出了在当代京剧史上具有标志性里程碑意义的"尚长荣三部曲"。

1988年《曹操与杨修》横空出世。长荣一反京剧老戏舞台上刻画扁平人物的奸臣曹操传统，以莎士比亚式的浓烈心理，穿透人性的伟大与卑微，再现了权势与文化与人性之间，主观想调和却客观无法调和的激烈矛盾冲突。同时，长荣由此开拓了调动一切戏曲手段刻划放大人物精神世界的，被我称之为"心理现实主义"的演剧样式。他为我们演绎贡献了一个戏曲舞台上内外兼修、见所未见、闻所未闻的全新的曹操形象，把长荣的表演艺术提升到了一个全新的高度。作为"架子铜锤两门抱"的净行演员，他激活了周信芳"麒派"表演艺术的当代活力。从某种程度上，我们是可以把他视为当代麒派的精神传人的。一石激起千层浪，《曹杨》在受到广大而热情欢迎的同时也遭遇到了来自权威人士的误读和批评。因为《曹杨》的灵感来自对行进中的现实的思考，是对当时时代需求的一种热切呼应。

1999年《贞观盛事》再续辉煌。在戏中，长荣以一种举重若轻略带轻喜剧色彩的表演，围绕盛世"戒奢倡廉"、和谐治世的极具时代主义的庄严主题，表演得回肠荡气，既有刀光剑影的激烈，又有莞尔释怀的微笑。长荣又理所当然地不负重望演活了狰狞而不失妩媚的一代名相魏征。从中我们可以触摸到长荣"以民为本"的热烈心跳。这个戏依然引起了小小的争论的涟漪。这回是来自另一方面的挑剔，认为释放宫女戏剧矛盾不够重大。

2002年《廉吏于成龙》完美收官。长荣此时的表演已然进入了灿烂之极归于平淡，收放自若，至法无法的境界。中国戏曲千余年，中国京剧两百多年积累下来的程式，已经如"羚羊挂角，无迹可寻"地融解到了演员的角色塑造之中，成为于成龙生命的一部分，塑造了一个不为皇权心系大地厚土的清官形象。同时不失时地揭示了其为清官内心的迷惘痛苦，并由此激发了观众的丰富联想。尤其是于成龙和康灵王"斗酒"的一场戏，已经成为不仅是当代中国京剧史而且是戏曲漫长历史长河中华彩焕发的经典。

袍带戏曾经是京剧剧目和表演的主体。尚长荣三部曲用当代意识激活了日渐式微的袍带戏。尚长荣三部曲为一度不景气的戏曲注入了强大的活力，受到了包括年轻观众的热烈追捧,也受到了专家的热情评价。当人们陷入"口碑""金杯"之争误区的时候,三部曲同时赢得百姓的口碑和评奖的金杯。长荣自己也由此成为全国唯一的梅花大奖获得者。

在戏曲处于重重困难之际,我们需要高贵而坚韧的守望。但文化的高贵决不是高高在上无视民瘼自以为是的精神贵族。相反,尚长荣京剧表演艺术的文化价值告诉人们,高贵是一种情系黎民苍生心忧天下国是,悲天悯人的人文情怀。

京剧是一种具有强烈谱系意味的文化样式。长荣艺术的脉络是其祖上一脉相传的梨园文化传承。其背后依附着三千年的长安文化,一千年的北京文化,一百多年的近现代上海文化。前二者文化使其充满着对历史的迷恋,后一种文化则又总让他用时代精神去激活、去提升历史,去拓宽传统艺术的路子和风格,而这正是长荣心目中积极的海派文化和上海文化的精髓之所在。

长荣直到今天依然认定,他不是当官的料而是演戏的料。但作为中国剧协的主席,尚长荣对戏曲当代命运的思考是战略性的,挟带着理想主义的乐观和坚定。他以将届古稀之年,带着中国剧协梅花奖演出团,不辞辛劳,走南闯北,让天南海北的炎黄子孙一睹中国戏曲优秀艺术家们的表演风采,领略中国文化的博大精深。他认为,事物常常会绝处缝生,困者思变。思变化必然会痛苦,但那是凤凰涅槃浴火再生的痛苦。面对体制改革,他很坦然。他说,我们再也不能完全按苏联模式去办文艺院团了。戏曲要在新世纪振兴,就要打破老戏班子的论资排辈,打破计划经济的平均主义。重要的是出人出戏,服务于我们生活的伟大时代,服务于伟大时代的伟大人民。

说到这儿,他脸上露出了灿烂而自信的笑容,还有爽朗如黄钟大吕的笑声。

燕子飞过蓝天
记周小燕

此刻,她的神情依然是那么的从容娴雅。

此刻,她的神态依然是那样的生动美丽。

此刻,她的气质依然是那么的高贵典雅,仪态万方。

似乎她一开口,声音依然像夜莺一般的高亢、婉转。似乎她一迈开双脚,脚步仍然像燕子一般的轻盈。

没有叹息,没有悲哀,没有哭泣。唯有她1938年首唱的《长城谣》歌声,从大武汉的波涛滚滚的长江边,穿越时空的沧桑,经过1985年古老长城的烽火台,传递到大厅的上空。"万里长城万里长,长城内外是故乡",依然激越深情的歌唱,像燕子盘旋在每个人的心头。

此刻,99岁的周小燕先生躺在鲜花的簇拥中,像往常一样脸上敷着素雅的淡妆,系着一方淡紫色的丝巾,身上覆盖着鲜红鲜红的党旗,和她永远年轻的心一样,灿烂夺目。

此刻,先生的学生张建一、高曼华、魏松、王作欣、廖昌永、黄英、方琼、李秀英……从四面八方汇拢到她的身边。人们像平静的晚潮,慢慢地涌来。渐渐地,先生生前最喜欢的红玫瑰堆满了她的身边,馥郁的芳香淡淡地浮动在吊唁大厅的上空。

也许,99岁的先生,还要再给嗷嗷待哺的学生上课,也许还要为中国歌剧的发展提一些建议。是的,周先生太累了。她只是休息,只是睡会儿。先生不会走的。是的,先生怎么会走呢,她,不会走的。

永远的《长城谣》永远的中国心

凡是接触过周小燕的人,都会被她轩昂高贵而平易近人的气质所吸引。她生气勃勃而富有教养,身材瘦小气场却很大。每次看见她,脸上总是挂着像孩子一般出自内心的纯净的笑,有会心的微笑,也有开怀的大笑。头发总是梳理得纹丝不乱,步履轻健,一脸素雅的淡妆,有时会从包里拿出唇膏和粉扑,对着小镜子,轻轻地补一下妆。而且,她的魅力随着时间越发地醇厚动人。常常让我们以为,岁月在她那儿停下了不息的钟摆。无论是身着旗袍款款而来,还是穿着便服疾步流星,都掩不住她的美丽。她的美丽,来自内心的丰富,情感的丰富。

周小燕出身于名门,但那不是巴金在《家》里所描写的大门紧锁行将没落人性压抑的大户人家,而是一个开明而朝向未来的工商世家。父亲周苍柏毕业于纽约大学经济系,曾任汉口上海银行经理、湖北省银行总经理,被誉为最早开发武汉东湖的"东湖之父",是一个有着浓厚家国情怀又深受"五四"精神影响、思想极其开放的大银行家。奇怪的是,他自己五音不全却特别地迷恋音乐。在父亲兴趣的影响下,全家都学会了乐器。妈妈弹钢琴,两个弟弟,一个拉小提琴,一个吹萨克斯。她自己最喜欢去父亲好友的琴行玩,年轻的她在那里接受了最初的音乐启蒙。1935年,酷爱音乐的她考进了上海国立音专的声乐系。1937年上海沦陷,她听从父亲"不做顺民,不做亡国奴"的召唤,中断了学业,毅然回到已是抗日前线的武汉。母亲在家缝棉袄去医院劳军,她自己在武汉群众歌咏团,领唱《歌八百壮士》,在前方用歌声、用音乐,激励中国军民的抗日斗志。不久又和朋友一起把流散在武汉的上海音专同学组织起来,成立了武汉合唱团。武汉三镇,到处可以见她活跃娇小的身影,激越深情的歌声伴着万里长江的滚滚不息的涛声。1938年1月作为合唱团女声独唱演员,刚满20岁的她首唱了刘雪庵作曲的《长城谣》。直到今天,我们依然可以在当年留下来的黑白影像中,看到周小燕脸色凝重的形象,背后是众志成城的合唱队员们。她委婉细腻充满深情的歌唱,使这首歌不胫而走,传遍了风烟滚滚的神州大地,激励着大后方的军民。歌中被咏唱的那道长城成为祖国大好河山的象征,成为一个民族最终战胜强大敌人的精神力量。从此以后,不管走到哪里,《长城谣》的旋律，始终梦牵魂绕般地陪伴着周小燕的人生。走千里，走万里，走不出长城和自己祖国伟大温暖的怀抱。一首歌，像种子永远扎根在了先生的心里。

1938年9月，周小燕和弟弟天佑身负着父亲学有所成的重托，远赴欧洲，到巴黎攻读声乐。她克服了难以想像的困难，七年后的10月她首演清唱剧《蚌壳》，一举登上了举世闻名的巴黎国家大剧院。

1946年3月30日，伦敦白宫剧场，她和导师齐尔品的夫人李献敏在伦敦白宫剧场举办中国当代音乐作品的专场音乐会，英国广播公司现场录音，向全球传送。

1946年7月底，周小燕首次个人独唱音乐会在卢森堡的卡西诺剧场隆重举行。

1946年10月，周小燕应邀首次访问德国柏林，在复兴剧场举行了两场个人独唱音乐会。

1947年5月，周小燕惊艳亮相首届"布拉格之春"国际音乐节。20世纪的音乐大师奥伊斯特拉赫、肖斯塔科维奇、伯恩斯坦、梅纽因云集盛典。她不仅以自己完美无瑕的歌唱技巧、"水晶般"透明的音色，征服了挑剔的欧洲听众，更以她独具的来自古老土地的文化和诗意，让世界领略了中国夜莺的风采。她每次演出都会穿上体现东方女性特殊美丽的旗袍，精心安排中国古典和现代的曲目。在音乐节上，她再度唱起《长城谣》。她要告诉世界，我有一个祖国，那里有一座古老的长城。

直到晚年,她依然清晰地记得赴欧行前父亲说的"几句话":不要忘记你是个中国人,第二,学好了不要呆在外国,要回来,要回来为你的国家效劳,要为国家做一点事情。她对自己的爱徒廖昌永说,你光会唱他们的东西,不会唱自己本国的东西,人家看不起你,会觉得你们国家没有文化,或是你们国家有这么悠久的文化,你没有文化,所以要有民族自尊心。在国外你越有民族自尊心,人家越会尊重你。你要有自信,人家才会信任你。

爱国是融化在她血液里最基础最重要的基因。在抗战最艰难的日子里,他母亲在家里缝棉袄,送给在医院里受伤治疗的将士。小弟弟德祐辍学从上海赶到武汉前线,他和30多个流亡学生组成抗战剧团。他身兼编导演,带领大家转战在鄂北、山西战区。夜以继日的工作使还不到19岁的德祐心力憔悴、积劳成疾,他年轻的身躯永远倒在了前线。他年轻的面容、明亮的眼睛,成了周小燕永恒的记忆,真个是"满门忠烈"。

1995年我们参加东方电视台纪念抗战胜利50周年电视晚会策划。这是国内第一次卫星双向直播。大家第一个想到的就是请周先生演唱《长城谣》。年过七旬的周小燕站在城墙上,引吭高歌,脚下是八达岭连绵起伏的群山,头顶是白云流过的蓝天。

2005年6月18日,周小燕已经名扬海内外的学生们为了庆贺她从教65周年,89岁的她,精神矍铄地登上上海大剧院舞台,在学生和鲜花簇拥下,领唱《长城谣》。事先有人担心,她还唱得动吗?也有人劝她,不要唱了,万一唱不上去,坏了自己的形象。她笑了笑,说:"抗战胜利60年了,应该唱一唱。这回不是唱声音,是唱精神。"

她有一颗中国心。《长城谣》像淙淙的小河在她心里流淌了一辈子。

我们还期待着。我们还想听她为大家演唱不朽的《长城谣》,还想看她矫健灵动地挥舞双臂指挥我们高唱《长城谣》。先生不会走的。是的,她怎么会走呢?

伟大的老师 伟大的母亲

举世瞩目的布拉格音乐节使周小燕赢得了世界的赞誉,欧洲舆论界将她称为"中国之莺"。当布拉格之春帷幕落下之后,世界各地的歌剧院都热情地向周小燕敞开了大门,而她却在自己艺术生涯如日东升之际,听到了自己祖国对女儿的热切召唤。她悄悄打起行装,孤身只影地踏上了归国的旅程。有人不解,但周小燕想得很简单,"我就觉得好像呆在那里九年,我学完了,我演唱了,基本上得到好评了,该回去了,我没有考虑什么,觉得是应该的,我就这么回来了。"陶行知先生创办的育才小学邀请她为那些穷人的孩子义务担任声乐教师。她几乎想都没想，就放弃返欧访美的计划，接受了邀请。那些穷孩子们充满求知渴望的眼神灼烧着她的心灵，成了她后来一辈子带有宿命意味的人生使命。

1949年新中国成立，周小燕即被任命上海音乐学院声乐系主任。从花腔女高音一步跨入声乐教育家的门槛，她把自己的全部心血都倾注到学生的身上。

作为声乐艺术教育家，周小燕出生于名门望族，但她没有丝毫的门阀偏见。她认为，生命是平等的。每个孩子都有公平受教育的权利，有教无类。1973年入师门、经常自称"大弟子"的魏松，长得人高马大，是来自东北大地的一名军人。她的学生刘捷是铁路工人，李秀英是普通工人的女儿。1984年夏天，在音乐之都维也纳云集的247位世界优秀青年歌唱家中过关斩将脱颖而出夺得第三届国际歌唱家声乐比赛的桂冠的张建一，原来是浙江湖州玻璃厂的一名普通工人。同时得奖的还有他的同学、女中音詹曼华。得奖的那一刻，这个大男孩在众人的目光下，一下子扑在了老师的肩上，激动地贴着老师的耳朵说："老师，谢谢您，今天是我30岁生日，我该怎样报答您啊。"1997年一举在法国第41届图鲁兹国际声乐大赛、多明戈世界歌剧大赛、挪威宋雅王后国际声乐大赛拿下三个第一名的廖昌永，是赤着脚从大山深处走进上海音乐学院的放牛娃。第一次在殿堂般的校门口见到气质如此高贵的老师，廖昌永紧张地心怦怦乱跳，转身逃到马路对面，连照面也不敢打。他不仅钢琴、乐理基础差，而且一开口就是浓浓的乡音。周小燕的第一个山东学生雷岩长期在单位拉大幕、扛箱子。周小燕去世，他朴实地道出了所有学生的共同心声："是您改变了我们的人生"。

艺术教育、音乐教育，有着它特殊的教育规律。如果说，有教无类体现了周小燕的平等接受教育的思想理念的话，那么因材施教，则充分展示了她的教育才华。她像熟悉自己一样地了解每一个学生的艺术个性、声音能力。学生廖昌永参加多明戈比赛的时候，多明戈对他讲，你有一个非常伟大的老师，她有一套非常特殊的训练体系，源自意大利的美声唱法，是一套胸腔共鸣、咽腔共鸣、头腔共鸣科学的理论，但理论需要感觉，仍然要凭耳朵、凭经验。

声乐教学的个别对待很重要。魏松本来是学男中音的。周小燕先生直截了当地对他说，你不是男中音，你应该是男高音，而且是大号男高音，是大嗓子、洋嗓子。后来在老师的悉心教育下，多年后他果然成了世界知名的戏剧男高音歌唱家。除了身体、音色、音区、演唱特点的不同外，周小燕特别关注每个人的文化背景和个性的差异。廖昌永，周小燕就非常看重他的悟性和理解力，点拨他的悟性，强化歌唱的语气、语感，突出腔和韵。很快他就以演唱征服了挑剔的欧洲观众。针对擅长民歌的女高音歌唱家方琼，周小燕又探索用美声唱法和民族唱法的结合，提升她的演唱水平。为了学习，方琼甚至卖了房子，搬到老师家附近。多少年来，她一直在苦苦思考声乐教育、声乐艺术的中国学派，反对生搬硬套地用美声唱法演唱中国歌曲。从演唱转到教学，经历了60年漫长的探索，周小燕因材施教、以中国风为主，洋为中用、中西结合声乐体系。周小燕培养了无数声乐人才：鞠秀芳、张建一、高曼华、刘捷、廖昌永、顾欣、魏松、雷岩、李彩琴、万山红、杨小勇、殷桂兰、李秀英、朱秋玲、王丰、王歌群、张峰、方琼、郭森……他们以自己的歌声，在国内外的声乐比赛及歌剧演出活动中为祖国争得了荣誉，他们像璀璨的群星照耀着中国声乐的星空。

在廖昌永心中，周小燕不仅是自己的老师，更是母亲、朋友。落红不是无情物，化作春泥更护花。教育更不是无情物。她不仅仅做了知识和技能的灌输，同时也是爱的传递，人格的感召。高曼华进校当学生的时候只有102斤。周小燕看她长得单薄，不但叫她到自己家来吃饭改善伙食，还把人家送她的补品转送她"补补身体"。工人的女儿李秀英家里断了接济，周小燕把她接到自己家里，先后住了两年多。她第一次出国参赛，周小燕二话没说，递给学生一个装着2000元的信封，让她"给自己做一件漂亮的演出服"。她不肯要，周小燕严肃地对她说，出国比赛，你代表的不是你，是上海音乐学院，是歌剧中心，是中国。"后来她在国际舞台上屡获大奖,世界各大歌剧院邀约如雪片,却在老师的人格力量的召唤下回到了老师的身边,回到了自己的母校。魏松永远不会忘记,"文革"还没结束,老师冒着巨大的风险,拿出藏在床下的抄家遗漏国外老唱片,让他关好门悄悄地听。廖昌永乡音太重影响歌唱,周小燕一次次把他叫到家里,逐字逐句反反复复地纠正口音,直到他的吐字发音符合歌剧演唱的要求。高曼华的课在上午11点,经常一上就上到了下午2点,连同学都打笑她,"我们都去食堂打饭了,吃完了往回走,你还在楼上吼呢!"这些年周小燕年事已高,学校严格规定她上课的时间,但她依然不管不顾,常常连续上课五个小时,中间拿起几片面包充饥。

在她儿子的回忆中,1996年,父亲大导演张骏祥病逝,他和姐姐回来奔丧。临走那天,瘦弱的母亲一个人蜷缩在沙发上流泪,儿子心中很是不忍,动员母亲和他们一起去美国,可她不答应:"我不去。我的学生都在这里,我去那里干什么。"她说,"我到国外最多只待两个星期,我的学生都在这里。替外国人培养学生我不干,我只为中国培养学生。"

还有一幕深深地镌刻在周小燕儿子的脑海里:20多年前他在上海开公交车。正好,他开的这条线路,经过上海音乐学院。一天,他开着车,看到母亲在路边推着自行车正在和学生高曼华说着什么。他一圈开回来,发现母亲还在与高曼华说话。回到起点站,他再开车上路,母亲和学生还在那儿谈兴正浓。他每次回来两星期，母亲白天都在上课。在海外，他和母亲电话一打就是一个钟头，话语里都是学生。作为儿子女儿，他们早已经习惯家里进进出出的都是她的学生，也早已经把他们当成家庭成员。所有的一切和所有的爱，就像一片岁月的剪影留在了时间的风中。在学生们的心目中，周小燕是他们的恩师更是他们的慈母。用周小燕自己的话来说，我的子女不在身边，他们像我的孩子一样。说这话时，总是在微笑的周小燕眼里噙满了泪水。去年4月，98岁的周小燕上完最后一堂课住进医院，仍然常常把学生叫到病床前授课。直到生命旅途的最后一些日子，她知道自己病重起不来了，才流着泪，把研究生托付给了李秀英教授。那年非典，上海有些高校停了课。那天，上海音乐学院党委办公室电话响了。从电话那端传来周小燕痛苦的声音："我难受死了。我不能承受没有学生的生活，他们就是我的生命啊。"她对探望她的老朋友、新华社记者赵兰英说，不让我教学生，这样的日子，就是活100岁，还有什么意义？

　　是啊，正如著名男高音歌唱家、先生的弟子魏松说的那样，"学生是她生命中的唯一。"

　　偌大的教室空荡荡的等着她，家里的钢琴等着她纤细的手指弹奏它的琴键，学生们渴望的目光仍然在期待她较小灵动的身影飘然而至……先生不会走的。是的，先生真的不会走的。

忠诚于信仰 忠诚于艺术

忠诚是一种力量，是一种选择。它是茫茫大海里照你前行的灯塔，是狂风巨浪折不断的中流砥柱。

她忠诚于信仰。她的信仰来自活生生的现实。1938年小弟弟德祐牺牲开追悼会，周总理、邓大姐、董必武都来了。20出头的周小燕还和他们不熟悉，但却觉得这些人"与众不同"。她后来回忆说，"总理的一双眼睛亮晶晶的，给我留下印象，马列主义是什么我还不懂，我只觉得共产党员是好人，共产党是救中国的党。"50年代有人不理解周小燕的回国。她跟周总理诉苦，"人家说我是投机。"总理对她说，"你投人民的机,永远站在人民一边就好。"就从那时候开始，她一生想的就是中国人不能忘记中国人民，要为中国人民做事情，为自己的祖国做有益的事情。去年，周小燕虚岁99岁生日，儿子到医院看她。她说，"我这一生，98年来，有很多很开心的事情，但最快乐的一件事，想都不用想，就是1956年，我入党了，当时我兴奋得不得了。不开心的事也很多，我都不愿意想这些不开心的事情，只想正面的，想开心的事情。"曾经有位美国记者问她，这一生吃了不少苦，回国后悔不后悔？她回答："不后悔。这里是我的祖国。我为她出力了，我不后悔。如果我没有为她出力，我才会后悔。"党、祖国、人民、教育，是她终生没有改变过的信仰。信仰给了她阳光般的微笑，信仰给了她充实饱满的人生。

周小燕忠诚于艺术。作为一个才华横溢的花腔女高音歌唱家,她毕生都在想着把人类的优秀艺术歌剧普及到中国人的文化生活里去,都在想着中国要有自己的普契尼、自己的威尔第,有中国自己能站在世界歌剧舞台上的大歌剧。年过古稀,她不辞辛劳四处奔波创办周小燕歌剧中心。1989年10月在南京排练歌剧《弄臣》,她边后退边与学生说着戏,脚底一滑摔倒在地,她被诊断为大腿股骨骨折。这时候,大家都担心她是否能够承受,她却自责给大家添麻烦,担心地说:"《弄臣》要弄勿好了。"她坚持在当地医疗,17厘米的钢针钉在腿上,三个月在病房里指导演唱、排练。最后,坐着轮椅出席首演,全场观众为之动容。她开怀地笑了,幽默地说,《弄臣》终于弄成了。前年,中国上海国际艺术节开幕式演出了歌剧中心创排、由廖昌永主演的中国歌剧《一江春水向东流》。从创意、编剧、作曲、歌唱、表演、音乐,全剧的每一个环节都渗透了她的心血。演出后,她又亲自一次次参加修改研讨会。我有幸近距离看到这位年近百岁的老艺术家,那样投入那样全神贯注地倾听大家的发言,脸上始终挂着人们熟悉的浅浅的微笑。

1999年、2001年,周先生先后两次突发脑血栓、小中风,医生叮咛禁止工作,但等病情稍有好转,周先生便迫不及待地通知学生、投入教学。为了工作她甚至顾不上与儿女的交流、沟通,永远把学生的需要放在第一位。数十

女高音歌唱家周小燕

年来,周先生培养了一批又一批声乐拔尖人才,桃李满天下,为祖国的音乐事业作出了卓越贡献。

她还有那么多的梦想要去实现,有那么多的事情要去做,先生不会走的。是的,先生真的不会走的。先生舍不得走的。她舍不得她留恋的世界,她留恋的祖国、她留恋的学生和歌剧。

此刻,燕子正矫健地飞过我们头顶的天空。中国夜莺迷人的歌声依然在我们的心头缭绕。

2016 年 3 月 15 日

具有诗人气质的艺术家
小记胡伟民

胡伟民是中国思想解放时代的戏剧界的一个代表人物。事实上也很巧,他 1989 年去世也寓示着一个年代的结束。那是一个思想解放的时代;是思想狂放的时代;是各种艺术形式在时代载体中狂欢的时代,那样的时代为他的成功提供了可能性,如果没有那样的时代就不可能产生胡伟民。

他的去世大家都很惋惜,我觉得惋惜是问题的一个方面,他另一方面也很幸运,因为即将到来的一个时代是另外一个时代。也许另外的一个时代就不可能提供他这样大的施展舞台,或者提供他展示另外一种才华的舞台。如果胡伟民如今还在的话,他要的恐怕不是工作室就是制作体。其次是艺术家和他的气质。我对胡伟民了解不多,虽然也给他写过评论。并不是人人都能成为艺术家的。艺术家需要有艺术家的气质。胡伟民发表的第一部作品是诗。我想,无论怎样的艺术家,他首先或者本质上应该是一个诗人。如果一个艺术家缺少诗人的气质,他就不会成为一个艺术家。我觉得很遗憾的是，在我们现在的艺术家中有很多不是诗人的"艺术家"，这种艺术家是打了引号的。他们缺少大的激动，大的悲哀，大的冲动，把艺术作为沽名钓誉市侩的东西。在这点上胡伟民有一种诗人的气质。

我最近在写文学史，中国新文学开始是由两个文学流派构成的，一个是文学研究会，一个是创造社。一个是提倡为人生的艺术，一个是提倡为艺术的艺术。我在想这两派在艺术的分类学中是必要的。如果不分的话，这世界就会变得很模糊。但一分类的话，这世界就变得很必然。我想，无论是为人生也好，还是为艺术也好，一个真正的艺术家就必须把这二者兼而有之地结合起来。我曾说过，一个艺术家，当他在舞台上或在艺术中表现出来的当然是为艺术而艺术。别林斯基曾经说过：艺术首先是艺术，诗首先是诗，文学首先是文学。但是我想如果一个艺术家仅仅是为艺术而艺术，那么他可能是一个非常精致的艺术家，而不是一个非常大气的艺术家，非常出类拔萃，非常里程碑式的艺术家，或者仅仅是非常小家子气的艺术家。一个真正的艺术家必然是在为艺术而艺术的背后，衬托出一片以生命、人生作为底色。如果没有这份底色的话，为艺术而艺术则是很苍白的，同样为人生而艺术也是非常粗糙的。胡伟民是为艺术而艺术的艺术家。同时在这后面还有他的苦难的历史，他把他人生的经历，把他苦难的经历作为一种财富，不断地开掘，创造出新的财富。

　　海明威曾经说过，艺术家必须永远面对永恒。他是指的两种状态，一种是他缺乏永恒，他想去了解、去占有、去探索那种永恒的东西；另一种是觉得自己已经占有了永恒，想把这些占有的永恒向这个世界诉说，把这种观点通过自己的艺术告诉这个世界，告诉这个世界的芸芸众生，告诉人们，我们应该怎么去生活。胡伟民，我看他至少是觉得自己缺乏永恒，或者说他对人生有自己的一些理解，他想在艺术上把它体现出来，而现在我们很多的艺术家缺少的就是这些东西，缺少永恒。由此我想到了一个问题，海明威最后一枪把自己送到了另外一个世界，因为他感觉到自己既没有探索永恒的力量，也缺少占有永恒的能力，他只能对这个世界表示悲观和绝望。胡伟民的去世，当然和海明威不一样，他，作为一个艺术家，难就难在他既要保持一个艺术家独立的超俗，同时他又要追随这个时代。这种艺术家是很少的，一个艺术家在追随这个时代的时候，往往就丢失和失落了他自己的超俗。当他坚持超俗的时候，他老是和自己所处的那个时代发生着激烈的冲突，最后他不能实现自己对艺术的理想。我说胡伟民是比较幸运的，如果他碰到 90 年代的话，他就很难在这样的年代，保持自己气质适度的张力。他会感到非常艰难的。

1999 年 6 月 22 日

静水深流单仰萍

富春江,从桐君山下蜿蜒流过,曲折绵延,唱着充满柔情的歌,一路奔向雄伟的钱塘江出海口。沿途留下了数不尽的山水美景,七里泷烟笼寒沙,轻舟顺流,将每一个雾气弥漫的早晨渲染得如同一幅米家山水,影影绰绰风光无限,沿途还留下了数不尽的人文情怀。东汉高士严光(子陵)拒不出仕保持名节的高台,越过历史的风雨,矗立在江边山上。高风亮节足以让后人千古仰慕。又有新安画派的丹青高手将星星点点的写生足迹布满大地。近代更是人文荟萃,产生了许多名士文人。千百年来,有多少越女在桐君山下,富春江畔浣纱捣衣。她们妙曼的歌声,剪落满江的晨曦星辰。桐庐的女子,会使你情不自禁地想起徐志摩笔下,走在雨巷里的背影,还有那浅浅的脚影,圆圆的纸伞。一方山水养一方人物,20世纪80年代,从这片云遮雾绕的山村里,走出了一位让中国戏曲界为之惊艳的越剧女子,她就是越剧王(文娟)派花旦的第一传人,单仰萍。

有媒体赞美她说:"如果女人是水做的,那她就是其中一汪最清澈的甘泉"。这汪从浙东山区流来的清泉,在日夜奔流的黄浦江畔,创造了自己艺术上的辉煌和人生的故事。如今,在上海、在越剧界、在中国戏曲界,有谁不知道丽质天生的王派传人单仰萍呢?真是"天下何人不识君"!可是,又有谁知道,万众瞩目的白天鹅,原来竟是一只生活在艺术边缘的丑小鸭呢?

说起来,历史老人经常与人开玩笑。你想走进这扇门,却在他的指引下,阴差阳错,走进了另一扇门。1972年刚11岁的单仰萍最初学的是京剧。这个扎着小辫的女孩一脚踏进了桐庐县京剧艺训班大门。京剧黄钟大吕的炽烈火爆,响遏行云的唱腔,繁复严格的身段和她的气质相距甚远。好在历史老人和她开的这个玩笑,只是一个短短的插曲。两年后,这个长着一对黑艳艳大眼睛的女孩当机立断,凭着自己的刻苦、聪慧,考进了桐庐越剧团。很难想像,沿着京剧的路子固执地走下去,20世纪后半叶缺少了单仰萍这样一个光采照人的艺术家,当代戏剧和上海越剧,将是一种怎样的情景。这回单仰萍是走对了门。

然而,命运注定单仰萍是个好事多磨的人,继续和她玩着有点残酷的捉迷藏的游戏。初入越苑的这个小女孩,艺术的风帆迟迟没有扬起,更别说是一帆风顺了。于是,我总看到在桐庐越剧团演出的后台,有一个漂亮的女孩在忙碌、在使劲。但她的忙和劲，全不在演戏，她使足了女孩子全身的劲在拉大幕。偶尔她也演戏，演出是在舞台后边奔来跑去的龙套。她也暗地里流过眼泪，着过急，使过劲，可嗓子总是上不去。真是造化弄人，还让她合乐老跑调。那调性像个顽皮的孩子，常从她的嘴里跑到别处去玩耍。三五年下来，团里终于失去了耐心，给她下了走人的通碟。对于一个十五六岁的女孩，再一次面临人生的重大抉择。如果说，生和死对于哈姆雷特是个问题，那么走还是留，继续演戏还是另谋他途，是单仰萍的哈姆雷特之问。在那些日子里，她痛苦过、哭泣过。

单仰萍是个外柔内刚的女子，在人生的关键时刻，她选择了坚守而不是放弃，前进而不是退却。艺术女神眷顾这个不服输的16岁的小女孩了。一次偶然的机会，她看到了徐玉兰、王文娟两位越剧艺术家前辈主演的越剧电影《红楼梦》。王文娟扮演的林黛玉，以其高贵典雅忧伤的气质、低沉委婉的唱腔、吐音咬字的独特，一下子征服了这个16岁女孩的心。小小的仰萍痴迷、沉浸在王文娟创造的那个美仑美奂的林黛玉精神和艺术世界里。她摩仿着、学习着、哼唱着，她一遍遍地听王文娟唱的磁带，用心刻苦地揣摩着唱腔每处微妙的变化、运气、吐字。正是在这种对王派唱腔外形的"形似"过程中，天长地久，一个小王文娟的雏形开始呼之欲出了。

造化弄人也助人，仰萍以她的不屈，以她对越剧艺术的矢志不渝，感动了一度已经要她走人的桐庐越剧团。团里派了老琴师许梅棠先生给她拉琴，吊嗓。许先生见多识广，经验丰富。他知道玉不琢不成器，他知道功夫不负苦心人，他知道因材施教，不同的演员要用不同的方法去培养去带教，真是鬼斧神工，石破天惊。在许师傅的精心调教下，仰萍居然能像坚持不懈的登山者爬坡那样，坚持苦练，嗓子渐渐地圆润起来，明亮起来。她嗓音的明亮，不是一览无余的明亮而带着"云遮月"意味的明亮。她的圆润，也不是那种饱满的、颗粒状的圆润，而是娓娓道来、从容不迫的圆润。对于一个演员来说，一条有自己音色特点的好嗓子，几乎就是她的艺术生命的最坚实的基座。在许师傅的心血浇灌下，一朵原来在越苑池塘里飘浮的无根无柢的浮萍，开始吐蕊抽丝发芽，直到后来，长成一棵枝叶繁茂的大树。

人的成功有他的必然也有他的偶然。必然，是你的坚守，你的刻苦，你的努力。偶然，是机遇的不期而至，幸运的飘然光顾。就像郎朗那次纽约的演出救场，日后如日中天一样，单仰萍成名的起因也来自一次救场。1981年桐庐越剧团一路巡演到东阳。当晚上演《萍娘》，不料主角突然生病，无法上场。作为B角的单仰萍被推到了台前。虽为B角，仰萍平时排练都是一丝不苟，从不懈怠。当晚，当她全身心地站在东阳舞台的聚光灯下，进入角色的时候，很快赢得了满场观众的一阵阵喝彩。一时间，风生水起。她先后担纲排演了《啼笑因缘》《苏秦》《双月蝉》许多大戏。不同的角色，不同的性格，不同的唱念做打，行走在山水草泽之间，仰萍体验到了许多从未有过的人生，为日后的艺术创造奠定了坚实的基础。

1983年单仰萍接手传统剧目《春江月》，她饰演女主角，一个为拯救忠良、忍辱负重的绣花女柳明月。她自己尝试在表演中运用王派艺术的唱腔和身段来塑造人物。多少个晴空朗日，多少次月色星光，她对着能找到的王文娟老师的所有唱片，"千般聆听，万般临摹"，此刻，全被仰萍倾注到了柳明月的身上和心里。1984年，曾经演绎过中国近代戏剧无数辉煌的大众剧场，也是当年盛极一时的黄金大戏院再次演绎了戏剧轰动的传奇。一个来自浙东山村的22岁的女孩，以她塑造的角色打动了见多识广、眼光挑剔的上海观众。那个盛夏的夜晚，人们目击了一颗新星稚嫩地冉冉地升起。散场后，观众们还如痴如醉地议论着这个名不见经传的女孩的名字，单仰萍。

连单仰萍自己也没想到，台下坐着她神往已久，朝思暮想，却从未谋面的越剧表演艺术家王文娟。三天后，王文娟就收下了自己最年轻的徒弟单仰萍。由此，仰萍不仅对王派艺术登堂入室，开启了她全新的艺术航程，而且上演了幕后最为感人的师徒情缘。

　　仰萍是个知道感恩,知道"滴水之恩当涌泉相报"的人。每次谈到自己的艺术,她总是会告诉人们,王文娟老师对她的栽培、提携,没有王文娟老师就没有她的艺术。在桐庐,虽然她刻苦努力,但毕竟视野有限,行腔表演,都带着缺乏正规训练的草台气息。她至今还记得,王文娟第一次看她表演时,她连舞台台步都走得凌乱而没有规矩。1984年,初试莺啼小露锋芒的单仰萍参加上海电视台举办的江浙沪越剧青年演员大奖赛。王文娟放心不下自己的新弟子,让仰萍专程来上海学戏。一曲"黛玉葬花",王文娟一句一句地教,一个字一个字地抠,一个动作一个动作地纠正,反复让仰萍揣摩唱腔的收放和情绪变化。教完唱,又教她台步、形体、动作、眼神。仰萍谦虚好学,她从老师那里学到了艺术,懂得了唱腔和人物内心的关系,也体会到了一种业精于勤的艺术精神,体会到了艺术创造的种种不易和甘苦。当晚演出,王文娟亲自为爱徒把场。老师不仅托人赶制定做了戏服,还亲自到后台为仰萍化妆、泡洋参茶润嗓。师傅无微不至地照料,让仰萍心里暖暖的。这天她以一曲《葬花》赢得满堂喝彩。仰萍在这次高手云集的大赛中,一举摘得了银奖,进入越剧界新一代领军人物的行列。1986年,《春江月》要改拍电影《绣花女传奇》,仰萍辗转反侧,深感自己在艺术上火候未到。夜晚,她翻身起床,言辞恳切修书师傅求救。时值隆冬，王文娟见信后，放下手上的事情，冒着漫天飞雪，奔赴桐庐。那时交通远没现在发达，王文娟火车、汽车，一路鞍马劳顿。一下车，顾不得休息，连夜给仰萍说戏，分析人物，指导表演。1986年，老一辈越剧表演艺术家徐玉兰、王文娟组建上海越剧院红楼团，王文娟力邀心爱的徒弟单仰萍加盟。由此，富春浙东山区的一汪清泉，汇入了黄浦江的滔滔江水。1987年，单仰萍第一次在红楼团主演徐玉兰、王文娟创演的经典名剧《红楼梦》。此后，二十多年如一日披星戴月，她将王派艺术的林黛玉演得烂熟于心、出神入化。

如果说，她在进上海越剧院之前，还是学王之形的话，那么到了1986年以后，她学习继承王文娟老师开创的王派艺术，已经渐渐地进入了形神兼备的阶段，不仅在形式上有了王派的容貌格局，更有了王派唱做的内在神韵。直到1999年，和徐（玉兰）派传人钱惠丽主演大剧院版《红楼梦》时，她更是达到了中国绘画美学"离形得似"的境界，以表面的不全似在更高的艺术精神和表演层面，体现出老师表演体系中属于自己发现的那些精髓了。众所周知，徐、王创造的《红楼梦》具有空前的经典的意义，达到了那个时代越剧塑造宝、黛所能达到的巅峰高度，但也留下了那个时代必须遵守而无法逾越的边界。在那个时代，《红楼梦》更多是作为一部反封建的文学名著被阅读、被阐释。于是，林黛玉和贾宝玉更多地被赋予了封建大家庭叛逆者反抗者的意义。王文娟在塑造黛玉的时候，已经尽力发掘了她人性中被压抑的忧郁的气质。20世纪末，单仰萍在重读《红楼梦》，重新塑造林黛玉的时候，时代给了她发掘人性更丰富内涵的可能性。于是，在《读西厢》的表演时，她在传承老师的表演传统中，不仅保持了老师表演的精华，还适度强化了林黛玉此情此景中两小无猜、情窦初开、略带顽皮的青春气息，突现了"其一笑一颦处真实可亲的少女心态，举手投足间满溢的闺阁气质。"在林黛玉多愁善感的基调中又加入了一丝烂漫天真的色彩。从而使舞台上的林黛玉更加真实、更加丰富、更加亲切而富于时代感。更何况，大剧院版《红楼梦》又根据剧院条件对徐王版经典演出剧本作了调正和修改。其间为仰萍的艺术塑造提供了许多新的必须开拓的空间。单仰萍的好友，剧作家王小鹰对此有过十分精辟的分析：

在"葬花"一折之前，除了"读西厢"，林黛玉几乎就没有什么台词，只默默地出场，悄立台侧。然而，偏偏又要在这无语之中完成了林黛玉从初进贾府时的天真单纯到渐识封建大家庭的冷暖而孤愤幽怨的心理发展过程，这实在给演员的表演带来了很大的困难。况且越剧《红楼梦》，着重锲入人物内心情感的变化与冲突，没有编造十分跌宕起伏的情节，甚至也没有充分借助戏曲表演中夸张的外在的程式动作，这更使演员的表演难上加难。然而单仰萍就在这难上加难的规定情景中,用细腻准确、恰到好处的形态与神态展现了林黛玉复杂丰富的精神世界和委婉曲折的内心律动。开场"元妃省亲"中,元妃先看了贾宝玉脖子上挂着的那块通灵宝玉,念道"莫失莫忘,仙寿恒昌。"回过头又去看宝钗胸前的金锁,又念"不离不弃,芳龄永继。"这时林黛玉(单仰萍)默默地站在台侧,她自然敏感到娘娘话中之意,但她又不能当娘娘的面表达真情,她脸上的笑容慢慢地消失,她幽幽地看了宝玉一眼,缓缓地低下了头,去拨弄自己的衣裙。直到宝玉来问她愿意住在大观园哪一处时,方才回过神来。"不肖种种"一场,林黛玉(单仰萍)来访怡红院,恰巧听到了贾宝玉真情剖录:"林妹妹从来不说这种混帐话!"背地偷闻知心话,她震动而惊喜,猛地煞住脚步,片刻,慢慢地转过身子,凭栏伫立,万般忧虑却涌上心头:这知心是否能到白头?她依依不舍,牵肠挂肚,悄然退下。"答宝玉"一场,宝玉挨打,贾母、王熙凤、薛宝钗等闻读赶来,大哭小闹,乱作一团。林黛玉(单仰萍)也赶来了,见众人在,便不进屋,只在门外无语凝噎独自饮泣,痛惜、无奈、愤恨,仰天长叹,指然挥袖离去。这一个"林黛玉"了无痕迹而水到渠成地长大了。

见王小鹰:《单仰萍在越剧〈红楼梦〉中的创造》

越剧《红楼梦·黛玉葬花》

自从艺以来,单仰萍近千场地演出《红楼梦》,塑造林黛玉。一千,在这里已不仅仅是一个数字,更是一个艺术家情感和生活的积累。这种演员和角色的几十年的相伴,几乎合二为一的艺术经历,即使在戏剧史上也并不多见。对于单仰萍来说,更是一种刻骨铭心的体验和记忆。她一步步走进林黛玉心灵世界的深处,成为继其师王文娟后毫无争议的"当代最佳林黛玉"。诚如王小鹰说的那样:"单仰萍继承和发展了越剧舞台上的林黛玉,而林黛玉又挖掘和激发了单仰萍的艺术创造才能。"可以说,正是在饰演林黛玉这个精神世界极为丰富极难把握的角色的漫长艺术实践过程中,单仰萍完成了自己的艺术蜕变和升华,汲取了自己作为一个艺术家表演和创造的巨大能量。

从首演《红楼梦》到大剧院版《红楼梦》,其间,单仰萍先后主演了《神王恋》《情洒罗山》《西园记》《西施归越》《碧玉簪》《孟丽君》《紫玉钗》《三难新郎》《曹植与甄洛》和多部戏曲电视剧。在这段时期里,她既有对王派的专攻,也有对金(采风)派、袁雪芬派的兼学。她还拜昆曲名家梁谷音为师,学习身段和水袖,极大地丰富了自己塑造艺术典型的手段。

从学王派的形似,到学王派的形神兼备,到博采众长,到继承发展王派离形得似,单仰萍由此进入了一个全新的创造时期。

1998年,她和最佳拍档钱惠丽合作,创排了新戏《舞台姐妹》。这出戏生动表现了曾经情同手足的越剧师妹,不同人生道路和不同艺术观念的冲突。戏中,单仰萍饰演邢月红的姐姐竺春花,目睹纸醉金迷中的人性的迷失,单仰萍把内心对月红的痛与惜,层次分明层层铺垫地展现出来,唱腔已较少王派的委婉低回,而是以王派作为元素大胆地融入了其他流派的特点,尽可能展示出当时的时代气息和春花的内心。其中既有在农村戏班质朴的草野作派,也有进入上海十里洋场进步文化的明亮色彩。编剧巧妙地将舞台剧《舞台姐妹》和戏中戏《梁祝》浑成一体,以戏带戏,以戏促戏。单仰萍戏里戏外,表现自如。在许多场次运用了繁复的身段,包括救月红的开打。这里要特别指出的是,单仰萍早期从艺的曲折经历对她后来艺术生涯有深刻影响。一是童年时京训班学习京剧的经历使她在表演中有了身段和武功的底子,为她的艺术创造增加了许多新的手段和可能。二是当年拉幕跑龙套的经历,使她在成名之后的演艺生涯中很少有时下某些大牌演员的架子。她乐意让戏给人,作为大演员不惜放下身段,为同行当配角,比如在《梅龙镇》里她扮演戏份不多的皇后,照样一丝不苟。又如她毫无怨言地在年轻编剧创作的反映抗击非典的越剧《关不住的春天》中,出演角色,支持年轻人的创作,显示了自己的艺风和艺德。在《舞台姐妹》里,她将戏里戏外台上台下的春花拿捏得十分准确。尤其是在她被绑无法动作,无演唱时,始终用眼神将信贯注到月红的身上。在无戏之处挖戏,淋漓尽致地展现了春花内心的情绪曲线,成为建国50周年上海戏曲舞台上的一出佳作,不但获得了大陆观众的好评,也激起了香港观众的佳评。

2003年文艺大师巴金百岁寿辰。上海是巴老长期创作、生活,晚年归宿的城市。当年10月上海国际艺术节戏剧舞

越剧《家》，饰演梅芬

台上一下子推出了川剧、沪剧、话剧、越剧，4台不同剧种的《家》。单仰萍在越剧《家》中出演梅表妹，她在塑造角色时，已经意识到要突破和走出林黛玉的悲剧形象，是对她的一次挑战。虽然两人的悲剧有某些相似之处，但人生经历的不同，使梅表妹甚至没有感时花溅泪的闲情，只有一种梅花凋零的凄美。为了突出凄美，她强化人物前后的对比，"以美丽的开始来强烈对应悲剧结果"。在开场的"梅林春雪"中，她以富于生活化的本色表演，一个眼神，一个笑容，一个不经意的动作，乃至轻快的碎步突现初始的美好情愫和青春活力。在瑞珏、觉新、梅三人"双洞房"那场戏中，一面是觉新、瑞珏新婚之夜，一面是梅的被迫出嫁。仰萍并没有呼天抢地，而只是用沉重的步履结合加了小腔变化的王派唱腔表达梅内心的极度哀怨和无奈。她背转身，把自己承受的巨大痛苦变成了无声的叹息。甚至在梅和觉新的梅林重逢，她也不用激烈的肢体语言和舞台设计，而只是在她紧紧抓住披肩的动作中，传达出人物内心的无法诉说的悲凉和痛苦。在仰萍的人物塑造自白中，我们可以读到她对中国女性命运和悲剧的历史的解读。她有了一种塑造人物，穿透表层，深入人性的艺术自觉。

这些年，中国戏曲一直处在一个十分令人困惑的时代。一方面我们在各种媒体上看到戏曲很热闹很繁荣。另一方面，事实上戏曲又很困难很寂寞。作为一个已经名声很大的中年女演员，单仰萍内心其实也经历了迷惘和困惑，但她没有止步，相反，她不声不响地执意挑战自我、挑战题材、挑战时代。她几乎是凭着一己之力，凭着自己在文艺界的声望和人缘，作为制作人和主演，创作演出了新编历史越剧《虞美人》。

说到挑战自我，她说，"虞姬生活在战争年代，又是项羽身边的女人，她的故事发生在战场上，所以形体表演会

原创越剧《虞美人》,饰演虞姬

有很大的不同。唱腔上也会表现豪放的一面,对我的表演来说,也的确会有不同以往的一面。"她还说,"每个人物都有演员自己的理解,流派虽有基本的表演风格,但角色还是因人而异。"(叶灵君:《演员单仰萍》)。说到挑战题材,是因为虞姬项羽的故事在戏曲舞台上已经被重复过千百次,已经定型化。尤其是经过梅兰芳大师《霸王别姬》的点化,虞姬的形象已经家喻户晓深入人心。这些年也不乏话剧、舞剧、淮剧、歌剧对这个题材所作的富于时代性的发掘、阐释。但这些年的作品有一个几乎共同的视角，即以项羽为主的男性视角。在这个视角里，虞姬的戏分虽有变化，但她始终是男人政治和军事游戏中的配角、点缀和符号。"大王是山虞是水"。《虞美人》是这个题材中第一次把虞姬的悲剧命运作为主角，凸现在了楚汉相争的宏大叙事背景上，是男人和女人、是山和水的平等对话，是心和心的交流。单仰萍要在金戈铁马的铿锵撞击声中，展露出一个"纯粹为感情而生的女人的喜怒哀乐。"戏中虞姬出入在战争与感情的漩涡之中，挣扎在对张良旧时的兄妹之情和此时对项羽的炽热爱情之中。她不但有着缠绵，更有着敢作敢为毅然决然的担当。特别是为着心中的那份情感宁愿玉碎从容赴死的刚烈。从春花、梅到虞姬，我们看到，单仰萍是怎样一步步走进林黛玉，又一步步走出林黛玉的艺术努力。在唱腔上，我们也同样可以看到她的这种努力。虞姬的唱腔里，有作为基调的王派的低旋委婉，有袁派的质朴大气，金派的高贵华丽，更有不少属于仰萍专为角色而创作的新腔。说到挑战时代，单仰萍为了创排《虞美人》，她亲历亲为，参与了创排的全过程，作为制作人独挑大梁，期间的艰辛真是很难为外人所道。面对时代的挑战，她知其不可为而为之，创作过程就有了一种返身挑战巨大时代压力的悲壮感，演绎见证了仰萍演艺生涯的辉煌。

如今单仰萍已如一个身经百战的将军。她获得了一个成功的演员所有的荣誉和奖项。她的许多好友和无数的观众，迷恋倾倒于仰萍长相的古典之美。但我有时更感动于她内心的某种美好的东西。作为一个艺术家，她很少有角儿的自大、张狂、来事。相反，她谦虚、忍让、不事声张，但她内心始终有一种执着一股看不见的韧。如果我们把黛玉、梅和虞姬组合在一起，我们就可以看到一个真正完整的单仰萍。她，其实是个外柔内刚，在文静的外表下，潜在一股英气的女子。她使我们想到她家乡的那条富春江，静水深流，沉静甚至有些腼腆，但千回百折却坚定不移奔向大海的性格。所以，仰萍今天已经完全是个性格演员，但她的性格化表演却是以其外表和内心的本色作为底色的。我想，她心的深处一直活着向往着那个愿意为爱而生生死死的虞姬。这就是她千辛万苦创作虞姬，能把虞姬演绎得光彩照人的原因。她在虞姬的身上升华了自己的人生和艺术理想。

2010 年 3 月 23—24 日

为信仰而创作
剧作家罗怀臻

在中国戏曲界,罗怀臻是一个重要存在。1999年8月我曾目睹他创作的淮剧《西楚霸王》在沈阳参加第六届中国戏剧节的演出,观众挤满了剧场,汗流浃背却如痴如醉,沉浸在两千年前的历史风云中,为那些古代的英雄时而担忧、时而欣慰。演出结束,观众潮水般地到台前,欢呼喝彩,久久不肯离去。自20世纪80年代投身戏曲,在30多年的创作生涯中,罗怀臻潜心笔耕,在戏曲界栉风沐雨,摸爬滚打,为新时期戏曲创作贡献了近40部剧作,是活跃在文艺界前沿当之无愧的领军人物,真正是"天下何人不识君"的一代著名剧作家了。

我认识罗怀臻是在他的《金龙与蜉蝣》上演的20世纪90年代上半叶。当时我深为他作品中闪现的才华和焕发的力度所震撼,想了很多很多。但是真正熟悉作为剧作家的罗怀臻却已是在90年代的下半叶。1997年我因工作之需调任上海市艺术创作中心任主任。不久,罗怀臻约见了我。

我们在创作中心颇具艺术气息的一栋老洋房的三层小阁楼上，作了一次长长的真正促膝的深谈。头上是木板斜斜的屋顶，窗外飘着爬满老墙的藤蔓和绿叶。这也许是两个挚爱艺术的男人之间的敞开心灵的对话。我们谈了很久很久，几乎忘记了时间的流逝。那次谈话不久，他就给我写了一封言辞真切的来信表达他的心迹。二十年来我一直珍藏着那封信。信中最让我感动的是，他说，戏曲对他而言，差不多就是信仰。他之所以在坚持，不愿意犹豫旁顾，实在是以为自己是在坚持着理想和信念。他对戏曲的这种视若信仰的执着和坚守，令我想到了蔡元培先生"以美育代宗教"的思想。句到沧桑诗便工，这种时代变迁的重压和个人命运的莫测，最后促成了昆剧剧本《班昭》的问世。

众所周知，20世纪90年代是中国传统戏曲面临许多重大挑战和困难的战略转型期。就如我在2004年《中国戏剧》佛山会议上提出，当下中国戏曲遭遇的不是一般性的问题和困难，而是全面的深层次的行业性危机。它的性质，是行业性的危机而不是其他。它的表现，是全面的而不是局部的。它的原因，是深层次的而不是浅表的。盛世危言，旨在引起大家的高度关注。

就是在这样一个戏曲陷于困境的历史时期，剧作家罗怀臻勇敢地坚守而且出击了。在剧本创作上，他有两个不可替代的"唯一性"。首先，他是同时代剧作家中唯一在30

多年时间里创作并上演了近40部作品的剧作家。其中的轨迹也很清楚：先是他戏曲起步的淮剧，后来是他在上海落脚起点的越剧，接着是京、昆两个大剧种，大约在新世纪前后，他的创作如水银泻地延伸到了各种地方戏。难能可贵的是，这些剧本大都达到了相当的艺术水准，很少有"洼地式"的作品，从而构成了新时期戏剧剧本疆域里属于他的一片气象浑成的"高原"，而且其中还出现了几座"高峰"，即既代表着罗怀臻个人也代表着当代戏剧创作最高水准的具有时代标高意义的优秀剧作。其次，他又是新时期剧作家中唯一深入介入十余个剧种，用自己的剧作推动了一个又一个剧种的转型和发展的作家。例如2002年他创作取材于柔石小说《为奴隶的母亲》的剧本《典妻》，以其对女性命运内心的深刻剖析和深切同情，加以极为生动的风俗化的舞台呈现，给滩簧家族中一度风雨飘摇的甬剧开创了鲜活的生命。

这些年在和罗怀臻的交往中，一直有两个生动的意象活跃在我的心里。一个是塞万提斯笔下的那个唐·吉诃德。他不顾一切，骑着那匹瘦马，捍卫着自己的骑士理想，用长矛挑战着现实世界。罗怀臻身上也有唐·吉诃德的那种理想主义的色彩。他时常会用唐·吉诃德的方式生活在自己的戏曲理想中。自1993年淮剧《金龙与蜉蝣》成功高举起"都市新淮剧"的大旗之后，他在中国戏曲界明确提出"传统戏曲现代化"和"地方戏曲都市化"的理论主张和现代意识。罗怀臻的现代意识,很有点像唐宋的古文运动、意大利的文艺复兴,是一种与城市文化嫁接了的归璞返真的现代意识。为了打通传统戏曲与现代接受之间的壁垒,除了现代意识还要现代的戏剧实现方式,从而完成一次真正意义的现代转换。此中充满了许多我们难以想像和几乎不可逾越的困难、障碍。在90年代以来二十余年荆棘丛生的探索中,怀臻出入各个地方戏曲剧种,像神农尝百草般尝试了各种叙事手段和方式,包括古典和现代的嫁接、综合,比如都市新淮剧、越剧青春剧、黄梅戏音乐剧等。他在京剧《宝莲灯》中突发奇想地加入猪牛羊虎猿蛇蜈蚣梅山七圣的插科打诨,这种增加戏剧性、松弛紧张度的处理灵感,或许来自民间戏剧的审美趣味,但其实际的功能却带有了现代的调侃和嬉皮意味,强化了戏曲现代层面上的可看性。他的许多唱词体系像大门敞开的公共空间接纳各式人等,大量融入了流行歌曲、现时话语、日常词汇等非常规戏曲的要素,不再微妙地暗示意蕴而是直接撩拨你的感官和心灵,更加便捷而不费力地让现代观众抵达戏曲情境的核心。他的许多作品取材于传统戏曲母题的改编,而他的改编经常又是富于冒险性的颠覆母题最脍炙人口的核心,如《宝莲灯》中的"二堂放子",《白蛇传》中的盗仙草、水斗,《长恨歌》中的醉酒,杨国忠则被贵妃的乡里乡气的三个哥哥、三个姐姐替代。这种取消和重写的文化策略,使《长恨歌》和许多改编后的传统戏曲母题产生陌生化的审美效果。但是,这种对既定的也许积淀了千百年的审美定势的挑战,你可以说是"面目一新",也可以说是"面目全非"。

在戏曲界写戏的人不少,但有如此明确完整戏曲理论理想的人很少,而且多年如一日,始终不渝像宗教信仰那样不惜一切代价、燃烧自己去执着狂热追求的更是很少很少。他独自一人品尝着写作时青灯黄卷的寂寞,有时还得接受一些同行的不理解,而这许多年间,诚如他在一次演讲中透露的那样,"有过许多人生的挫折和心灵的无边痛楚"。他胯下的马并不彪悍,他手里的矛也并不那么锋锐,但正是这种唐·吉诃德式的献身于自己的理想和信念引领,罗怀臻才有了与命运抗争的峥嵘和衣带渐宽终不悔的倔强,才穿越了那片属于他的不易、艰辛和痛苦,步步登上了个人创作和人生的高峰。我们在他结集出版的这三卷剧作中,可以清晰地看到一种戏曲理想的坚持和渗透,看到他步履艰难而坚实的前进足迹。

另一个意象则是罗贯中笔下的赵云,人称常山赵子龙者。一身白袍一杆银枪,血战长坂坡,最后一骑白马杀出重围。在戏曲界,罗怀臻颇具赵云风范。他英勇无畏,凭一己之力,和戏曲界同行一道冲出戏曲危机的重围。就像保护胸前的幼主阿斗一样,保卫着自己心爱的中华民族最宝贵的戏曲财富，走向未来。在戏曲突围的大战中，罗怀臻是一个坚持战斗、坚持苦干的人。昆剧《班昭》，1997年完成初稿，2001年首演，前后五年无数次修改打磨剧本，逐字逐句地修改台词。就像贾岛那样，吟安一个字，拈断数茎须。我是从头到尾看着这个戏从无到有、从小到大、从小荷才露到灿烂绽放全过程，看着怀臻如何为了班昭的舞台形象呕心沥血的。诚如班昭修《汉书》那样，"从来学问欺富贵，真文章在孤灯下。"每个新剧本写出来以后，他不是把剧本交给剧团和演员就完事，相反，他会像看护自己孩子生长精心照料那样，积极投入地参与到剧目创作的各个环节，四处张罗，联络导演、舞美、灯光，和演员说戏分析人物，协调剧组的各部门，甚至解决各种矛盾。按理说，剧本完成，作家隐退。他不是，他事无巨细，天天泡在排练场找事干，找苦吃。他是个很苦干的剧作家，具有来自草根阶层才有的吃苦耐劳的坚韧品格。因为他明白，只有像赵云那样去苦战去血战，中国戏曲才能突出重围，才能走出困境，重塑辉煌。

对于上海文艺界来说，罗怀臻是个异类、异质的文化符号，是一个带着苏北文化背景的外来人，是一个突然的闯入者。也因为这个不可捉摸无法预测的异质的文化符号，在后来岁月中像跳动的火焰般地活跃介入，上海的剧坛和文化景观有了别样的生机和活力。也正因着这个"异"字，给略显沉寂的上海剧坛乃至全国剧坛带来了一股清新的风。他的"异"异在，其创作既有转型期中国知识分子特有的敏感、痛苦和思考，又有那种在江淮大地凛冽寒风中成长起来的草根阶层独具的强烈野性和生命挣扎的力度。特别是在上海这样一座海派大都会里，他一开始显得特别的与众不同，有时甚至是格格不入。这就使得他早期的创作有点像民间底层驱寒的烈酒，有着摧枯拉朽的燃烧感。在奠定他剧坛地位的成名作《金龙与蜉蝣》中，一个带有浓烈莎士比亚色彩的父子间复仇故事，被赋予了罗怀臻极其个人化的全新理解和阐释。他对金龙从草民到国君色彩截然的对比中，从他对亲生儿子蜉蝣的残忍的迫害中，从蜉蝣遭戕害后的谄媚和阴毒的报复中，毫不掩饰地表达了自己对权势者灵魂深处黑暗的根深蒂固的厌恶和鄙弃。与之形成鲜明对照的是，在玉凤、玉荞这些草民身上所寄托的哀婉、美好的情愫。其中他对草根阶层图腾式的膜拜和崇敬，溢于言表。在《梅龙镇》中，他对传统题材"游龙戏凤"的最大改变，就是强化民间底层生活自在自足的祥和欢乐，用以置换帝王玩弄村姑的腐朽性，从根本上颠覆母题原来的趣味指向。当然，对于正德皇帝的行为、心理逻辑，我以为仍然可以探讨、商榷。这就像《乾隆皇帝下江南》的话本，其实是出自民间文人的朴素愿望和市民阶层自娱自乐的想象、创造一样。在《金龙与蜉蝣》里，城市观众看不到自己熟悉的物欲横流的场景，看不到生命萎顿、灵魂苍白的人物。蜉蝣、子丫、玉凤、玉荞,他(她)们渺小卑微,然则他们的生命代代相传。天老地荒,扑面而来的是强悍的草莽气息,是人物顽强抗争命运的野草般旺盛的生命力。就像一坛酒,那不是文人雅集品尝的绍兴酒,不是国宴享用的茅台、五粮液,那是苏北民间自酿的老白酒,是北方山民狩猎自饮的二锅头。决无半点文雅醇厚,只有呛人喉咙的辛辣、野性和蛮力。他能把金龙与蜉蝣的父子相认,写得何等的摧肝裂胆、回肠荡气。《金龙与蜉蝣》使扎根苏北大地的淮剧在保持原有质朴的前提下,星云膨胀般地张扬了民间人文潜在的原始的生命力。

和大都市人文知识分子不同,罗怀臻的创作很大程度上可能得益于他潜意识深处"外乡人"民间生活的童年记忆。(这里"外乡人"一词出自他音乐剧《长恨歌》的一段歌词。在我看来,这段十分有趣的歌词,是解读他创作心理的一把或几把钥匙中的一把。)周而复始的童谣、民谚,如《金龙与蜉蝣》中的"大哥哥心太黑"、《宝莲灯》中的"天苍苍、地茫茫"、《梅龙镇》中的"我家有个小儿郎"、《典妻》中的幕内唱,像梦魇般纠缠在他剧情的躯干上。苍凉邈远悠长,一咏三叹,把我们重新带回质朴的乡间,带回遥远的童年,带回大地母亲温暖的怀抱。怀臻在展示民间风情和世俗生活的时候,总是显得那样的一往情深,那么的心旷神怡、笔下生辉,从而使许多的戏曲场景成为情趣盎然、色彩明快的风俗画。

怀臻的剧本创作在他漫长的渐渐融入和思考的过程中,又兼具了文人一杯浓茶悠远绵长的回味感。就是说,有一个由酒到茶的或者酒茶并存的深刻变化。烈酒代表着山野民间,清茶象征着精英文人。其对文人的关注起始于《柳如是》、升华于《李清照》、完成于《班昭》、后续则是近年的《青衫·红袍》《斗笠县令》《建安轶事》《梅影庵忆语》等。这些剧作里的主角迭经社会、人生、情感的重大变故,一步步体现着人文理想的飞升,直至生命融入辉煌和清空。《班昭》熔铸了怀臻对90年代中叶人文知识分子真切的生命体验,洋溢着摆脱自我软弱的力量,自我反省的深思,指示了知识分子事业和欲望、理性和本能之间的冲突,以及在这种冲突中挣扎、突围直至超越的灵魂图画。"最难耐的是寂寞,最难抛的是荣华。从来学问欺富贵,真文章在孤灯下。"这是每一位真正的人文知识分子的内心独白。目睹班昭的一生在我们面前次第掠过,就在太阳下山的时刻,完成《汉书》后七十一岁的班昭,奄下她如霜似雪的头颅——"小姐也走了。"轻轻收光。我们的思绪迷失在满台的黑暗中。

"这一杯清茶,不是酒,浓于酒,醉在人心头。"《班昭》形为酒,质为茶,以一种成熟的内敛的风致,与《金龙与蜉蝣》怒发冲冠式的狂野之美相映成趣,成为上世纪90年代罗怀臻思想艺术最为成熟的压轴之作。在某种意义上,也为20世纪中国当代戏曲的创作点上了一个完美的句号。

我曾经说,淮剧《金龙与蜉蝣》、昆剧《班昭》、甬剧《典妻》是罗怀臻戏曲剧本创作"高原"上三座突起的"异峰"。《金龙与蜉蝣》集中体现了80年代启蒙思潮的影响,中国戏曲悲剧达到的深度。《班昭》通过历经情感人生的坎坷砥磨鲜明表达了90年代中国知识分子面临市场化历史大转型时的内心困惑,和走出迷惘的心路历程。进入21世纪问世的《典妻》体现了他在进入新世纪以后对女性命运的人文关怀。此后的京剧《建安轶事》和昆剧《梅影庵忆语》则显示了他晚近艺术创作成熟时"绚烂之极归于平淡"的从容和灵动。对于人物的理解和把握,对于人性和命运的思索,对于中国戏曲本体和内核的新的认识。

这里,我要特别提醒的是,在20世纪90年代的十年中,怀臻就曾为我们先后塑造了班昭、虞姬、三公主、西施、柳如是、李清照、李凤姐、白娘娘、春宝娘、杨贵妃、刘兰芝等一系列光彩照人的女性典型。这些女性,职业身份性格各不相同,但都美得表里如一,为爱情、事业、理想,她们哪怕千回百折、赴汤蹈火甚至失去生命,也无怨无悔。最近几年,他又为我们奉献了蔡文姬、董小宛、钟妩妍、秀芬、刘玉指、金双枝、齐后、郑儿、梨花这些感人肺腑的女性形象。怀臻几乎在每一位女性的塑造中,都倾注了大量的心血,下笔时浸透了饱满的感情。透过那些古典美丽女性构造的镜子,人们可以照出世风日下时自己灵魂的低下与苍白。如此全力以赴地张扬女性的善良和美丽，当今剧坛可能无人出其右。从分析心理学的角度，这恐怕也是解索其创作心理和内心秘密的一条甬道。他对那些伟大女性的肃然起敬，同样使我们对他肃然起敬。

岁月写在脸上，沧桑刻在心头。三十多年的剧本创作，罗怀臻记录了一个大时代变化的轨迹，也写尽了刻在自己心头的沧桑。事实上，怀臻正处于他一生极为重要的历史转型期。2010年他当选为中国戏剧家协会副主席，我曾经一度杞人忧天，失去了野性和痛苦的罗怀臻将怎么办？原来他是"真文章在孤灯下"，如今荣誉的聚光灯对着他，电视和媒体的闪光灯笼罩着他，他拥有了那么多的桂冠，他会不会慢慢地在失去压力和痛苦后而失重，会不会慢慢地失去一些最宝贵的东西？原来那些很民间、很本色、很代表底层的素质会不会随着环境的优化而慢慢地衰退？承蒙错爱，他当选后就给我发了短信，回来后，约在我家门口不远的咖啡店见面。见面时，我斗胆进言，期待他完成从一个年轻斗士到成熟名士的人生转换。斗士、名士、高士、隐士，中国古代士人有着自己不同于西方知识分子的人生路径和人生哲学。有些误解"批判"语义的知识分子总喜欢火力很猛地非此即彼地肯定一端否定另一端。人，其实在生命的各个年龄段是有着不同的人生目标和人生角色的。年轻时读《史记》我就非常感佩张良的急流勇退，感佩于范蠡的功成身退。退，对于一个人来说，有时是很难的，但有时候那也不失为一种进。人生，有时舍就是得，慢就是快，少就是多，退就是进。那天，风很轻，天很蓝，很高，又有宜人的阳光和绿荫，很适宜推心置腹。确实，成人的心门经常会关闭着，并不是经常轻易可以开启的。作为相识相交相知二十多年几乎无话不说的老朋友，我由衷地为他高兴。那天我们说了很多很多的话。没想到他那么快地就进入、适应了自己的新角色新岗位。不但自己继续潜心创作剧本，还针对戏曲创作高端青年人才严重匮乏的局面，作为全国戏剧创作高端人才研修中心主任，在方方面面的支持下有声有色有效地开办了青年剧作家、青年导演艺术家、青年戏曲作曲家、青年戏剧评论家和青年舞台美术家的研修班，以培养当代戏剧创作的一代精华。创办这些研修班，怀臻身体力行，自己编教案、排课程、请导师、把一切都打理的有条不紊，事后还把授课讲座的全部内容精心汇编成装帧极为考究的文集。他不但以自己的艺术才华而且以对年轻人才的满腔热诚，感动了戏剧界，赢得了大家发自内心的尊敬。我自己就曾应约先后为编剧班和评论班授课。如今，先后走出研修班的青年戏剧创作精英已经像候鸟般地飞翔到祖国的四面八方，成为各地戏剧创作的中坚，担负起当代戏剧民族戏曲繁荣复兴的重任。天高任鸟飞，海阔凭鱼跃。去年，我又有幸在上海和北京观看了他的新作淮剧《武训先生》和话剧《兰陵王》的首演。武训是罗怀臻几十年未解的一段心结。剧中,武训的忍辱负重,他在歧视目光中、在拳脚交加中的乞讨,和他后来办起的义学,让我们看到了卑微的社会角色中升腾起来的崇高和坚韧的人格力量。剧中新添的武训和梨花的悲情的爱情桥段,看得令人凄婉欲绝。人物人生和内心的巨大的空间,给表演提供了极其开阔的天地。在我看来,梁伟平扮演的"这一个"武训,充分展现了这位淮剧表演艺术家的艺术才华,光芒四射,是他一生表演艺术集大成的高峰之作。而《兰陵王》则让我又回到了《金龙与蜉蝣》那个狂飙突起的年代。这里有《罗生门》诡异的悬念,有《哈姆雷特》飘忽的鬼影,无论在人物设置、戏剧结构都可以看到《金龙与蜉蝣》的变奏,最重要的是有一股前者独有的桀骜不驯的狂野的精神力量。经过王晓鹰的导演,那次国家话剧院的首演,真正是刀光剑影回肠荡气。

这几年,正值盛年的罗怀臻在上海文化的关键时刻受命出任上海市剧本创作中心艺术总监。我自己曾做过这个中心的主任,深知其中的甘苦冷暖。怀臻上任后也真的是真枪实弹拳打脚踢,充分调动自己的全部才能和资源,把创作工作组织得轰轰烈烈。当年我没做好,他远比我做得好。现在他正为他的戏曲信仰,向着一个新的境界升华着……我,乐见其成,无论是剧作家,还是艺术总监。

2013年6月15日初稿
2018年2月25日修改于上海

向天再借五百年
厉震林的艺术场域和思想

认识厉震林已经有好多年了。在各种艺术研讨会上可以看见他活跃的身影,听到他闪烁着思想火花的发言。他年轻睿智,他的发言总会给我不少新鲜的信息和启迪,就像早晨打开窗门,总会有一股新鲜的空气扑面而来。特别是在上海戏剧学院那栋上了年头的红黑砖块相砌的极具历史感的(熊)佛西楼前,时常可以看到他充满活力地在为学术活动忙碌的身影。这些年,因为中国文艺评论家协会的工作需要,我们在上海戏剧学院设立了评论基地,我更是领略了他的另外一面,学术组织者的干练敏捷高效。每次会议和活动,他忙忙碌碌却有条不紊,确保了许多有影响的重大活动和会议的顺利举办。同时作为中国最出色最著名最有文化历史底蕴的艺术院校,上海戏剧学院的教务处长,他把偌大的一个高校的教学和科研组织得有条有理有声有色,令人称羡不已。在那样的繁忙之中,我还经常看到震林新见迭出振聋发聩的大块文章。而且,在此多少年前我已经读过他的许多评论文章。我自以为对震林是相当熟悉的了。但这次阅读《迷悟之间：厉震林的艺术场域及其思想研究》，使我受到极大的震撼。这是为厉震林从事高等教育三十周年结集的一本文集。在法国历史年鉴学派那里，三十年已经是可观的历史发展的"中时段"了。字里行间，我不但看到了一个陌生的饱满的层次丰富充满蓬勃生机和思想活力，属于一个崭新时代的学人的形象，屹立在一个充满了变化的"中时段"的翻卷的历史风云中，也极大地加深了我对90年代学人、批评家学术思想和他们内心世界的理解。阅读厉震林，其实就是阅读他们那代学人，阅读他们成长的时代。

震林是个游学经历特别丰富的学子。

我自己是属于80年代的评论家。我们活跃在一个思想解放的年代。各种外来思潮激荡活跃着我们的思考。但是我们不能不承认，对那个时代的到来，我们是缺乏充分的知识资源储备的。在丧失了十年的青春以后，我们在仓促中进入了一个风云激荡的大时代。回头反省，尽管我的同代人老是在骄傲地回首那个属于我们的80年代，但事实上，除了引进域外的一些其时已经有点落伍的学术思潮外，我们并没有为时代提供什么有效的思想、批评和学术资源。许多"新"的发现不过是来自于他者的启迪，是他者思路的一种延伸。譬如，对沈从文、对钱钟书、对张爱玲、对上海30年代的文化研究。这不是我们的错。时,使之然,非人,使之然也。相较而言,90年代的批评家、学者,就知识视野、知识结构而言,要比我们这代人开阔扎实了许多。现在有许多人在怀念与我们这代人青春血肉相连的80年代。80年代自有他的美好,但恕我直言,在经过了时间和审美距离以后,80年代开始被神话、被经典了。早在1986年我就指出,我们留给时代的最终可能是"贫乏的理论",我们被耽误了"最能学习的十年",而一个未来时代的批评、学术和思想建设,只能期待由那些真正出色的有扎实学术根基的学者来承担。震林在一定意义上是90年代批评和学术的代表人物之一。在考量厉震林的批评家和学者道路的时候,我们首先看到的是他那张令人惊讶得瞠目结舌的游学经历,还有后来学术和艺术经历。即使在现在高度重视学历以至不断有人对学历至上颇有微词的时候——当然,我个人仍然坚持认为,从总体上看,学历对于知识的长远建设有着不可替代的重要性。无论如何,强调学历,比起张铁生"交白卷",是一个巨大的时代进步——像他这样的丰富到高大上的学历仍然极为罕见。震林是个少年才子,初二就以全镇第一名的成绩进入省重点中学。本科是部属重点大学的财政专业。其后任教山东大学。接着,1990年他北上京城师从北师大黄会林教授攻读影视文学硕士。1999年,新世纪曙光到来的前夕,他又成为余秋雨教授的第一位博士生,这也是上海戏剧学院有史以来的第一位博士。他还是中国有史以来培养的第一位戏剧学博士后。这两位导师,都是学界公认的名师大家。其后,他又在复旦大学和中国艺术研究院两个博士后流动站继续深造。这种对知识的近乎疯狂饥渴的需求汲取,使他拥有了超越我们和他同代学人的极其开阔的视野,极其扎实厚重的知识积淀。转学多师是汝师。这个江南才子经过反复的各种学术传统的淬火,就学风而言,他既有了齐鲁学派的醇厚古风,有了京派的结实厚重,也有了海派的灵动应变。

在漫长的学术远征之初,他高学历,跨学科,就已经占领了俯瞰学术大地的制高点。学术界的风起云涌,潮涨潮落,尽在眼底和胸中,形成了自己做学问的鲜明个人特色。作为一个学人,厉震林的治学经历,非常值得我们关注。他有我们难忘项背的那么丰富的学院背景,而且,他的学问,他的文章,确实语出有据,绝无荒诞不经的妄语,有着很高的学术品格,显示了学者"求真"的最基本本色,也是最高理想。在求真的过程中,他感受自己作为一个学者的人生价值和快乐。我始终认为,一个人只有能在事业中感受到自己存在的快乐的时候,才能最终成就自己的事业。知识和学术也是这样。一个人,读那么多的书,上那么多的学,在别人也许是一种不堪忍受的折磨,但在震林,一切都是那么自然,是他人生题中的应有之义。他有学问,却从未把自己束缚在四壁高墙的经院和象牙塔里。他，作为一个研究影视的专家学者，在著名影视制作人刘大印的黄河影视有限公司担任了十年特别助理！先后参与了轰动一时的电视连续剧《武则天》《康熙大帝》的策划创作拍摄全部过程，包括长达三年之久的司法纠纷。他，始终是当代文化的一个"在场者"。对影视，像一粒种子，在精心呵护下，经历风雨阳光最后艰难生长成参天大树的过程，他有着旁人没有的冷暖自知的切肤感受。正是这种奇特的人生经历，使他的影视评论有了深入肌理入木三分的深刻度。在他身上始终有着一股来自文艺现场的源源不断的学问活力，热切地关注着行进中当代文艺发展。同时，他又是一个"超脱者"。他会摆脱利益和功利纠缠，用学者的眼光打量文艺，用学者的知识系统和立场胸襟判断作品的艺术和价值。虽然他在高度市场化商业化的影视界摸爬滚打了十年，但他始终有着一种学者的担当和超脱。他清醒地提醒我们"如果仅仅把文化当作一种产品和商品，片面追求文化 GDP，并以此为衡量文化艺术工作的标准，那不但是对文化的亵渎，更重要的是对一个民族以及国家精神的自我降低"。他提出要和国民幸福指数一样确立文化的"国民满意指数"。

厉震林是一个才子。或者说，是一个才子型的学者，也是一个学者型的剧作家。

厉震林的家乡是江南才子荟萃的所在，厉震林自己也承继了故乡先贤的那份才气，还有他导师余秋雨身上的才气。正是才气，让他从原始戏剧到前卫戏剧，从商业影视到先锋实验电影……拥有了在戏剧、影视、文化各个领域纵横驰骋的能力和信心，有了在各个领域发现创造取得新的成就，发别人所未发，道他人所未道的可能。他对中国伶人家族文化的研究，其中还涉及了权力对伶人自身角色二重性的开掘，非常有助于我们更深刻地去理解中国戏曲文化基因的奥秘。他以艺术家的人格为基点出发探讨中国实验话剧几位重要艺术家孟京辉、张广天、李六乙、任鸣、田沁鑫的不同艺术实验内在动力的形成，尤其是用精神分析法研究童年经历与他们话剧实验的内在联系，开掘得细致而富于启发。特别是，他提出的"实验话剧除了叛逆精神以外，也具有某种强烈献身救赎和悲悯寻到的色彩"观点，根据我的观察，他的这一表述和早期投身实验话剧的艺术家的艺术追求、艺术理想非常吻合。他的这些非常有思辨色彩、独立见地的学术文本，当得上他导师余秋雨"两个世纪交接期的历史文本"的评价，在精深的学术研究同时，他写下了大量的戏剧、影视评论，以此直接参与了上海和中国影视、戏剧的许多重大事件、活动。这些评论以其鲜活的评论对象、鲜活的见解、鲜活的语言和文风，特别是鲜活的问题意识，表达了一个真诚的批评家的文化立场，刺激推动了影视、戏剧的创作。尤为难得的是，震林还投身话剧和影视剧的创作。在这里，不得不说到震林的恩师黄会林，这位名动京城女教授，也是才华横溢的大才女，创作过不少有影响的长篇小说、话剧、电影。在震林的剧作里，我们不难看到黄老师创作对于人性的诗性理解和刻画对学生的深刻影响。他主创拍摄的电视连续剧《康熙王朝》，著名影视制作人刘大印用诗化的语言评价震林的创作。他说，在他的作品中"到处可以遇到厉震林老师在安静姿态中的呓语和倾诉。这是一个充满人文主义关怀的艺术家对于生命以及世界的独白和抒情"。但这所有的一切都建筑在他教师的第一社会身份之上。三十年，他任教了难以计数的主干课和选修课。他教过的许多学生已经成为当代中国的电影、戏剧表演艺术家、著名导演和制片人。很难想像，如果没有令人吃惊的巨大才气，如何能在这么多领域举重若轻游刃有余，并且都能取得大家认可的卓越成就。在我看来，除了兴趣、刻苦、热情，必不可少的就是"才气"。

厉震林的这三十年，把创作、评论、学术和艺术教学打通，为我们开辟了一个巨大的重峦叠嶂的"艺术场域"。

我们知道，人类历史深刻的大变动大都是因为大规模的战争激发的。如，二战后雅尔塔会议三巨头对世界势力范围的划定，而中国这三十多年空前深刻的社会变动、发展却完完全全产生在一个和平的年代。这是人类历史上极为罕见的奇观。人文学术、批评也处在一个空前的大变革时代。震林恐怕是特别意识到这点的。他希望自己能听到时代浪潮拍岸的惊涛，不惜让浪花打湿自己的裤脚，甚至不惜呛几口水，自己直接到大时代的浪潮里搏击浮沉。这种自觉的文化意识，使他为之作了最为充分的学术和学科准备，他以敏锐的问题意识，把学问做在"迷"与"悟"之间，完成了从"迷"到"悟"的思考。在一个不断有新问题出现的时代，问题提供了强大的思考动力和思想资源，努力从学理的立场持续严肃地回答各种时代之问，使他成了一个站在学术、批评潮头的90年代学人中的时代骄子。

最后，我还想说的是一点题外话。震林是一个至情至性之人，他对故乡故土的无限眷恋，对自己师长的一生敬重，特别是放弃令人羡慕的高就，"以慰慈母远念"的寸草之心，实实地令我感动。先贤孔子说，依于仁，游于艺。我以为，正是这份"仁"者之心最终成就了今天的他。

向天再借五百年。借用电视剧《康熙王朝》主题歌的这句歌词，衷心祝愿从教三十年以后的岁月里，震林有更美好更远大的发展。

2017年5月22日于深圳雅枫国际酒店
2017年5月28日于杭州玉皇山庄
2017年5月31日于上海寓所

永远在燃烧,永远在歌唱
怀念阎肃

今天上午,一打开微信就看到了阎肃在清晨去世的消息。虽然老爷子昏迷已久,已有思想准备,但消息到来仍然有突如其来的打击。不太敢相信。去年十月就传过老爷子去世的消息,那次是由他儿子阎宇亲自出来辟谣。再看一遍,消息还是由阎宇发布的,"我父亲阎肃,于今晨,2016年2月12日晨平静地离开了尘世,没有任何痛苦,就像睡着了一样……"各大门户网站也都在显著位置发布了阎肃去世的消息。

老爷子,这次是真的走了。

老爷子是我们这代人心中的"男神"。从小到大,我们听过、唱过他无数的歌。可以毫不夸张地说,我们是在他的歌曲中长大的,他的歌曲引领着我们一步步走向广阔的世界。我读高中那年,一曲《红梅赞》风靡了无数少男少女的心。校园里到处都是"红岩上,红梅开"的歌声。在一片昂扬坚硬的革命歌曲声中,我们想不到居然有如此优美动人的诗句、旋律来歌唱我们敬仰的革命先烈。全校文艺汇演,有高三同学演出了歌剧《江姐》片段。主演江姐的女同学每次下课走过校园都会引来许多同学羡艳的目光。我还从图书馆借来了歌剧《江姐》的图书。封面背景是漫天灰色的流云,江姐身着蓝色长衫,外罩一件红色的毛衣,一条雪白的围巾垂在身前,秀美端庄。书的左下角写着"江姐"两个大字,书里的前面是剧本,后面是歌曲。在"文化大革命"到处是杀伐的造反歌声中,我无意中搞到一本《革命歌曲大家唱》。其中那首《我爱祖国的蓝天》中"我爱祖国的蓝天,晴空万里阳光灿烂"的歌词,让我拨开了当时积聚在内心的漫天阴霾,充满了对未来的信心和希望。

1995年11月,我在东方电视台刘文国伴同下应邀去央视参加"春晚"策划。在梅迪亚宾馆不期与心仪了几十年的阎肃相遇。第一次面对这样的大艺术家,我有点忐忑,赶紧把名字告诉他。没想到他一点没架子,伸出手,握着我,笑微微地说,我看过你写的评论。当天上午,他耐心详细地给我们介绍了晚会的准备情况。第二天,他来宾馆和我们交换具体策划想法。休息时,老爷子从包包里拿出他写的歌词集《长城长》送给我。扉页上是他的题词"时安同志请雅正,阎肃,九五,十一,十一"。正好有几个人在哼唱《雾里看花》,听得老爷子满脸堆笑,掩不住一时得意之情,把创作秘密一五一十倒给了我。这是有关部门委托他写的一首关于3·15商品打假的行业歌曲，但他不喜欢毫无艺术感、硬梆梆地写一首宣传打假的行业歌。最后这个老军人柔肠百结地把它写成了今天的模样："雾里看花，水中望月／你能分辨这变幻莫测的世界／涛走云飞，花开花谢／你能把握这摇曳多姿的季节……借我一双慧眼吧／让我把这纷扰／看个清清楚楚明明白白真真切切"。既描摹了世情，也写出了人心，简直就是妙手着春，点铁成金。老爷子就是有这种绝处逢生的超凡艺术感。歌曲一出来，经过那英的出色演唱，迅速传遍了大江南北，大街小巷到处飘着"雾里看花"的歌声。他总能把最坚硬的主题写出最柔性的感染力来。所以，党和国家的重大文化活动总是少不了老爷子的身影。归根结底，是他的艺术才华和艺术智慧，总是能和自己对党对人民的忠诚追随，结合得那么的水乳交融。

2009年，适逢建国六十周年大庆，中央决定创作演出音乐舞蹈史诗《复兴之路》。我3月初进京报到，走进西山脚下武警后勤基地的会议室，一眼就看见老爷子的身影，微胖的身躯，花白的头发，眯缝着眼睛，坐在会议桌边的椅子里，吞云吐雾。老爷子除了艺术，生活不讲究，穿着一件驼色毛衣，外罩一件深色的棉背心，印象中，那件背心整整穿到了春暖花开的季节。剧组里云集了京城文艺界的大腕。有《话说长江》《话说运河》《百年恩来》的撰稿人任卫新，有央视新闻联播、体育新闻、神州风采片头音乐《同一首歌》的作曲孟卫东，影片《开国大典》的编剧刘星，奥运会灯光总设计沙晓岚……老爷子则是这群艺术家里大腕中的大腕，他是文学部主任。

闫肃在音乐舞蹈史诗《复兴之路》剧组

剧本剧本，一剧之本。《复兴之路》，讲述起始于1840年鸦片战争，结束于2009年国庆当天，时间跨度169年，比当年国庆十周年的音乐舞蹈史诗《东方红》还长。如何在两个半小时演出中接纳如此波澜壮阔浩瀚深邃的历史，对文学组是严峻的考验。老爷子有一种庄重的历史使命感。他明白，自己快八十岁了，等不到共和国的八十、九十华诞，他称自己是"不用扬鞭自奋蹄"的"老牛"。从一开始就"发烧似"地全身心投入创作，而且始终要求自己"热度不减，力度不减,进度不减"。年近八十的他,每天一早十几里地从家里准时赶到西山和大家一起讨论研究创作,从来没有迟到过一次,先是创作、研究剧本。每写完一章,老爷子就自己给大家朗诵一遍。老爷子的朗诵是一绝。声音洪亮,抑扬顿挫,倾注着自己的全部感情,听得你热血沸腾。讨论中,他总是竖着耳朵眯着眼睛,一字不落地仔细倾听大家发言。老爷子是"表情帝"。开会时,脸上的表情丰富得就像孩子看戏,变化多端,时而一脸茫然、时而唉声叹气、时而眼神困惑、时而兴奋得手舞足蹈、时而陷入沉默、时而焦虑地皱着眉头、时而冲动地站起身踱来踱去,而且伴以各种手势动作。老爷子要抽烟,年纪大了,医生有嘱咐,他平时烟抽得不多。只有在创作陷入僵局沉思的时候,他才会双眉紧锁,一支连一支地抽,烟雾弥漫。看他的脸就像"雾里看花",模模糊糊。不到一个上午,面前的烟缸里烟头就揿得小山似的。我亲眼目睹了他在创作艰难的时刻,犹如十月分娩难产的那种焦虑不安和折磨。进展顺利的时候他就不断地嗑瓜子,吃零食。不时拿起须臾不离的黑色保暖杯,大口喝茶。我有幸与老爷子半年多朝夕相处。老爷子可爱单纯善良,而且幽默。就像北方大院里的邻家大爷。老爷子喜欢笑。他的笑,不那么大声却发自心底,非常有感染力。在他的带动下,我们创作团队艺术上非常民主,甚至有争论得很激烈的时候。他从不居高临下,耍大牌。激动的时候也和小青年一样,大着嗓门和你争论。在陷入绝境的时候,老爷子见多识广,视野开阔,总会想出一些高招、绝招来。就拿布局来说,他反复寻觅,不断推倒重起炉灶,最后从中国古典文学艺术体裁中提炼出了祭、赋、图、曲、颂五种样式,以山河祭、热血赋、创业图、大潮曲、中华颂五个篇章,纲举目张地展现了自1840年鸦片战争以来,中华民族169年走过的极其艰难、悲壮,充满着理想主义和英雄主义色彩,在人类历史上罕见的民族复兴之路。万事开头难。序幕需要一首序歌。大家反复推敲,一个字"难"。最后老爷子看见大家面有难色,主动请缨。会上他让大家出主意,特别关照我也去想想。没想到他这么谦虚,又这么高看我。恰好建国五十周年大庆我写过一篇《为了共和国的每一个黎明》,就回上海拿给了他。没多久,老爷子像个孩子一样,拿出了他写的歌词《我的家园》,大声朗诵了起来:"山弯弯,水弯弯/田垄望无边/笑甜甜,泪甜甜/一年又一年//燕子飞,蜜蜂唱/坡前柳如烟/风暖暖,梦暖暖/这是我家园"。结尾处,异峰突起。"最难忘,最难忘/妈妈脸上皱纹添/哦,哦,这是我家园"。谁也没想到,老爷子写了一首看似离题却高度契合主题,悠远优美的歌词。这令大家喜出望外,像拾了个什么大宝贝似的。经作曲家张千一谱曲,歌曲和序幕海涛般不断起伏的大地山川,和遥远天光里弓着腰犁地的农夫,浑然一体。最后在舒缓的歌声中,少女拽着一面五星红旗在白鸽的相伴下,从祖国大地的上空,翩翩飞过……歌词为序幕和全剧奠定了出人意表的坚实基础。

阎肃在创作

老爷子是我们创作团队当之无愧的"定海神针"。

那年十月初,中央领导在人民大会堂会见建国六十周年全体参加人员的前夕,大家都在休息室里有说有笑。我听见有轻微的鼾声,顺着声音寻去,只见老爷子穿着一身崭新笔挺的空军蓝色戎装,孤独地坐在角落的椅子上,手倚着椅背,歪着脑袋,睡着了。我知道老爷子实在是太辛苦了。他,太需要休息,哪怕是片刻。

老爷子是践行"以人民为中心创作导向"的典范。他把对党对军队和对人民的忠诚,化作了他身后的 1000 个作品。人民在他心目中不是概念,是一个个活生生的人。他是为活生生的每一个中国人在写作。他总是能在革命、主旋律、主流价值中，发掘出最人性也最感人的审美内容。他对生活的赞美和梦想总是寄托在毛茸茸的原生态的生活中。他总是像燧石一样，在与时代的敲击中，擦出灿烂的艺术火花来。

阎肃，走了。但作为一个真正的属于人民的艺术家，他，永远在燃烧，永远在歌唱。

2016 年 2 月 12—13 日

同学昌龙

胡昌龙是我在杨浦中学高中 1967 届同学。我们 1964 年进高中，我在 3 班，他在 4 班。昌龙是我邻居，我住鞍山四村，他住鞍山五村，中间隔着一条阜新路。大约 1967 年下半年，闹了一阵子的学校开始复课闹革命了。我们原来都是逍遥派，既不会骂人，更不会打人，喜欢读点书，写些东西，大家一起在校政宣组办一张油印小报《红反战报》，主要传达毛主席的最新指示。我喜欢美术，刻毛主席像，刻钢板的铁笔很尖，稍不当心，刻好的蜡纸去油印，身上的绿军装会露出一丝丝白色。我们就一起埋头研究，把尖的铁笔头磨圆。仿宋体文字由 68 届的张俊中同学刻。1969 年初，张俊中去黑龙江逊克县插队。昌龙、张俊中、我，都非常留恋学生生活。一天上午，从学校走廊经过，正好于漪老师在上课，我们一起把耳朵贴在教室的后门门板，听了我们中学的最后一堂课。我和昌龙，还有初中部的两个同学送张俊中去黑龙江插队落户，大家在校园里拍了照。

那时，我们已经工作了。我做木匠，手指被锯子锯伤，就拿一支刚开的迎春花挡住裹伤口的纱布。大家还在外白渡桥的中间拍了合影，那时桥上往来的车很少很少。后来，张俊中在逊克做了老师，再后来他不幸淹死在滚滚的黑龙江里，我们都很难过。

昌龙因为是家里最小的儿子，被分配留在上海，在宝山的吴淞副食品公司工作，先是在菜场卖菜，后来是收钱，路程非常远，每天天不亮就得摸黑去上班。我俩经常在晚饭后，肩并肩地在两个新村之间的阜新路上没有目的地走，诉说着彼此的工作，还有读的书。有时我到他家去，昌龙的妈妈一头白发，说话很温柔，一开口就是"时安啊，侬蛮好伐……"。有时我去找昌龙，他没下班，他妈妈就和我拉些家常，还让我吃着饭，等他。他妈特别爱干净，家里一丝不苟，做的小菜清清爽爽，青是青，白是白。

青春很寂寞，有了一个朋友，就有了暖意，我们说的最多的是对国家未来的担忧。我们不知道和自己的祖国将走向哪里。尤其是"九一三"林彪事件以后，我们内心是真正的震惊，原来建立的赖以支撑自己的许多东西一下子崩塌了。私下里开始怀疑那场"革命"的意义，怀疑批《水浒》，说了许多对四人帮的看法，包括从1967年初炮打张春桥我就怀疑张会倒在那堆"叛徒"的材料上……很多重大的政治风云就这样在我们嘴边掠了过去。那些话，在当时传出去，我们都可能被打成现行反革命。一个晚上过去了，第二天，那些话就被埋在了心底。直到今天，昌龙还经常会说起，我当年的"大胆预见"。在那些青春最迷茫最压抑的岁月里，我们心里都有一种隐隐约约的期待和预感。期待国家和自己命运的改变，朦胧中预感国家处在了一个历史的拐点，一个新时代也许什么时候就会到来。后来，昌龙遇到了一点小麻烦，被办了学习班。那时代学习班有点像现今的"双规"。我很担心，他顶不住，把我的话交代出去，结果他的麻烦结束了，我什么事也没有。我知道，昌龙是一个可靠的可以交心的同学。那时，我不知从哪里抄了一句"托尔斯泰的话"：一切都会慢慢好起来的。事实上直到今天，我也不知道，托尔斯泰有没有说过这句话，在哪说的。青春总是那么多愁善感，昌龙，比我尤甚。后来我才知道，他住的鞍山五村原来都是宝山县和市公安局的领导干部。他父亲是1938年的老革命，1957年被打成"右派"，遣返回了乡下。昌龙一直记得父亲当时的严峻脸色，家庭生活从此蒙上了一层阴影，母亲和他相依为命。再加上他的工作起早摸黑，真的是很累很累的。我就不断用那句"托尔斯泰的话"安慰他，也安慰我自己。一个国家就像一条狂风大雨中飘摇颠簸的大船，谁也无法预知它的未来。夜色很黑。有时有银色的月光毫不吝啬地铺满笔直前行的柏油马路，行道树宽大的叶片在晚风中摇曳，路灯下是我们一会长一会儿短的影子。也有时候,满天阴云,没有一点星星,只有昏暗的路灯,依稀明灭。昌龙和我无话不说,喜欢上哪个女孩子了,交女朋友了……自己遇到什么不顺心的事了,都和我说。我非常感激有朋友能这样信任我。在我心中,人和人的信任,比什么都来得珍贵。

昌龙也时常到我家来,总看见我埋头在15支光的微弱电灯光下抄那些不知从哪里借来的书。大部分书都不知经过了多少人的手,破破烂烂的。夏天汗流浃背地抄,冬天哆哆嗦嗦地抄,多少年了,昌龙老记得这些事。每次见我都会说:"时安,侬读书真格刻苦"。

再后来,我上了大学,工作变动了,但昌龙仍然在宝山。又过了很多年,他到区机关里做文秘工作。我们仍然时常来往。他没有改变读书时酷爱文学艺术的初心。时代变了,他为他几乎工作了一生的宝山写作,写宝山的建设新貌,写宝山的新鲜事、感人事、有趣事,更多是写宝山的历史人文。他的文字和他拍摄的照片在上海的许多媒体登了出来,经常很高兴地打电话给我,让我一起分享他的那份喜悦,那是他在圆我们青春时代的一个共同的梦。昌龙特喜欢拍照,拍得既投入又专业,时不时带着老重的长枪短炮,从宝山赶出来和我相聚,帮我拍照。我年初大冬天为自己新出版的美术评论集《敲门者》签名售书。刚下过雪,大楼见不到阳光,阴影里的街角还残留着一堆堆的积雪,天很冷,风刮得凛冽。他带着妻子从宝山赶到福州路书店帮我拍照,事后还帮我刻了一个光盘。他总是那么的乐观,对今天的生活充满了热情。每每看到上海日新月异的景观,他总会发出由衷地赞叹,用上海话对我说:"时安,今朝老百姓的日脚多少好啊,中国的发展肯定大有希望。"他生了好几场大病,心肌梗塞,还安装了支架,但每次碰见,依然笑得那样灿烂。其实我知道,他的生活并不宽裕,有时候还有点拮据,但他依然像每一个普通中国百姓一样,一日三餐,柴米油盐,内心很充实。我平时常会碰到一些牢骚满腹的知识分子,心情也难免会受影响,但昌龙让我看到了希望和未来。我常常在想,我们这个国家正是有了无数像昌龙这样平凡的劳动者,有了他们的默默奉献和创造,才有了今天。要不然,大家吃什么,喝什么呢?

前不久昌龙在电话里告诉我,几个月前,医院查出他患了癌症,长在左肾上,而且右肾功能不好,一旦手术后将来有可能要做血透。我一边安慰他,一边在心里难过,隔三岔五打电话询问他的病情。趁着中秋节有空,天下着大雨,我乘地铁和轻轨到吴淞去看他,二十几个站点,真的蛮远,而且又乘过了三站路。昌龙执意要到轻轨站出口来接我,被我拒绝了。他看到我非常高兴,精神饱满,脸色也不错,一点看不出病态,我真的为他高兴。他告诉我,刚查出来的时候确实很懵,人有点恍惚。慢慢,想通了,心情也就好了。他拿出 CT 底片，指给我看左肾边凸出三、四公分的那个东西，好像在讲一件别人的事。他，很从容。从容，平时人人都会说。但生死关头的从容并不容易。面对可能夺去生命的病魔，从容，其实是人生一辈子的修炼，是一种境界。昌龙人好，有很多人关心他，他在看中医吃中药，效果还不错。临走，昌龙拉着我在他的书柜前留了影，并指给我看，书柜里放着我送他的那些书。当天深夜，他给我邮箱发来了照片，照片里，他比我还精神。他在邮件里写道："我不惧病魔，依然对未来充满乐观，对生活充满信心。我仍然深信，一切都会慢慢好起来的。"

是的，昌龙，我亲爱的老同学，在我们一起走过五十二个春秋后的今天，在这个风雨过后月色如水的宁静午夜，我深深地为你祝福！希望你慢慢地"好起来"。

2016 年 9 月 17 日夜

你还认识我吗?

大街上的阳光如此灿烂。

陡然间,我被人们领到楼上这个窄小逼仄的空间,眼睛里什么都看不见,有的只是一片很浓很浓的暗。我到这里来,是领一份挂号的邮件。慢慢地我看见一块昏黄在小小的窗口里朦胧不安地飘浮、晃动,可以看到介乎棕黄之间的牛皮纸的大件邮包零乱地堆得满屋都是。在逆光中,它们近得好像很遥远,真实得有些虚幻。

"你还认得我吗?"很轻、很柔,有声音从这背景里传来,仿佛月夜下一柱袅袅升起的青烟,星光下一道潺潺淌来的小溪有一双黑色的略显疲惫的眸子,闪烁。"你还认得我吗?"我在心里追索这一声音。心随着这声音向着记忆的深处奔去,向着所有泛黄的岁月奔去。小小的窗口,出现了一张中年妇女的脸庞。几乎就在她出现的瞬间,或者就是同时,我短路的记忆颤抖了一下就接通了。是她,就是她,我曾经住过的老房子的邮递员。

大约在二十几年前,她负责投递我们地区的邮件。1968年的深秋,是我最百无聊赖的时候,每天的时光都是在焦虑而无所事事的等待中打发掉的。窗外如火如荼的"革命",看不到结束的尽头。生命却在等待着一次新的分配。那天下午的招工通知,就是她送来的。也许她意识到这是一份决定着一个人命运的邮件,她特意在楼下叫了我的名字。待我奔下来,她以和她年龄很不相称的姿态,郑重其事地将一个信封递到我手里,脸上露出一个善良而灿烂的微笑。在那个到处弥漫着火药味的动荡年代,这个充满着祝福意味的微笑,使人重新领略到了人间的温馨和美好的存在。十年后,仍然是深秋,她又一次把我大学的入学录取通知书,准时送到我的手中。四年后,我大学毕业的工作通知,也是她送来的。虽然我不知道她的名字,但我人生的重要关头,都和她联系着,都和那双传送过数以万计的信件的手联系着。我想这双普通的劳动者的手,曾给一个地区的人们送达过多少决定着他们命运的通知,送达过多少让父母们牵肠挂肚的游子报平安的家书啊!她递送的邮件,常常成为人们焦虑期待的福音。

　　那时,信箱还不普及,大凡来信都是扔在楼梯上,常有遗失。我的邮件比较多。每次凡有我的信件,她都会叫一声室号。青春的嗓音可以传到几个楼面。不管是烈日当空,汗水透湿绿色制服的酷暑,还是大雪纷飞滴水成冰的严冬,她都是这样。

她将自己的青春，洒在了这条新村的邮路上。邮车的铃声依然清脆，可她们的青春却已然不再。中年的她已然不复当年青春时的矫健。她告诉我，她送了几十年信，送不动了，领导照顾她，分发邮件。她告诉我，她有时在电视里看见我，会对她孩子说，这个人老早住在她送信的那个地方。她依然像从前那样庄重地把邮包送到我的面前，虽然动作不再像以前那样轻巧、麻利。无意言谈中，我才知道她和我同龄，几乎和我前后踏上了人生的道路。她告诉我，再做两年她也要退休了。"做不动啦，"她很平静地对我说。她依然像二十几年前那样，庄重地把邮包送到我的面前，依然是毫不做作的朴素的微笑。

走在阳光灿烂的大街上，我很快汇入了茫茫的人流中。我想到无数活跃在这个城市大街小巷的绿衣天使。想到一个大雨滂沱的傍晚，一个小男孩邮递员浑身湿透，给大楼信箱塞晚报的情景：密密麻麻的信箱布满了几丈宽的一堵墙，低的在地上，高的要一手才够着，箱口又细又窄。他忽上忽下，吃力地将一份份晚报塞进信箱……当人们吃晚饭的时候，他还穿行在风雨中，他的父母此刻一定很牵挂他吧！

"你还认识我吗？"那声音一直在我耳际回响。我的心有回答，不是"认识"，而是"记得"。记得、记得——巨大的声音在心的空间轰响……

1996年7月14日

一个女孩的故事和想法

一个十六七岁的女孩。她叫沈漱舟。近日她的命运激起了上海千家万户的同情和关注。上海电视台的电视纪录片《我想有个家》将她还不长的人生历程所包含的痛苦,一览无余地凸现在人们眼前。这个不幸出生在父母都是盲人家庭的女孩,十岁时父母离异。她随母亲生活,没有父亲,甚至没有一个正常的家,无法像小鸟飞倦以后回窠。母亲患着一种骨头日见空洞的绝症,住进了福利院。祸不单行,失去父爱也失去了母爱。母亲依然想爱她,但已经丧失了爱所必须的力量。

依赖女儿的爱。女儿看望母亲,为她洗头擦身换衣服。十六岁,如花妩媚的年华,孱弱的肩头就已经品尝了生活如此沉重的艰辛与痛苦。就是这样一颗充满苦难的心,一个女孩子,几乎失去了任何上进的条件,在强手如林的激烈竞争中,单枪匹马脱颖而出,不但考进了上海市重点中学交大附中,而且学习成绩名列班级第一、年级第三,她给所有的电视观众唱了一首泪流满面的《我想有个家》。是呵,她人生的全部要求只是要一个能独自歇脚、学习,舔一舔自己伤口的家。

这不是虚构的小说,是现实生活中的《悲惨世界》,在某些范围内,经济主宰一切,金钱就是一切,经济和金钱联手企图吞没一切,包括我们的肉体和灵魂。在经济转型中出现了许多新的有活力的东西,同时也现出了贫富差距的日益扩大,某些领域旧有的生活保障体制正在瓦解。在今日的繁华和富庶背后,既有极少数富可敌国的人划到"强者"的行列,成为虚幻神话中的"当代英雄",也一定有着不少的沈漱舟,在起码的生存线上徘徊挣扎,历史已经无可回避地给了我们一个严峻的命令:请关心弱者的生存。因为,今天我们的社会正在迅速地使一些劳动者沦为贫困如洗的弱者。同时,将极少数富可敌国的人划到"强者"的行列,成为虚幻神话中的"当代英雄"。

这是当权者的岗位责任,不是我所能讨论的问题。我另有所想,在社会动荡、人生变化无常,我们无法把握理解自己未来的时候,神秘主义盛行,算命也便已经成为流行和时髦,甚至席卷了知识界。我至今依然是坚定的无神论者,不仅不相信江湖骗子的伎俩,也不信任知识和高科技的算命。倘若真有"命"的话,那就是我们"生命"的不可选择。我们无法选择父母,选择自己出生的时间和空间。

即使生我们的人也无法拥有选择我们生命的权力。这世界上所有的一切，历史社会家庭父母，早在我们生命呱呱坠地的时候，就已经确定，而决不管你的同意和反对，没人征求你的意见，你是完全被动的。曾经有一句流传很广的话："出身是不可选择的"，如果剔除阶级论的偏见，其实也已经包含了对"命"的认同。我想，沈漱舟同学的不幸，有许多是在她出生前已经存在了许久的。倘若有主动选择的权利，她的生命生存会是今天的样子吗？

那句流传很广的话还有下半句，叫做"道路是可以选择的"。对于沈漱舟，这种不幸也许正是她将人生的路走得结结实实，有幸成就自己一生的前提。贫困痛苦可以轻易摧毁一个人的意志，使我们的灵魂堕入万世不劫的永恒黑暗之中，也可以砥磨一个人的意志，更强烈地激发起你正视现实、改变自己生存现状的欲望。所幸的是，沈漱舟同学是后者而不是前者。童年的苦难之于她，已经成为一笔千金不换的真正财富，一笔激励她终生的精神财富。烈火炼真金。苦难磨炼出生命的力度。综观历史,钟鸣鼎食之家，养尊处优，又出了几个可堪造就的栋梁之材？倘若绍兴周家不是因祖父科举考场行贿案发，过早地体验到世态之炎凉、人生之悲苦，也许中国思想史、文学史就不会有鲁迅这样一个人物。沈漱舟的苦难对于孩子也许是过于残酷过于沉重了。可是对于完全不知苦难的那些孩子来说，我们做父母的能否给他们一点苦一点难,品尝一下人生更复杂的滋味呢?

沈漱舟的童年无疑是痛苦的,但也是充实的。苦难的搏斗使她无暇空虚。她没有物质上可以回去的家,但她却由此升华出一种造家的欲望和念头。她心目中有着关于家的最美丽的色彩图像。这种欲望鞭策她自觉地去拼搏去追求。这种欲念成了构筑在她前方的精神上的家园。她的人生的充实是一种灵魂的充实、精神的充实,一种金钱买不到的充实。在有些地方个别发了财的"大款",已经拥有几个家,在豪华舒适的"家"里养起了一窝窝金丝鸟。物质上的家园不等于精神上的家园。他们有好几个家但根本不拥有一座精神上感情上的家园。他们是精神上赤贫无家可归的乞丐。我常常在想,在豪门宴上挥霍显富摆阔的时候,在宠物身上一掷千金的时候,对着小沈同学,难道他们没有一点感到过自己灵魂的苍白和贫弱。对于没有建设过自己灵魂的"强者",我以为社会实在还有另一种责任:关怀"强者"的精神。

1994年3月23日

"完美"的红色旋风背后

2004年8月28日凌晨,全世界都听到了中国13亿人的加油和喝彩,听到了站在起跑线上刘翔的仰天长啸。一个21岁中国青年像阳光一样透明、灿烂的笑容,连同他玉树临风的身影和旋风般的步伐,已经成为飞翔的中国的一个缩影,成为一个古老民族永远的骄傲和永恒的记忆。

对于这个夜晚,这个在人类最古老的动作,奔跑和跨越中完美表现出人类速度、力量和精神的追风少年,我们还有什么赞美的词可以奉献给他。正如刘翔自己将12″91的数字刻在10道高栏后说的那样,今天是一个完美的夜晚。我只想把自己做到完美。我今天发挥得实在太完美了。我今天的演出实在太完美了。是的,关于刘翔,我们能说的,除了完美还是完美。他子弹出膛的起跑是完美的,他雄鹰样掠过高栏的身姿是完美的,他超过对手一个身位的冲刺是完美的。

在有些人眼里,完美也许只是希腊神祇头上眩目而又虚幻的光环。在我看来，其实所有的完美都是从做好细节开始的。我注意到一个细节。决赛前一天，他回答记者们提问时一再表示，我没有包袱。至于是不是历史，我不会想太多。决赛后，他也明确告诉大家，起跑前压根就没想到过夺金牌。这是一种何等放松、何等自由的心态呵。假如他没有这种放松的心态，也许会像跳水运动员王克楠那样一屁股坐在水面上。假如没有这种自由的心态，也许会像我们寄予厚望的体操健儿们那样失手从器械上摔下来。假如没有这种决不过分关注名次的心态，他也许会像萨乌丁、约翰逊一样，与辉煌擦肩而过。在生活中，因为初始太想结果完美而最后拔苗助长、欲速不达的把事做砸的情况，我们见到的还算少吗？

德国的康德老夫子说过，审美是一种无目的合目的。也就是说，只有当你不去过分关注目的时候，才会无形中达到符合美的规律的目的。我是搞文艺创作的。在创作中，我们一旦为精品焦虑症控制了心态，我们就远离了精品。无心插柳柳成荫，大家喜欢的戏剧《曹操与杨修》《狸猫换太子》《贞观盛事》《商鞅》，都是在不为得奖自由放松的创作心态下，成为艺术精品的。只有平常心才能做出不凡事。急功近利，往往结果是既无功也无利。令人遗憾的是，在工作和生活中，我们经常与康德老人的教诲反其道而行之，做着"合目的无目的"的傻事。

我注意到的另一个细节,是刘翔教练孙海平方法的高明。一般田径训练把速度和力量分课进行,孙教练却不然,探索出了一套将二者结合起来的独一无二的训练方法。这种方法一来科学,二来省时。孙教练让刘翔一周训练18小时,一天只有3小时,从而使他每天上阵都有冲天一飞的欲望和精力。所以,实现完美不仅依靠意志、忍耐,更需要智慧和科学。天天兴奋的人,关键时刻就兴奋不起来,处处精彩,节骨眼上就精彩不起来。

在雅典田径赛场上的红色风暴过去后,我们不仅将永远记住这位黑眼睛、黄皮肤的追风少年一脸阳光般的透明笑容,还应该记住他带给我们的"完美"的快乐和激动背后的内容。

思如涌泉
看戏人看剧作家的陈涌泉

直到今天为止，我仍然只是一个坐在剧场里看戏的人。我就是以一个看戏的人来谈我对看过的戏，看过的陈涌泉剧作的一些想法，这些想法很粗浅。因为是看戏的人，所以我和一般的专家看戏就不太一样，就特别容易对坏戏嗤之以鼻，咬牙切齿。对好戏，顶礼膜拜、手舞足蹈、欣喜若狂。这里我就以一个看客的角色谈些对作为剧作家陈涌泉的看法，带有门外窥戏的意思。

十多年前，中央部署中部崛起战略决策。当时大家都觉得中部崛起的优势和领头羊，应该在别处。但是后来事实显示，河南代表、预示着中部崛起的春潮。而河南崛起，其中文化先行。文化先行又是有着悠久历史和广泛群众基础的豫剧先行，豫剧先行又是新编历史剧《程婴救孤》先行。粮草未动，兵马先行。《程婴救孤》先行就是当时年轻剧作家陈涌泉先行。他为"这一个"《程婴救孤》写了一个堪称新经典的剧本。这里，一步一步的逻辑推理是非常清晰且经得起推敲的。而此前，可以说我们都很关注河南的戏剧。但是河南的戏剧一直处在艰难徘徊的过程当中。从2004年《程婴救孤》荣登文华大奖榜首，2005年再度独占国家舞台艺术精品工程鳌头以后，河南的豫剧、河南的戏剧异军突起，在全国文化界刮起了强劲的河南旋风。我有幸两次担任评委，目睹了该剧折桂的全过程。

2004年中国艺术节，看了戏后，我说我要给这个作品，给这么伟大的演出，给这么优秀的演员下跪。他们很震惊，因为我们没有什么例子。那次不仅仅专家的评审《程婴救孤》排在第一名，而在首次尝试的观众评选中它也是第一名。这两个"第一名"使它独占文华大奖鳌头顺理成章当之无愧。后来有各种各样的信息传过来，我耳边也不断有人嘀咕。我说第一，我是认的作品。第二，我是认的艺术。作品和艺术以外的事情，不是我作为评论家，作为评委，作为观众应该关心的。而且，我可以很坦白的说，第一次，2004年的那一次，我说当之无愧，是除了戏自身，没有任何一点戏外的动作。为什么？因为当时对这台戏谁也没有抱有太大希望，能够参演，已经觉得很重要很了不得了。谁也没有想到要去做什么手脚，做什么动作。作为观众我看得心砰砰跳，热泪盈眶，非常非常的过瘾。先说这些，有"廓迷雾，正视听"之意，而我的一切感动来自陈涌泉的剧本，来自他对这个流传千古的题材的既传统又现代的解读与建构,来自舞台上对他剧作极其出色的二度呈现。

我始终只是一个坐在剧场里看戏的人。这里我就以一个看客的身份谈谈对剧作家的陈涌泉的看法,带有门外窥戏的意思。有几条,非常值得我们关注:

一、涌泉的创作,有很强的艺术的适应性,在时间跨度上,他可以从古典写到当代。这是我们很多剧作家所不能做到的。可以说那样的剧作家学有专攻,术有专长,不想也不能做到涌泉那样对题材的广阔适应,但是涌泉能。他把先秦的《程婴救孤》建构得百感交集回肠荡气,让观众心灵为之久久震撼。他把一个人伴着长夜苦守着《故园风雨》的朱安女士愁苦的内心刻画得愁肠百结、丝丝入扣。《王屋山的女人》将现代女性彩云内心的良知、坚守和现代社会转型激流,和王屋山地区特有的精神的坚韧。这样一种时间跨度,是我们很多艺术家所不能替代的,而这种对历史、对时代的大跨度的拥抱,使他的剧作语言、风格均呈现出一种多样性的异彩。《程婴救孤》有着先秦时代宛如青铜重器般的悲壮凝重肃穆,程婴悲剧一生的大忠大义,像飓风席卷大地。《故园风雨》则接近鲁迅的白描风格,内敛,不温不火地将悲剧月光般清冷的意味慢慢地送到观众内心深处,而《王屋山的女人》中展现的当下生活就和我们身处的时代,几无二致,以当代社会鲜活而富于质感的风情画的风格唤起了我们熟悉而陌生的审美感受。

二、在艺术的价值取向上，陈涌泉始终有一种不熄的人民情怀。他自觉地代表着我们这块土地上生活着的人民，在思考我们存在的价值，我们的生活意义，我们的向往，我们的痛苦，甚至我们对某些问题的困惑。他没有对大多数民众情感、意志的漠视、曲解和误读。他的作品有人民的集体性。但是人民的这种集体性，又和他艺术家的个人性紧紧地钮接在一起。复数的"人民"是通过单数的"我"实现的，通过陈涌泉艺术家这样个体的存在来切入的。他对笔下的这些题材、这些人物都有自己极其个人的发现、极其个人的创造、极其个人的想像。比如对程婴从中年的满头黑发到白发苍苍，一生忍辱负重的内心勾勒，那种非常细节、局部的，有自己思考的艺术处理，既有献孤时情感爆发，又有十多年后的悲凉。这其中积淀了涌泉个人对人物命运设身处地的巨大情感体验。没有这种人民集体性和艺术家个人性的反复转换，作品是达不到思想的高度和感人的深度的。所以，我说他有艺术家的个人性。艺术家之所以有存在的价值，并不是说他仅仅代替群体说话。能够代表群体说话的，首先是政治家，他的声音更强，覆盖面更大。那么艺术家就必须有艺术家的个性来对这个时代发表声音。涌泉在人民的集体性和艺术家的个人性之间找到了一个平衡。

三、对当下的时代关怀和恒久的人性深度的剖析。他的作品都有他对当下时代的深刻思考,包括对历史题材《程婴救孤》的解读。因为这个素材本身包含的丰富而复杂的人性和文化的底蕴,所提供的多义解读的可能性,以及它作为中国文化代表作在欧洲的久远影响,在新编豫剧历史剧《程婴救孤》救孤之前,林兆华在北京人艺、田沁鑫在国话,就做出了与原作几乎完全不同的时代反应。两部剧的共同特点,是把"救孤"这一行动理解成西方文化中的"复仇"主题,以笼统的现代的"人性论"抽掉解构颠覆了原作深层的中国传统文化中最经典核心的文化内涵,要求人物放弃"冤冤相报何时了"的"复仇"情结。人艺版借孤儿之口喊出完全与己无关、无是非判断零度介入的"你们死那么多人,跟我有什么关系"。国话版则让孤儿眼睁睁地看着程婴和屠岸贾互相残杀,躲避严峻的现实,顾影自怜地哀叹,"从此,我是一个孤儿!"在层出不穷的"现代解读"中,涌泉坚定地站在当代对这样一个人物,他对其所蕴含的古典价值做了富有时代意义的再思考。这个思考不是墨守传统、刻舟求剑,是对古典文化精髓有所固守,同时还有所开拓,它不再是那么简单的取舍。涌泉把目光始终聚焦在程婴身上的那个"义"字上,是道义、忠义、情义三者的汇聚。这里自然也有着中原文化血脉在编剧内心的集体无意识的积淀。一介草民的程婴有精神的大义在心,更有符合人性的换子、献子摧毁性的人生打击,十六年的含辛茹苦、十六年的忍辱负重、十六年的委屈心酸。最后，当屠岸贾的邪恶之剑刺向孤儿的时候，程婴又一次用自己的生命拯救了孤儿赵武。孤儿不孤，无数义士用生命托起了他，托起了正义。涌泉笔下的程婴既来自传统，又有了时代对人性的解读。现在我们对传统的价值,要么全盘接受,要么全盘否定。《故园风雨》愁肠百结的旧式婚姻牺牲者朱安内心的寂寞等待，同时展现了鲁迅在新旧文化交替冲突之际，作为新文化的旗手和主将，深陷两种文化漩涡中无法自拔的痛苦。这是时代性的，也是个人性的。艺术家对时代的关怀，之所以和新闻对时代的关怀不一样，就是艺术家对人性有深刻的剖析。《王屋山的女人》写的是一个当代的女性，但是这个女性身上实际上集中了王屋山下女性、河南女性、中国北方大地女性，也集中了中国女性身上的那种忍辱负重，吃苦耐劳，诚信守义的很多美德，熔铸了剧作家对人物充分人性化的理解。所以，这些作品虽然有时代特点，但是他不会过时。不会过时，因为他有人性的深度解读。

四、涌泉的剧本把戏剧性、舞台性和文学性紧紧地钮接在一起。舞台剧本，实际上有剧场演的、案头看的两种。有些舞台剧本是能看不能演的，阅读起来底蕴丰厚，文字华美，演起来却没有戏剧冲突，情节也散漫拖沓。有些是演起来很精彩，但是放在案头阅读实际上是人物、情节、语言都很粗糙的。当然也有两者兼具的。事实上，包括古典戏曲名著，今天我们回头看，也存在着舞台性和文学性的这种悖论和矛盾。比方说大家讨论得很热情洋溢的《桃花扇》，被列为四大经典，但恕我直言，《桃花扇》在某种意义上，它所激起的是文人国土沦亡、政权变动之际那种忧伤的、深刻的人文情怀，是对历史兴衰的感慨。剧本在舞台上演，不是一种很理想的作品。李香君、侯方域戏前半段见了面，此后再也没见面，男女主人公没有贯穿的戏剧冲突。同样，为什么《牡丹亭》最后变成没有一本少有全本？因为《牡丹亭》文本有很多是属于文学、属于历史、属于阅读的。有作为文人的汤显祖对自己所处时代的认识理解，包括看到的风土人情。如果不加取舍全在舞台上展现，对于一般观众，舞台上就少了几分可看性，所以才会演着演着，最后变成了一个柳梦梅、杜丽娘的生死之恋刻骨铭心的爱情诗篇了。

涌泉是非常注意舞台上呈现的实践性和可能性的。他的文本都能够给演员以唱、念、做、打的全面展示。《王屋山的女人》年轻主演刘雯卉，剧本给她的唱，她的表演，都提供了充分的展示空间。同样《程婴救孤》给李树建衰派老生的表演，提供了极大发挥余地，让他有机会释放了自己潜在的巨大能量。在某种意义上我们可以说，是这个剧本成就了李树建。当然，李树建也成就了这本剧本，他非常出色地借鉴了周信芳的麒派表演路数,在念白、唱腔、表演上有了淋漓尽致发挥的可能性,这是双向的。但是首先是这个剧本成就了一个升华、释放的李树建。

这里我们也可以看到一个优秀的戏剧文本,对于一个艺术家的至关重要的作用。

同时,涌泉又非常注意文学性,注意细节隽永反复的深化。比如《风雨故园》中那只永远在艰难缓慢中攀爬,却最终也没能爬到顶上的蜗牛。结合唱词对内心的那种极其细腻、极其丰富、极有层次的展示,体现了文学性都有的隐喻的美丽,打动人心的力量。人物的情感内心一直在缓缓的流动过程中。汪荃珍对此也有精湛独到的演绎。我们经常会碰到有的戏,人物有很多戏份,它看起来很好看,但是你仔细回味,情节、时间都在流动,人物性格却没有变化,而涌泉所有的剧本,情节、时间的流动和人物性格的发展,始终保持着同步。这种同步在我看来就是文学性,戏好看不一定有文学性,但有文学性,戏就有格调、有品位。同时他的唱词写作,非常严谨,非常精致,非常细密,尽力扣到人心的最深处,展现出情感世界的博大和丰富。《程婴救孤》中大段的唱词,那都是掏心掏肺,撕心裂肺的。老实说看戏听演唱流眼泪的,很难,好听未必动情。《程婴救孤》的唱词是让我流眼泪,让我动感情的。他把沧桑、人性、最饱满浓烈的情感浑成了一体。当然,涌泉还有很多很多的成就。我这里就不展开了。

有陈涌泉这样的剧作家,河南要高度珍惜这样一个特别好的历史发展时期。历史的机遇并不是永远都有的。现在我们的剧作家队伍那么齐整,前有姚金成,中间有陈涌泉为代表的一批当打之年的中年剧作家,还包括李利宏、张平这样的导演,以及李树建、汪荃珍、贾文龙、杨红霞等一大批优秀演员,能够综合成这样一个完整的艺术群体,年龄上这么完整,行业上这么齐全,这是非常非常难得的。就是要高度珍惜这样历史发展时期,然后在这样一个时期下面,我们要居安思危,要重视他们下面一代人才的衔接。要不然,一断裂就是10年20年。所以现在我们已经要有这样的战略部署,就是对他们下面一代人怎么培养?怎么扶植?怎么样在后面更上一波浪潮?这样河南的戏剧就能产生生生不息的,一种博大雄浑的文化气象。这是河南文化领导要做的一个战略上的大部局。

思如泉涌,是陈涌泉当下良好创作状态的写照。祝愿他长久保持这种思如涌泉的精神面貌。因为在他身上,寄托着戏剧发展的未来。

2015年4月13日

天涯有个断肠人

没想到,己亥年新春开关的第一篇文章是为一个也许未曾谋面却已远去的朋友写的。

清晨,朋友何成钢君发来微信,"麻烦为徐日清纪念册题几句鼓励的话急用可否?"我几乎没加思索就答应了下来,应该可以吧。答应后,大脑里一片茫然。是的,一片茫然。我只看见一个消瘦的身影站在世界的另一端。

其实我真的不认识徐日清。我只是在一个"从前慢杨浦"的微信群——也是何成钢约我加入的——不断地读到一个名叫"萧楼"的作者写的文字。他的文字不张扬,没有轰轰烈烈的声势,也没有浮华的抒情和过多美丽藻词的修饰。不施粉黛,就像大雾消散后,田野里的一棵树、小河边的一栋粉墙黛瓦的江南民居。再准确一点,就像被称为下只角的上海东区的马路、弄堂、公房,还有那些河浜、小桥,不高雅也不富贵。他写了很多上海杨浦区的路、人、事。可以毫不夸张地说,杨浦区是中国工人阶级的摇篮,从杨树浦铺路到军工路一字排开，就是中国近代工业的一卷波澜壮阔的史诗。杨浦区也是上海底层市民最为集中的地区。黄浦江向北，密集的老式弄堂到50年代新建的二、三层楼公房，住着中国最大的产业工人集群。萧楼就住在杨浦区的隆昌路上，工作在杨浦区的新华无线电厂。他像介绍自己的父母兄弟姐妹一样，用日常的亲切的口吻给我们介绍杨浦区的一条条马路，江浦路、松潘路、河间路、平凉路、四平路、贵阳路、临汾路、市光路、八大棣、五角场……这些平头百姓的马路，得到他如数家珍的详细介绍，变得鲜活了起来。那些升斗小民的衣食住行、柴米油盐、吃喝拉撒，还有他们的情感、梦想和痛苦，也因为萧楼，刻进了历史的年轮。那些世俗的生活，因为萧楼简朴的文字，幻化成了上海大杨浦市民社会生活的清明上河图。我1955年小学一年级搬到杨浦区，从小在工人中间闻着机油的气味长大。直到1989年才离开杨浦区。前后凡34年。因为萧楼的那些充满感情的文字，那些带着人间烟火气的文字，让我飞回到童年的梦中，飞回到油烟升起的锅台边。

文字不是权贵者的专利，不是伟大者的特供，萧楼告诉我们，文字也可以属于普通人，也可以为平凡者而放声歌唱，只要你还有一颗赤子之心。

从昔日的工业杨浦到今天的科学杨浦、教育杨浦，杨浦区在我这个老杨浦眼里已经"换了人间"。面对几乎完全陌生的只剩下了路名的"大杨浦",我不知道自己心头涌上的感情是兴奋还是悲怆。有一天,沿着杨树浦路驱车到由当年国棉十七厂改造的上海国际时尚中心去。一眼望去,路北的民居之破旧自不待说,最让人感触的是,在到处都是平整高速公路的今天,曾经像工业血管一样沸腾的杨树浦路,坑坑洼洼七高八低,满是裂缝。那些大名鼎鼎的工厂冷冷清清,人去楼空,静静地站立在路的南边,待价而沽。我们目睹那些曾经为新旧中国书写过如此辉煌的老工厂艰难转型的坚韧和悲凉。面对作者笔下,"夷为平地,一直晒着太阳"的国棉十二厂,我似乎听到从那些冷落斑驳的厂房里传来了我师兄弟姐妹青春的笑声。所有业已消失的人情和风景还顽强地屹立在我的记忆里。从这个意义上讲,记忆比事物更顽强。然而,记忆也会随着记忆者的远去而随风散去。那么,文字比记忆更顽强。从远古到今天,人类靠文字保留了一代代的呐喊,一代代的劳作和生息。

　　直到前不久,"从前慢杨浦"发出的讣告里,我才知道萧楼的真名,徐日清。从那些我熟悉和不熟悉的朋友的深情回忆里,知道这位六十一岁去世的汉子有着多么艰难的人生。再生障碍性贫血四十余年一直在威胁着他的生命。就在死神的眼皮底下,他顽强地写了四十年,写了两百万字。今天我在网上收罗了他的几乎所有文章。其实他远远不止写了杨浦区,还写了许多其他的文字。其中有一篇极短极短的《走着走着，老头不见了》：

在中原路国和路口，有位老太拖着我的袖口问路："民星公园怎么走？"我手指南面告诉她往前，她不信，依旧想往北面走。

边上有位老头插话说，是在前（南）面，老太才转过脚步往南，边走还边拉着我的袖口。我脱口而出，还不相信我。老太说，不是不相信，以前跟老头一起走，都是跟着老头。

我心里一紧，马上觉得有些抱歉。一定是她老头先她走了，觉得自己刚才的态度有些唐突。

我耐心的问她，去民星公园干什么，她说回家，家就在民星公园对面的市光一村。我告诉她，从国和路往东走，包头路不到的中间段，就是时光一村，从这条路走，可以近一些。这次，老太没有了疑惑，按照我指引的方向走了。我让她到国和路中段再问一下，她答应了。

老太走后，我继续我的练腿，向南来到嫩江路口的麦当劳，坐下写下以上的感受。依旧觉得人生十分无奈，最伤感的是老太的话，"以前外出是跟着老头走的。"

几乎没什么描写，通篇白话。"都是跟着老头"，就这一句话让我瞬间热泪盈眶，使我想到了《古诗十九首》的忧伤苍凉。时代呼啸着向前，摧枯拉朽，回，是回不去了。城市人也有他的乡愁，那不是遥远的乡村，而是童年对自己生活的城市街区的剪不断理还乱的怀念愁绪。徐日清为在工业时代大杨浦长大的人们，续写了他们的乡愁。

徐日清生前有个美丽的梦想，给自己的博文编个文集。甚至连书名也想好了，《漂浮着的远去的岁月》。我想，这个纪念文集就是这个梦想开出的一朵藉慰的花吧。

夕阳西下，断肠人在天涯。

人世间的许多事，思来都是断肠。

己亥年年初九

2019 年 2 月 13 日

后记

很多人说我勤奋，写了那么多。其实我知道自己是个慵懒的人。凡事都拖拖拉拉。这本书责编小张去年就把校样给了我。因为 2020 年的新冠疫情，我有了借口——其实我总是能为自己的懒惰找到借口—拖延到了今天。当然，也确实心情受到干扰，为那些在疫情中挣扎的生灵揪着心。

但是，有一点我是保证的。就是作为一个终生以写作为业的人，我对自己的文字是高度负责的。每一篇文字中都流淌着我的情感和血脉，渗透了我对人对生活的思考和理解。始终恪守着我为自己立下的写作信条，"修辞立其诚：以无比的真诚对待世界，以无比的热诚对待生活，以无比的坦诚对待内心，以无比的虔诚对待写作"。

诚如前人所云，字字句句皆自肺腑流出。那篇写赵长天的《好人的心跳》，我发给时任《文汇报》文艺部主任的郑逸文，也是以文会友。没想到她立即拍板全文发表。我们曾一起互相鼓励度过了上海文学最艰难的一段时光，成了无话不谈以心相交的朋友。这文章里有许多上世纪90年代的往事,写得特别克制,措辞含蓄委婉。没想到拼版校对时,文艺部的那些80后、90后的年轻编辑读得潸然泪下。发表后许多报刊转载,感动了许多朋友。

2019年4月8日,老友作家沈善增追思会。我4月6日下午下飞机到了郑州宾馆打开电脑就写,当晚看戏。早上4点继续赶写,终于在清晨把文章发到上海作协薛舒那里。8点半开研讨会。下午一点多乘飞机到合肥,驱车4小时到安庆,7点吃晚餐。9点多回宾馆继续修改、校对文章。赶在会前把修改稿再次发给薛舒。

2019年1月15日诗人白桦去世当天一早,我发了他去世的一条微信。年轻的《光明日报》驻沪记者颜维琦闻讯立即向我约稿。我忙完白天的工作,马不停蹄人不解甲,一口气写到晚上10点。没想到《光明日报》第二天一早就刊登,成为全国主流媒体唯一的见报的怀念文章。

我想,勉力地进入我身边那些人的精神世界,也想让这个世界知道和记住这些人。哪怕是一点不认识的平凡而普通的人。其实,从生命的意义看,所有的人都是平凡而普通,都会在大地上留下自己的足迹。

经历了各种风风雨雨,才知道什么是人情。

疫情终于暂时过去,春暖花开的时节就在窗前。此刻,我要感谢多年老友陈思和为拙著写的如此令人感动的序文。

感谢王为松先生、齐书深先生、孙瑜先生，以及责编张冉为此书付出的辛勤劳动。感谢上海文化发展基金会的资助。感谢摄影家朋友为书中那些人留下的弥足珍贵的动人瞬间。谢谢所有我爱和爱我的亲人、师长、朋友们。

          2021 年 3 月 15 日
          于正午的阳光下

图书在版编目(CIP)数据

结伴而行:海上人物剪影 / 毛时安著. ——
上海:上海书店出版社,2021.5
ISBN 978-7-5458-1886-4

Ⅰ.①结… Ⅱ.①毛… Ⅲ.①人物-生平事迹-中国
Ⅳ.①K82

中国版本图书馆CIP数据核字(2020)第051147号

责任编辑 张　冉
版式设计 国严心
封面设计 汪　昊

结伴而行:海上人物剪影

毛时安　著

出　　版	上海书店出版社
	(200001　上海福建中路193号)
发　　行	上海人民出版社发行中心
印　　刷	苏州市越洋印刷有限公司
开　　本	787×1092　1/32
印　　张	11.625
版　　次	2021年5月第1版
印　　次	2021年5月第1次印刷

ISBN 978-7-5458-1886-4/K.368
定　　价　68.00元

N